MARABOUT *PRATIQUES*

Sophy BURNHAM

Le livre des anges

Traduit de l'américain
par Alain Bories

MARABOUT

Au catalogue Marabout:

- *Le dictionnaire des mythes*, 2303.
- *Le dictionnaire des symboles*, MS 1429.
- *Le livre des oracles*, MS 1435.
- *Vos rêves sont des messages*, 3622.
- *L'interprétation des rêves*, 3501.
- *Dictionnaire des rêves*, 4046.
- *Vous êtes médium*, MS 1431.
- *L'auto-hypnose*, 2306.
- *Qui étiez-vous ?*, MS 6.
- *ABC du magnétisme*, 4126.
- *ABC des tarots*, 4044.
- *ABC de la numérologie*, 4127.
- *ABC de l'astrologie*, 4026.

Titre original : **A Book of Angels.**

« Or, maintenant s'il s'en venait, l'Archange, le dangereux, de derrière les étoiles, s'il faisait un seul pas pour descendre et s'approcher : si fort le cœur nous battrait, si haut il bondirait, éclatant, que nous serions quasi frappés de mort. Qui êtes-vous ? »

RAINER MARIA RILKE,
Les Élégies de Duino, 2.

DES ANGES, DE L'ANTIQUITÉ JUSQU'À NOS JOURS, ET DE LA FAÇON DONT ILS SE MANIFESTENT DANS NOS VIES

A la mémoire de
Jane Vonnegut Yarmolinsky

Table des matières

Préface

Ce livre a le grand mérite d'aborder un sujet qui est tabou dans notre culture occidentale depuis plusieurs siècles. Sophy Burnham apporte donc une contribution précieuse en témoignant concrètement de l'existence des Anges dans sa vie. Elle fait cela brutalement, d'une façon un peu gasconne dirons-nous. A l'américaine, diront d'autres. Dès les premières pages, nous voilà bousculés par le sujet.

Ces nombreux exemples concrets d'intervention des Anges ou du surnaturel dans la vie quotidienne de tant de gens sont surprenants: ils sont vrais, indiscutables, attrayants, poétiques parfois, toujours quelque peu mystérieux. Mais bien sûr qu'ils sont mystérieux, puisque ce sont des Anges qui nous interpellent!

Il y a cependant une autre raison à cette surprise: cinq siècles d'ignorance volontaire de notre culture ont appauvri notre réflexion et notre vocabulaire sur la réalité des esprits purs... C'est la Renaissance en effet qui, par son retour agressif au modèle grec, introduit une position de pensée résolument contraire à tout ce qui peut échapper aux capacités d'appréhension de la raison. Or l'Ange répond à ce cas rare. Affronter aujourd'hui une réalité aussi inconnue éveille l'intérêt.

Une autre remarque importante s'impose: Sophy Burnham nous raconte ce qui lui est arrivé, avec ses mots à elle, dans le concret vécu des situations. Elle dit cela simplement: elle les a rencontrés et nous en parle. Mais il y a une lacune dans son texte au moment où elle veut nous expliquer, nous aider à comprendre. Cela, elle ne sait pas le faire. Mais quiconque à sa place ne ferait pas mieux. Ce domaine est encore trop inexploré!

Non, elle n'a pas une préparation approfondie de la réalité des Anges, provenant de la philosophie, de la théologie, de la mystique de l'au-delà ou, mieux encore, de la démarche de foi. Il ne faut donc pas chercher chez elle la précision du langage du théologien, mais plutôt l'imprécision typique de celle qui se trouve brutalement confrontée à une réalité complètement nouvelle pour elle et... pour nous. Vouloir un peu trop vite restituer à ce livre une certaine «rigueur de vocabulaire» pourrait faire encourir le risque de modifier la transcription et l'exactitude de l'expérience humaine, voire spirituelle, à laquelle elle fait accéder le lecteur. Ce vocabulaire imprécis, parfois même confus, a le mérite de mieux introduire à l'authenticité d'une rencontre indicible...

Je précise: qui donc n'a jamais appelé un conjoint «mon Ange» ou un enfant chéri «mon petit Ange!» ? On sait combien ces mots affectueux veulent simplement souligner la gentillesse d'une attention affectueuse. C'est une façon de parler, comparable au style poétique, qui permet d'affirmer la beauté et la bonté d'une personne sans altérer la vérité des faits: mais il faut savoir que ce sont là des images, des comparaisons, des libertés de langage. C'est en ce sens qu'on peut accepter d'entendre l'auteur parler de Marie comme d'un Ange. Elle affirme même au chapitre II que la Vierge Marie «est un des Anges de plus haut rang». Cela est évidemment un lapsus du point de vue technique, c'est-à-dire une façon peu orthodoxe de présenter Marie. Et cependant, les manifestations actuelles de Marie dans la vie spirituelle sont bien comparables, expérimentalement parlant, aux interventions angéliques. Combien de maîtres de vie chrétienne ne proposent-ils pas d'aller à Jésus par Marie? N'est-elle pas pour les

Orientaux la «Théotokós», la «Mère de Dieu»? Pourtant, nous venons d'affirmer, avec les mots mêmes de l'auteur, que les êtres humains ne sont pas à confondre avec les Anges. Et Marie est une femme. Le fait que Marie soit une habitante du ciel et se manifeste – dans les nombreux lieux d'apparition qui lui sont officiellement attribués (Lourdes, Fatima, Pontmain, Monterrey, etc.) – comme une messagère privilégiée de Dieu auprès des hommes peut confondre le néophyte: Marie se présente bien comme un Ange, comme une messagère. Elle est cependant beaucoup plus que cela. Le magistère de l'Eglise appelle Marie la Reine des Anges... La pureté de sa vie est certes comparable à celle d'un Ange. Mais aucun théologien n'oserait la confondre avec une créature angélique.

Il y a, dans le texte, des imprécisions notoires de langage et de concepts. On y trouvera des cas beaucoup plus déconcertants que l'exemple de Marie. Surtout vers la fin de l'ouvrage. Il y a des affirmations très difficiles à comprendre. Il ne faudra pas s'en affecter outre mesure si l'on veut tirer de ce livre toute la richesse qu'il contient: il n'est pas une introduction à la nature des Anges, mais le témoignage d'une brutale intrusion des Anges dans la vie des hommes.

Le grand maître de la vie spirituelle qu'est saint Jean de la Croix déclare qu'on peut beaucoup se tromper dans les révélations, même lorsqu'elles viennent directement de Dieu... Cette invitation à la prudence vaut plus encore au moment où nous serions tenté de porter sur Sophy Burnham une appréciation de rejet devant des façons aussi peu orthodoxes de présenter les choses. Il faut plutôt, grâce à l'étrangeté des affirmations, essayer d'entrevoir ce par quoi elle a réellement été saisie et dérangée dans sa vie quotidienne.

Par exemple: après avoir affirmé que les «morts» ne sont pas des Anges, il lui arrive de les confondre. Mais cela est acceptable chez quelqu'un qui veut surtout nous transmettre la vérité d'une expérience si difficile à dire. Jésus n'affirme-t-il pas lui-même qu'après la mort nous ne nous marierons pas, mais que nous serons comme des Anges dans le ciel?[1] C'est ce qu'au Moyen Age saint Thomas d'Aquin décrit, disant que nous vivrons alors comme des âmes séparées... Entendons par là «des âmes déparées de leur corps». Le spécialiste sait qu'il y a des distinctions à faire, des nuances à mettre... Sophy Burnham les met rarement. Cela oblige à une lecture plus attentive.

Ce qui doit être clair au niveau de la conception des choses, et qui exige une doctrine, est perçu différemment au niveau des faits. Or c'est à ce niveau que ce livre est écrit. Lorsque l'auteur nous dit que «entre les fantômes et les Anges la différence est floue», cela est exact pour nous qui sommes sur la terre à moitié aveugles en ce domaine, face à cette éblouissante réalité. Pourtant la différence est énorme! Et elle l'indique: «les fantômes sont les esprits des morts, mais les Anges sont les messagers du Divin»... Plus tard cependant, dans le feu de la description et de l'analyse des expériences du surnaturel, c'est-à-dire des esprits dans nos vies, cette distinction, pourtant si clairement affirmée au départ, sera presque impossible à retrouver.

Au fil des pages, le lecteur attentif désirera cependant comprendre quelle est la réalité que présente l'auteur dans les expériences directes qui lui appartiennent personnellement, ou qui sont les témoignages de gens dont elle garantit l'authenticité. Il s'interrogera sur le sens de ces témoignages si impressionnants et indiscutables dans leur nudité. Le lecteur devra essayer, par sa réflexion, de mieux concevoir ce dont il est question.

Afin de rendre mieux accessible l'appréhension de cet ouvrage, au lecteur de culture et de langue française, croyant ou non, voici quelques points de repère aptes à faciliter la

---

1. Evangile de Marc,12: 25.

réflexion. Il ne s'agit pas tant de vouloir affirmer ici la doctrine du magistère de l'Eglise sur les Anges[2], mais de rappeler la signification élémentaire des mots, et le contexte objectif des données dans la culture occidentale[3] dont nous sommes issus, et que la mentalité utilitariste et technique d'aujourd'hui tend à nous faire oublier. Ces données élémentaires sont bien connues des spécialistes, des théologiens[4] et notamment de ceux qui vivent autour de nous l'expérience de la foi chrétienne.

Si ce livre traitait de questions scientifiques, c'est un professeur en cette matière qu'il faudrait interpeller. Puisque l'auteur se propose, explicitement, de parler des Anges... la matière est particulièrement de la compétence de l'expérience de la foi chrétienne. En tant que croyant, homme de foi, et enseignant de philosophie dans une université catholique, je réponds à la question. Pour ce faire, il faut présenter brièvement la dimension surnaturelle de la vie quotidienne, dont la réalité des Anges fait partie.

✤

---

2. Il suffira, pour le lecteur catholique désireux de trouver ces données, de se reporter aux chapitres compétents du *Catéchisme de l'Eglise Catholique,* en particulier aux articles 328-336, 391-395 et 430-437.

3. A propos des Anges, la culture occidentale traditionnelle de référence est la culture qui est commune aux confessions chrétiennes, en particulier la grande tradition du Moyen Age, en fait jusqu'à la réforme catholique et protestante du concile de Trente et de Luther. Les Anges seront particulièrement absents en Occident au siècle dernier, jusqu'à une période toute récente.

4. La réalité des Anges est connue théologiquement dans la doctrine des trois grandes traditions monothéistes: judaïque, chrétienne et islamique - où ils sont des créatures au service de Dieu -, ainsi que dans les enseignements hindouistes et bouddhistes - où ils sont des entités supérieures qui transmettent le divin. Mais c'est dans la théologie catholique, et précisément dans la scolastique, que ce sujet a sa meilleure explicitation. Il connaît aujourd'hui un renouveau dans les courants culturels liés aux phénomènes des sectes, notamment dans le contexte du Nouvel Age, où cette notion émerge très nettement, mais avec beaucoup de syncrétisme.

Nature spirituelle du corps

Pour comprendre la différence entre un fantôme et un Ange, il importe de savoir ce qu'est le corps de l'homme. Le corps n'est en effet tel que parce que matière animée, structurée en une personne. Le corps exprime déjà la présence de l'âme: il la manifeste en tout ce qu'il est. La distinction «corps et âme», empruntée à l'Inde par la Grèce, est insuffisante à introduire la question, puisque l'*âme est déjà présente en tout corps* et ne se distingue de lui que lorsqu'il n'est plus un corps, lorsqu'il devient dépouille mortelle, c'est-à-dire qu'il perd sa forme: on dit alors que l'âme a quitté le corps.

Ainsi y a-t-il une identité foncière – et non pas seulement unité – de l'âme avec le corps qu'elle anime. Comment oser parler d'unité entre deux réalités identiques? Prendriez-vous au sérieux celui qui voudrait démontrer le lien de la robe blanche avec le cheval d'Henri IV auquel elle appartient? Cela ferait rire beaucoup de monde: à quoi bon démontrer l'évidence! C'est bien ce qu'on fait pourtant, parlant de l'âme, quand on croit l'identifier hors du corps. Cette distinction relève de l'erreur commise par Descartes qui croyait identifier, chez une personne, le corps dans tout ce qui est matériel et l'âme en l'exercice de la pensée. Il semblait ignorer que tout homme et toute femme pense avec son propre cerveau, de même qu'en toute situation, lorsqu'on mange, marche, ou dort, notre corps manifeste ce qui le forme et l'informe... En sa propre configuration, tout corps exprime ce qu'il est, sa forme propre, ce qui le maintient dans l'être... Le corps manifeste l'âme.

Voilà pourquoi il n'est pas correct de dire «j'ai un corps». Il vaut mieux dire, à l'exemple des existentialistes, «*je suis un corps*». Le concile de Vienne[5] a défini l'âme comme «forme du corps». Si elle en est la forme, cela signifie qu'elle n'en est pas une partie, ou bien qu'elle n'est pas une autre partie de moi-même hors de mon corps. Quand j'affirme à un étudiant: «en voyant votre corps, je vois aussi votre âme», devant son air surpris, je dois préciser: «Mais c'est évident, puisque votre corps est organisé, vivant. Si je ne voyais pas aussi votre âme, je serais en présence de votre cadavre!» Oui, l'âme est présente et évidente en tout corps, proportionnément à la nature de ce corps: minéral, végétal, humain, céleste.

En disant: «Je suis mon corps», automatiquement j'exprime q*ue je suis une «âme incorporée»*. Je suis tellement habitué à ne considérer que la partie sensible de mon corps que je finis par attribuer à la partie matérielle de mon être toute l'organisation sous laquelle se présente la matière qui me constitue. A l'heure de la mort, je verrai bien la différence: cette partie matérielle perdra son unité et, par là, toute son entité et sa consistance. Ce ne sera même plus un cadavre, ce sera de la matière en décomposition.

✤

Absurdité de la mort

La mort est un non-sens: l'effort que mettent les hommes à la nier dans leur vie en est une manifestation très nette. La mort est habituellement niée et écartée de nos pensées... car elle dérange profondément toute conception correcte du monde et de nous-même. On ne la comprend pas. On ne veut pas la considérer. On la fuit.

---

5. Le pape Clément V réunit le 15e concile œcuménique à Vienne en 1311-1312.

La mort est un non-sens. Elle est concrètement une profonde mutation de notre mode de vie. Du point de vue de la vie présente, la mort est une question, une interrogation: qu'en sera-t-il de moi dans l'après-vie? Comme notion, elle est inexistante: on la perçoit comme négation de la notion de vie. Etant donné que la mort est éloignement de l'âme hors du corps, la mort est un état précaire qui ne saurait subsister un instant comme absence de vie. Voilà pourquoi la mort marque dans la vie de l'homme la fin de son séjour temporel et le début d'un mode de participation plus intense et plus libre de la vie éternelle.

Ce qui est dit ici est incompréhensible, si l'on n'a pas clairement devant les yeux le rapport que l'éternité instaure avec le temps[6]. Je parle ici de l'accès à l'éternité, qui s'opère durant la vie d'un homme, au sein de son expérience quotidienne, grâce à son expérience de foi. C'est une participation qui commence dans l'obscurité du monde présent, qui est habituellement aveugle à la vérité du spirituel. L'éternité ne commence pas seulement avec notre mort, elle commence déjà dans la vie courante, au sein de la vie sensible et spéculative pour s'épanouir davantage, «être libérée», à l'heure de la mort.

Mais il y a plus. En soi, donner un début à l'éternité, c'est la nier. C'est pourquoi l'on ne peut dater que dans le temps l'entrée[7] dans l'éternité. Car l'éternité est éternel présent. Vouloir circonscrire cela, c'est le nier. La mort opère donc le passage de notre être en un état qui, parce qu'il ne peut durer un seul instant (la séparation de l'âme et du corps), fait écla-

---

6. Parce que l'être spirituel du corps, qu'on appelle l'âme, participe au mode de l'éternité, il anticipe l'appropriation de son corps glorieux (le corps ressuscité) qui, dans notre espace-temps, n'apparaîtra qu'à l'heure des cieux nouveaux et de la nouvelle terre (la fin des temps). Car l'éternité n'a pas le même temps que le temps, puisqu'elle n'a pas de temps et qu'elle est l'éternel présent... et cela même si l'être humain conserve sa propre temporalité.
7. Sur les tombes des premiers chrétiens, c'est bien une naissance que l'on indique à la date des décès, dont l'indication est précédée de l'annonce: «*Natus est...*»

ter notre être hors du temps... Mais hors du temps, il n'y a rien d'autre que l'éternité. Et de l'éternité découle le temps...

L'absurdité de la mort est double. *La mort est absurde par rapport au temps,* puisque la séparation de l'âme du corps fait cesser un mode particulier de vie dans le temps. Or, cette rupture nous fait entrer dans la plénitude de la vie éternelle, et cela instaure l'absurdité de la mort face à l'éternité. Oui, la mort est doublement absurde... L'absurdité de la mort est un «sentiment» que partagent le temps et l'éternité: le temps parce qu'il cesse devant la mort, l'éternité parce qu'elle est vie et qu'elle détruit la mort! La doctrine chrétienne parle ici de mystère.

Ainsi est-il plus simple de penser la vie que de penser la mort: c'est donc à la vie qu'il faut maintenant s'intéresser. Celle des hommes après leur temps sur terre et celle des Anges qui vivent déjà dans la plénitude. La vie après la mort, et la vie que connaissent déjà les Anges, est appelée communément vie surnaturelle. Car la vie dite «naturelle» prépare la transformation de notre être à la vie éternelle. Il n'y a donc pas à être surpris que notre vie actuelle perçoive la présence et l'intervention des êtres qui connaissent déjà la vie éternelle.

La mort a cependant une positivité, un rôle à jouer dans notre vie présente: elle oriente la vie présente à la manière où les buts d'un terrain de football orientent l'activité des joueurs. Elle indique que toute souffrance doit être vécue dans la vigueur de l'âme... Montaigne faisait de la mort la principale préoccupation de toute la vie[8]: précieuse, à cet effet, est l'invitation de Nietzsche à faire de la pensée de la mort l'école de la vie[9]. *Nous devons apprendre à mourir pour vivre*. Mourir à soi-même, mourir à ses instincts, à ses attachements, mourir

8. MONTAIGNE, *Essais*, 1,14.
9. Cf. les derniers écrits de NIETZSCHE.

même aux bonnes choses: Chiara Lubich[10] fait de ce comportement l'attitude essentielle à notre croissance spirituelle[11]. Les grands exemples contemporains de la vie spirituelle, tels que Marthe Robin, Adrienne von Speyr, Maria Valtorta, Marie de la Croix, Thérèse de Calcutta l'affirment clairement. La vie en sa plus haute expression consiste donc à vivre comme morts à soi-même, en une transparence vitale. L'intervention des Anges ou des «morts» dans notre vie plaide en ce sens.

✤

Existence et rôle des Esprits purs

Une investigation scrupuleuse de la réalité ne nous autorise pas à exclure l'existence des Anges ni d'écarter de notre réflexion ces êtres qui occupent une place précise dans l'univers. De façon prophétique, Jean Daniélou soulignait combien la question des Anges «est passée tout à fait au second plan» dans notre culture, alors qu'ils «représentent un élargissement prodigieux de nos perspectives spirituelles». La «représentation que nous donnons du christianisme paraît souvent étriquée, parce que *nous semblons bloquer tout notre intérêt sur notre histoire humaine*», alors qu'il est nécessaire de restituer justement à l'histoire humaine sa place, non pas seulement «à l'intérieur du cosmos visible», mais également au sein du «cosmos spirituel», qui est une réalité immense, composée de «mondes spirituels a l'intérieur desquels notre humanité n'est qu'un monde spi-

10. Chiara LUBICH est la fondatrice, en 1943, du *Mouvement des Focolari*, approuvé par l'Eglise sous le vocable d'*Œuvre de Marie*, dont la spiritualité est marquée par la rencontre de l'homme avec Dieu dans le présent de sa vie.
11. Cf. Chiara LUBICH, *Savoir perdre*, Nouvelle Cité, Paris, 1965.

rituel particulier». Cette «vision des choses prend une grandeur, une étendue qui me paraît répondre à une des aspirations de l'âme d'aujourd'hui»[12] .

Selon la tradition scolastique, l'homme ne peut se faire aucune idée de ce dont il n'a aucune expérience. Or le contexte des Anges est un domaine qui dépasse le niveau proportionné au regard de l'intelligence humaine: l'homme ne peut le saisir que dans la mesure où c'est l'Ange qui se fait saisir, qui se révèle librement à l'homme. L'Ange peut cependant être saisi également de façon indirecte, dans le fait du mouvement même du monde et dans les faits extraordinaires, indépendants de l'homme, mais qui, parce qu'ils adviennent, manifestent la présence de la cause par laquelle ils adviennent... et si les Anges sont rarement saisis directement, ils sont cependant tellement présents dans la vie de l'homme qu'un regard exercé peut constamment les y reconnaître.

Il faut dire que la présence des Anges dans notre vie quotidienne est ce qu'il y a de plus naturel: le naturel quotidien est tenu dans l'existence par l'action permanente et surnaturelle de Dieu, opérée tant directement par l'acte créateur de Dieu lui-même que par l'action interposée de ses messagers. C'est notre mentalité matérialiste actuelle qui veut les ignorer et, voulant considérer toute chose comme fruit de la Nature[13], fait de la réalité des Anges une entité inutile pour notre esprit et... donc inquiétante.

Il est difficile à un homme d'aujourd'hui de concevoir le rôle qui est attribué aux Anges tant dans l'enseignement des Grecs, d'Aristote, que dans la pensée de la chrétienté aux XIIe et XIIIe siècles. Donnons un exemple: lorsque le facteur porte

---

12. Jean DANIÉLOU, *Le mystère de l'Avent*, Seuil, Paris, 1948, p. 94-95.
13. Les mots «nature», «science», «monde», «hasard» sont les façons que l'homme contemporain a de se représenter l'action de Dieu sur terre. Les Anges sont les instruments de cette action, dont le «scientifique» ne perçoit que les mécanismes, les résultats, et les explique comme des constantes inhérentes à la «nature» de l'univers.

le courrier, nous le saluons gentiment et le remercions pour le service rendu. Dans les grandes villes d'aujourd'hui, on rencontre rarement le facteur et l'on trouve le courrier en rentrant le soir à la maison. On ne s'interroge plus sur le facteur, on dépouille directement son courrier. La locomotive tire bien le train de wagons. Mais dans le train, on s'inquiète du paysage, de l'heure, des rendez-vous qui vont suivre: peut nous importe qui tire ou conduit le train. C'est ainsi que procède l'esprit scientifique dans la gestion des mécanismes physiques: il ne s'interroge que sur la façon que les choses ont d'advenir, peut importe qui les commet. Le facteur est ignoré, la locomotive est oubliée, le conducteur est négligé car d'autres préoccupations incombent. Bien que nécessaires à la bonne marche des choses, ils sont négligeables dans l'attention quotidienne des gens. Il advient de même pour les Anges. Ils sont les forces qui meuvent l'univers, mais la science ne s'intéresse qu'aux aspects sensibles de ces forces, à leur puissance, leur durée, leur direction... leur émergence et leur disparition. Bref à ce qui est enregistrable.

Dans la tradition religieuse juive, puis chrétienne, les Esprits purs sont appelés «Anges» parce que «messagers» de Dieu auprès de la création. Aristote les identifie avec les causes secondes. Ils sont les forces qui régissent l'univers, dont le comportement est connu par les lois de l'univers lui-même. Car ce sont bien des forces qui agissent à l'égard de l'univers, conformément à un ordre (archétype), à un «programme» de gestion du monde. Les Anges sont les gérants et les exécutants de la bonne marche du monde...

Cette répartition des tâches justifie le classement des Anges en neufs familles, ou neuf chœurs, répartis en trois groupes, appelés hiérarchies. L'auteur revient assez souvent sur cette classification sans donner toutefois beaucoup d'explications. Si les Anges sont chargés de la bonne marche de l'univers, les Anges déchus joueront alors un rôle déflagrateur sur le monde, tributaire du rôle positif qui leur était confié originellement: ils seront à l'origine des désordres, des catastrophes que connaît le monde, du mal en général. Cependant, comme les hommes, les Anges sont des créatures. Ni l'Ange ni l'homme n'est Dieu, mais il est à l'image de Dieu. Et c'est par Dieu et pour Dieu qu'il est créé... C'est dans le contexte de l'amour de Dieu que doit être comprise la question du mal et de la faute[14].

Quant à leur nombre, les auteurs mystiques sont unanimes lorsqu'ils affirment que la variété et la diversité et le nombre des objets terrestres ne sont qu'une pâle image de la variété de la richesse, de l'importance et du nombre des natures célestes que sont les Anges.

✤

NATURES ANGÉLIQUES

Les Anges sont des êtres contingents comme tous les êtres créés. Mais ils sont dits de «pure forme». Chez l'Ange, la forme (âme) existe pleinement, sans être différenciée par la matière. Il n'y a donc pas plusieurs Anges de même forme, comme il advient par contre des êtres matériels qui ont une même forme et se différencient par la portion différente de matière qui les constitue. Tandis que pour les êtres matériels, une même forme constitue l'espèce, et que nous avons ainsi un grand nombre d'individus de même espèce, c'est-à-dire de même forme, chez l'Ange, l'individua-

14. Très significatif à ce propos est le titre que donne Jacques Maritain à son ouvrage sur «*Dieu et la permission du mal*». On aurait spontanément pensé à «Dieu et le *problème* du mal», ce qui introduirait la question tout différemment.

lité provenant de la forme même[15], nous avons une forme différente par individu. Les Anges se différencient donc par leur forme, c'est-à-dire par leur espèce. Et nous avons autant d'espèces d'Ange qu'il y a d'Anges. Puisque l'esprit pur n'est pas limité par la matière, il possède en plénitude et seul tout ce que comporte la nature de son espèce. Il n'a pas d'autre limitation que ce que comporte la plénitude de sa nature, qui est totalement à lui, et qu'il ne partage avec aucun autre, comme cela advient par contre chez les êtres matériels.

L'Ange ne connaît pas par l'intermédiaire des sens puisqu'il ne les possède pas. *Il n'y a pas chez lui de sensibilité.* L'esprit pur est une intelligence pure. Toute sa nature consiste en l'intelligence. L'Ange se connaît par le seul acte de sa raison, l'on dit qu'*il se connaît* intuitivement. Puisqu'il n'est pas limité par les sens, ni par la matière, il ne se connaît pas progressivement, mais par un seul acte de connaissance. Chaque esprit pur possède donc en plénitude et par là à lui seul tout ce qui est de sa nature, il est et se connaît tel qu'il est.

L'œuvre de Dieu par l'intermédiaire de laquelle Dieu est connu comme Créateur par l'esprit pur, c'est cet esprit pur lui-même. *L'esprit pur connaît Dieu en se connaissant lui-même,* il se connaît comme n'existant qu'en recevant l'existence de Dieu. La différence est importante entre les manières dont l'intelligence angélique et l'intelligence humaine connaissent Dieu, car aucun athéisme ni agnosticisme n'est possible pour l'esprit pur: l'existence de Dieu comme cause de son existence est aussi certaine que sa propre existence.

Par ailleurs, puisque l'esprit pur a une nature purement intellectuelle et que toute sa vie est vie spirituelle, c'est-à-

15. Tant saint Augustin que saint Thomas font cependant allusion aux «corps célestes» comme à des formes particulièrement «subtiles» de la matière, réduite à sa plus simple expression, en un mot réduite à un simple et non reproductible principe de différenciation pour chaque espèce ou nature d'Ange.

dire qu'elle consiste dans la connaissance intellectuelle – et une connaissance intellectuelle très supérieure à celle dont l'intelligence humaine est capable –, il est évident qu'il connaît les autres esprits purs et le monde corporel. Mais à la différence de la raison humaine qui, à partir de la réalité, réfléchit sur du possible ou du probable (c'est le propre de la raison humaine qui procède par abstraction et travaille avec l'être de raison), la pensée de l'Ange ne repose que sur des objets réels de pensée.

Ce qui a été dit de l'intelligence vaut pour la volonté. L'Ange est pure volonté, puisque sa volonté n'est pas médiatisée par les sens. Il s'aime lui-même directement, par un acte de pure volonté et de pure intelligence. Mais il n'est pas toute la Volonté et toute l'Intelligence, car alors il serait Dieu. Il est une forme seulement composée de volonté et d'intelligence: c'est-à-dire qu'il est pure forme. C'est en cela qu'il est pur esprit. L'ange est une forme d'un degré déterminé d'intelligence et de volonté. Il est une puissance déterminée de pénétration et de compréhension intellectuelle. *Les Anges se différencient donc par leur mode de comprendre et de vouloir.*

Et, par le vouloir, ils se meuvent vers le bien connu par leur intelligence. Ils disposent d'une volonté parfaite, c'est-à-dire parfaitement et totalement maîtresse d'elle-même: les décisions des esprits purs sont toujours parfaitement et pleinement libres, et donc aussi totalement responsables. Ne pouvant hésiter, l'Ange persévère toujours dans le choix qu'il a librement posé – cela vaut aussi pour les Anges déchus. Il ne s'en repent jamais.

Son action sur le monde se fait de l'intérieur. Il ne peut agir sur les choses de l'extérieur puisqu'il ne dispose pas d'un corps, ni des sens. Ne pouvant agir par le moyen du corps, il agit hors de son être directement à l'intérieur même des autres corps. Dans le monde sensible, c'est la matière qui sépare. Pour le monde céleste, le contact se fait directement au sein et par le seul exercice de la volonté et de l'intelligence: les esprits purs communiquent donc entre eux directement et sans obstacle. Le monde spirituel est donc bien le monde de la communication et de l'interpénétration. De cela, il découle que *les esprits purs peuvent à leur gré mouvoir le monde corporel* d'une manière tout à fait inobservable par l'expérience sensible puisqu'ils n'agissent pas de l'extérieur.

C'est donc par leur action que les Anges se manifestent et qu'ils se font connaître des hommes. Par leur action, ils manifestent leur présence. Les Anges, en effet, «sont là où ils agissent»[16]. Comme ils n'ont pas de corps, leur déplacement est très rapide, il n'est cependant pas ni ne peut être instantané. Et c'est en raison de la rapidité de leurs déplacements qu'on leur accorde des ailes. Les Anges peuvent-ils être présents en deux endroits différents en même temps? La réponse des théologiens est négative, car les Anges – disent-ils – se manifestent de façon unique en chacun de leurs actes, puisqu'ils n'ont qu'une forme. Autre question: si les Anges sont purs esprits et donc invisibles à nos yeux, comment peuvent-ils se montrer? Nous avons affirmé qu'ils agissent sur les corps de l'intérieur. Pour se manifester à nos sens, ils doivent donc intervenir sur de la matière sensible. Lorsqu'ils se montrent, les théologiens leur accordent habituellement un corps d'emprunt.

Quant à nos relations avec les Anges, elles découlent de leur nature de pure connaissance et de pure volonté: une relation s'établit avec les Anges lorsque nous le voulons. Cela ne signifie pas que nous allons immédiatement le sentir. Leur mode d'agir et d'être est tellement différent du nôtre! Quoi qu'il en soit, les Anges interviennent toujours de quelque façon dans nos vies. Les Anges ne demandent pas mieux qu'un peu de disponibilité de la part de l'homme, pour lui permettre d'intervenir en sa faveur. Car il relève de la nature même des

---

16. Cf. P. Pajot, *Les Anges existent-ils encore ?*, Cassette des Editions Diakonia Service, St-Broladre, France.

Anges de servir les hommes. Aussi convient-il de s'efforcer de vivre sous la protection explicite des Anges. Exemplaire, à ce propos, est la fête des Anges gardiens que l'Eglise célèbre le 2 octobre.

✤

TEMPS ET ÉTERNITÉ

On ne peut pas parler des Anges de la même façon que l'on parle des hommes. Ils sont une réalité toute différente. Et si on les décrit dans le temps et l'espace, cela ne peut être que de façon allégorique, car *ils ne vivent pas dans le même espace-temps* que les hommes. Cela oblige une brève réflexion sur la notion du temps: le nôtre et celui des Anges.

On connaît le mot de saint Augustin: «Qu'est-ce donc que le temps? Si personne ne me le demande, je sais bien ce qu'il est. Si l'on m'interroge à son propos, je ne sais que répondre.»[17] Et lui aussi s'interroge sur les trois époques du temps que sont le passé, le présent et le futur et met en évidence l'inexistence tant du futur – qui n'est pas encore – que du passé – qui n'est plus. Car, comprend-il, *c'est le présent qui donne consistance tant au passé qu'au futur* mais seulement le présent de l'homme qui, par sa mémoire, conserve le passé et, par sa volonté et son imagination, prépare et anticipe l'avenir. Ainsi donc, parmi les créatures terrestres, le temps existe bien chez l'homme seulement et n'existe pas hors de lui. C'est l'homme, par sa volonté et son intelligence, qui maintient en son être l'unité des trois phases que sont le passé (conservé par la

17. Saint Augustin, *Confessions,* XI, 14.

mémoire), le présent (saisi dans l'intuition), le futur (préparé par l'attente, l'imagination et le désir). Et l'homme introduit tout ce qu'il voit, touche et connaît, choses et animaux, en cette conception temporelle du réel. Mais la pierre et le chien n'ont par eux-mêmes aucune conception du temps.

La rencontre avec les Anges relève, dans la tradition religieuse, des formes de l'extase. Tout moment d'extase, toute rencontre avec une réalité hors de ce temps, est une expérience du temps mystique, c'est-à-dire de l'absence du temps. C'est pourquoi toute expérience mystique est intraduisible dans le temps. Si l'on voulait s'interroger pour savoir quel est le temps propre à la vie spirituelle – le temps spirituel –, nous devrions affirmer qu'il se situe dans un terrain vague intraduisible dans notre langage du temps et de l'espace courant. Ainsi, la vie spirituelle est l'expérience de ces deux sortes de perceptions de l'être: perception existentielle de la distance dans le temps et perception intime de l'identité dans l'éternité, qui est propre au temps mystique... Mais parler ici de temps, au niveau mystique, est une façon impropre de le nommer: l'expérience mystique dépasse à proprement parler le temps lui-même, elle enjambe la notion du temps.

Le temps physique n'est qu'un cas particulier de temps. Cependant, aucun temps n'est à proprement parler expérience pure de l'éternité. C'est pourtant dans le temps que l'éternité peut être connue. Il s'agit alors d'accéder à une particulière richesse d'être. La dimension propre à l'éternité relève de l'expérience spirituelle, mystique ou religieuse, d'une rencontre vécue avec l'absolu. En toute expérience de foi s'opère une *rencontre personnelle avec Dieu* dans un contexte dit d'*adoration, de contemplation* ou de prière. Il s'agit d'un état d'intimité sans différence, sans distance entre Dieu et l'homme. Un climat de confiance, de sympathie, d'entente, d'extase pacifique s'instaure entre moi et l'absolu, où malgré la différence entre moi, qui ne suis rien, et Dieu, qui est tout, s'établit une relation stable d'entente, d'harmonie, de confiance, de réconfort, de sérénité, de joie, de bonheur, de béatitude permanente, qui demeure au-delà des circonstances et qui fait dire à saint Paul: «j'exulte de joie au milieu des tribulations» ou encore, «ma force est dans ma faiblesse» parce que ma faiblesse repose en Toi!

L'éternité est le contexte même de toute expérience de foi: juive, chrétienne ou musulmane. Il correspond notamment à la pratique de vie chrétienne, qui est justement pratique de la vie éternelle. *Tout croyant a déjà, par le seul fait de son expérience de foi, l'expérience de l'éternité.* Le fondement est dans la Bible. La notion d'éternel est présente dans la Bible comme l'un des attributs de Dieu. Dieu est l'Eternel et il est appelé aussi «l'*Eternel pourvoira*». Dieu est présent dans la Bible comme celui qui pourvoit au bon déroulement du temps et à notre propre bien dans le temps. Le peuple sémite accède à la notion d'éternité en niant tout d'abord les caractéristiques de sa condition temporelle. L'expérience de l'éternité le place à contre-courant des conditions spatio-temporelles: il quitte l'Egypte malgré l'interdiction du Pharaon et, malgré son extrême précarité, il échappe à la chasse de sa puissante armée. Il séjourne quarante ans dans le désert (alors que le bon sens inviterait à le traverser au plus vite), se nourrit d'un aliment incontrôlable par l'origine et le goût (la manne) et se désaltère auprès de sources inexistantes (qui surgissent de la roche), guérit de maladies incurables par le simple regard d'un signe (le serpent d'airain – qui sera brisé plus tard dans le temple de Jérusalem), et engage sur ordre divin des batailles insensées, qu'il gagne contre toute l'évidence des forces en présence... Mais lorsque ce peuple prend l'initiative de son propre destin, afin de s'attribuer le mérite de ses victoires, il connaît défaite sur défaite... L'éternité est à contre-courant du temps.

L'éternité doit donc être conçue au-delà de la plus grande richesse pensable dans le temps, puisque les plus grandes espérances du temps viennent des promesses de l'éternité et les plus grandes richesses du passé ont leurs racines dans l'éternité. Seule l'expérience de la vie éternelle peut nous donner une pâle image de ce qu'est l'éternité: richesse de joie, de vivacité, de sérénité, d'espoir, d'amour, d'assurance...

Par l'acte de l'intelligence, je fais l'expérience du dépassement du monde sensible, de l'au-delà des images. Par la volonté, je fais l'expérience du dépassement des conditions animales de vie... Par l'exercice de l'intelligence et de la volonté, j'entre dans l'expérience de la transcendance qu'est la liberté: j'instaure dans le temps (par l'acte extérieur d'exécution) une décision toute intérieure qui n'est pas spatio-temporelle. Pour accéder du temps à l'éternité, j'exerce ma conscience. C'est dans la vie morale que je connais l'éternité et l'instaure dans ma vie.

Tout acte moral est une forme tout à fait réelle d'incarnation de l'éternité dans le temps: le jugement moral m'entraîne au bien, l'acte intérieur de décision le choisit, l'acte extérieur d'exécution l'actualise dans le temps, c'est-à-dire l'incarne. Par l'acte libre, je fais l'expérience de dépassement du temps. Dans l'amour, je fais l'expérience d'une possibilité d'épanouissement que le temps ne peut pas réaliser. Je dois *penser l'éternité comme la plénitude de tout ce que le temps évoque et laisse en suspens.* Dans l'éternité, je connais ce que le temps a de meilleur, mais de bien meilleure façon et beaucoup plus encore... Lorsque je pose un acte libre, je commets un acte d'inculturation de l'éternité.

Il faut toujours parler de l'éternité de façon claire et explicite. Que chacun se réfère concrètement à sa propre expérience de foi: en vérité, seule l'éternité parle correctement d'elle-même. Plutôt que parler d'elle, lorsqu'on désire la présenter et l'introduire, il faut inviter chacun à s'ouvrir, corps et âme, à sa consistance. Or les Anges sont des messagers d'éternité.

Ainsi, un critère de vérification de l'authenticité éternelle de la rencontre avec les Anges sera son implication morale dans ma vie présente: le réconfort qu'elle m'apporte. C'est dans le temps que nous saisissons la présence de l'éternel. Mais à quel moment du temps? En l'instant présent, vécu actuellement dans la vie de chacun. Tout ce qui s'exprime dans l'unité éternelle est saisi dans la diversité du temps, mais ne peut être compris que dans un acte d'amour régénérateur, vécu aujourd'hui, maintenant et ici même.

De cette analyse du temps et de l'éternité, et de leur relation, s'impose une réflexion simple: lorsque le temps te manque pour réaliser ce qui t'est cher ou s'impose à toi, souviens-toi que l'homme peut recourir... qu'il a à sa disposition... l'éternité. *Si le temps te manque, appelle à ton secours l'éternité* et les Anges viendront à ton secours! Lorsque dans le temps tu es perdu, l'éternité désire te venir en aide et peut te sauver, ici et maintenant. Car l'éternité est présente à toi en l'instant que tu vis: les Anges en sont les messagers et sont tes serviteurs. C'est même plus précis que cela: l'éternité n'est présente à toi que maintenant, en ce seul instant concret et réel que tu vis. C'est maintenant qu'un Ange passe... mais parce que tu vis dans la dimension sensible du temps, ce n'est que rarement qu'il se montre à tes yeux, mais c'est réellement maintenant, en ce seul présent, que le réel t'appartient, qu'il est là, à ta disposition.

Et si, dans un instant, tu te ravises et dis: «Zut, j'ai raté un instant», tu disposes encore de ton nouveau présent pour t'éveiller à l'éternité. Car tu vis à la fois par ton corps actuel dans le temps et par ce que ton corps désire, par ton âme, dans l'éternité. C'est une situation très simple où, si tu nies le temps, tu nies la dimension sensible de ton âme, qui a besoin du corps pour s'exprimer, et si tu nies l'éternité, tu nies ton âme. Or, sans elle, ton corps n'est qu'un cadavre! Au contraire l'instant du présent vécu pleinement t'instaure dans la plénitude du temps et de l'éternité. C'est un contresens spéculatif, mais c'est une expérience authentique et surintelligible de l'être. C'est du vécu réel, bien que difficilement racontable.

C'est maintenant que je joue, dans le temps, mon éternité présente et... future, c'est-à-dire celle où j'entrerai en plénitude, lorsque j'aurai fini mon temps. L'aujourd'hui temporel de l'homme coïncide avec l'aujourd'hui éternel de Dieu. Ce que l'on appelle les signes des temps sont les appels par lesquels l'éternité nous invite à agir dans le temps, pour accélérer son accouchement, c'est-à-dire la préparation de la fin des temps. Les Anges sont là comme des messagers, des instruments d'action et de rappel dans ce jeu d'amour entre Dieu et l'homme.

✤

RECOMMANDATIONS

Ces éléments de référence à propos des Anges et des questions annexes soulevées par l'auteur s'avéraient nécessaires pour éclairer le témoignage que nous allons lire. L'auteur est précise dans la description des expériences vécues, mais elle ne sait pas choisir entre le grand nombre des interprétations possibles des faits. L'imprécision des mots, la confusion de la désignation des êtres, l'ambiguïté des explications, l'arbitraire du vocabulaire: voilà ce qu'un esprit averti dans ce domaine reprochera à l'auteur. Non, elle n'est pas technique, car son intention est autre.

Sophy Burnham se propose, dans cet ouvrage, de montrer combien les Anges et des entités comparables sont présents dans nos vies. Elle ne saura pas nous dire pourquoi. Elle dira simplement: «Voilà ce qui s'est passé, j'en suis témoin!» C'est donc cela que nous trouverons dans les lignes qui suivent: la présence réelle de l'au-delà dans notre vie, soit par l'intervention vérifiée des Anges, soit par l'intervention vérifiée de personnes qui nous sont chères et qui nous précèdent dans la vie éternelle.

En l'absence d'une doctrine homogène de référence, certaines affirmations de Sophy Burnham sont contradictoires. Mais cela est stimulant. En outre, cela montre qu'elle est sincèrement soucieuse de nous transmettre la vérité de la réalité angélique au-delà de l'incertitude des mots... Oui, les affirmations contradictoires nous invitent à chercher le sens profond des expériences faites et des références proposées.

Il manque cependant à cet ouvrage une conclusion heureuse: la certitude que le monde des Anges, des messagers de Dieu, est au service des hommes et donc de l'épanouissement humain de chacun dans son intégralité. Car, en vérité, la vie des Anges ne saurait aliéner l'épanouissement de la personnalité de l'être humain, contrairement à ce qui est parfois affirmé çà et là dans l'ouvrage[18] – si cela est, cela concerne les démons, or elle parle des Anges...

Puis, si nous désirons y voir plus clair, comprendre mieux pourquoi cela advient, alors il faudra chercher ailleurs. On pourra interroger par exemple les saints, qui sont les grands experts de ces choses-là. Pour le moment, ce n'est pas Sophy Burnham qui nous le dira. C'est là un pas ultérieur que devra effectuer le lecteur quand il tournera la dernière page de ce livre qui reste malgré tout un beau livre à lire. Car il surprend par la franchise avec laquelle il transmet le récit de ces rencontres avec l'au-delà. Oui, cela mérite d'être lu.

Alain M. Sauret
Professeur de philosophie
à l'Université Pontificale Grégorienne

18. Notamment au chapitre V.

Avant-propos

J'ai entrepris ce livre d'abord comme une narration autobiographique, tant à mon usage personnel qu'à celui de mes amis ; en effet, il m'est arrivé, vers l'âge de quarante-trois ans, une foule de choses étranges et mystérieuses, que je ne pouvais ni considérer comme normales ni expliquer de façon logique. J'éprouvai le besoin de les coucher par écrit, en bon ordre, pour pouvoir les observer, les manipuler comme des objets dans ma main et bien peser la vérité susceptible de s'en dégager.

Une chose est certaine : au départ, ce n'est pas mon éducation qui m'a conduite à croire au surnaturel ; une fois dans la force de l'âge, je me suis sentie perplexe. Pouvais-je nier que j'avais échappé à la mort de façon miraculeuse ? Que des coïncidences insolites, des rencontres inexplicables se multipliaient ? Je commençai donc la rédaction de ce livre un peu comme on enfile des perles sur un collier : parmi les premiers épisodes recueillis, certains me sont arrivés personnellement, et les autres à des amis si proches que je puis me porter garante de leur santé mentale. Chacun de ces récits est véridique.

Puis ce livre a pris de l'ampleur ; moi aussi, j'ai changé. Aussi mon livre rend-il également compte d'autres rencontres avec des anges, survenues dans le monde entier. Certains de ces récits concernent des gens célèbres, prophètes et voyants, mais la plupart des événement rapportés sont arrivés à des gens ordinaires. Tous ces faits se sont produits de nos jours, ils sont parfaitement contemporains. Au fur et à mesure que j'avais vent de nouveaux événements et que je me plongeais plus avant dans mes recherches, ma curiosité grandissait. Est-ce que les anges existent ? A quoi ressemblent-ils ? Pourquoi toutes les civilisations ont-elles en commun ce mythe des anges ? Pourquoi croit-on partout à des esprits gardiens, qui nous protègent et interviennent parfois dans nos vies, quitte à violer les lois physiques de l'univers ? Est-ce que les anges ont des pieds ? Un sexe ? Sont-ils les mêmes d'une culture à l'autre ? A qui apparaissent-ils ? Pourquoi semble-t-il que les enfants les voient davantage que les adultes ?

Vous trouverez entre les lignes de cet ouvrage des informations «de base» sur les anges ; la croyance dans les anges y est remise dans son contexte historique ; et vous lirez des récits d'apparitions d'anges dans différentes civilisations. Ce livre, dans son ensemble, pose des questions fondamentales, ne serait-ce que de façon implicite : qui suis-je ? Pourquoi suis-je ici-bas ? Y a-t-il une vie après la mort ? Existe-t-il vraiment des forces qui plongent, invisibles, dans nos petites affaires ?

Si je réponds oui à l'une de ces questions, je suis conduite, de fil en aiguille, à me demander : quelles responsabilités ai-je vis-à-vis de moi-même, vis-à-vis de vous, vis-à-vis de Dieu ?

A ces questions, je n'ai pas de réponse. Je ne puis que raconter ce que j'ai vu. J'offre ce livre à mes lecteurs avec joie, avec espoir, avec reconnaissance pour ce que l'on m'a montré et que je désire partager. Je l'offre comme un hymne de louanges pour le simple fait que je puisse vivre ma vie avec une telle plénitude. Et je l'offre enfin en prière de remerciement car rien ne sert de craindre la mort : nous ne mourrons pas ! Voilà ce que j'ai appris ; voilà ce que j'ai vu de mes propres yeux. Je le sais, c'est tout : et s'il ne se trouvait qu'un seul lecteur dont l'angoisse et la crainte de la mort s'apaisent en lisant ces récits véridiques, alors ce livre aurait atteint son but.

Dans le cas contraire, j'ai encore ceci à ajouter : il se passe des choses bizarres en ce bas monde. Je ne saurais prétendre les comprendre, mais je les ai mises noir sur blanc pour que les personnes qui vivent des expériences similaires sachent qu'elles ne sont pas seules.

> ***« Les miracles ne contredisent pas les lois de la nature, ils contredisent seulement ce que nous savons des lois de la nature.»***
>
> SAINT AUGUSTIN.

✤

William Blake a vu des anges dans les arbres. Il avait à peine dix ans : il leva les yeux et vit des anges ; par la suite, il ne cessa d'en faire des dessins et d'écrire en leur hommage des poèmes extasiés.

Jacob a combattu avec un ange.

Abraham a reçu la visite d'un ange, lui aussi.

Joseph Smith fonda l'église des mormons après avoir rencontré l'ange Moroni... De nos jours, il arrive encore qu'un petit enfant voie un ange... Il peut se faire aussi – cela m'est personnellement arrivé – qu'un ange intervienne de façon fulgurante pour sauver la vie d'un adulte.

Cela peut sembler incroyable, mais je ne puis l'oublier : un ange m'a sauvé la vie. Je l'ai vu de mes yeux, aussi nettement que vous voyez les mots imprimés sur cette page : quelles couleurs ! Et ce tressaillement magnifique en l'apercevant ! «Me voilà enfin chez moi !» s'exclamait mon âme tandis qu'il m'arrachait aux griffes de la mort. Je ne suis pas sûre que cette intervention ait été plus miraculeuse que celle d'une fille de salle jamaïcaine qui entra dans la chambre d'hôpital de ma mère au bon moment : quelques jours à peine avant la mort de ma maman, cette belle créole me révéla une vérité décisive.

On nous dit que les anges se manifestent par des voix, des songes, des signes ou des visions ; ils portent des messages. Le mystère, c'est tout simplement de savoir pourquoi ils apparaissent ; accessoirement, pourquoi ils se manifestent tantôt sous une forme, tantôt sous une autre, variant leurs numéros avec un charme si attachant.

Bien sûr, il se trouve des gens pour affirmer catégoriquement que les anges n'existent pas : tout bonnement parce qu'ils n'en ont jamais vus. D'autres se demandent pourquoi les anges n'apparaissent qu'à certaines personnes ; d'autres encore soutiennent qu'ils se manifestent à tout le monde. La question à se poser est la suivante : qui les reconnaîtra quand ils se manifesteront ?

« N'oubliez pas l'hospitalité, car,
grâce à elle, certains, sans le savoir,
ont accueilli des anges.»

He 13: 2.

Première Partie

Des esprits et des anges que j'ai rencontrés

CHAPITRE I

Des esprits et des anges que j'ai rencontrés

✤ 1 ✤

Un soir, ma mère vit un ange. Elle avait cinq ans ; petite fille en chemise de nuit, elle se disposait à se coucher quand, levant les yeux, elle le vit debout dans l'embrasure de la porte de sa chambre :

– Tata !

Elle montrait la silhouette du doïgt :

– Regarde !

Mais la chère tante ne voyait rien :

– Couche-toi, petite ! dit-elle. Il n'y a rien là.

J'ignore à quoi ressemblait son ange. Quand je lui posais la question, ma mère prenait une expression rêveuse et exaltée, à la fois nostalgique et rayonnante. Elle parlait d'éclat, de splendeur ; je garde de ses récits comme une impression multicolore. Mais je n'ai pas la moindre idée de ce qu'elle a réellement vu.

L'ange disparut. Les adultes, c'est-à-dire son père, sa mère et ses tantes, lui expliquèrent qu'elle était surmenée et surexcitée : cette vision était purement imaginaire. Les années passèrent ; elle finit par douter de ce qu'elle avait réellement vu. Cependant, hallucination ou réalité, elle ne l'oublia jamais.

Mon père, en revanche, ne vit jamais ce genre de choses, et c'est sous l'influence de ce brillant intellectuel que nous avons grandi. C'était un grand avocat intelligent, chaleureux, plein d'esprit ; il adorait discuter et polémiquer. Il avait le rire facile et aimait se mesurer (victorieusement !) aux autres dans le cadre de querelles juridiques, de parties d'échecs ou de simples conversations mondaines. Quand il n'était pas en train de se battre au tribunal (la cour suprême de préférence), il exerçait ses talents sur sa famille, sur nous ses enfants. En plein dîner, il lançait un sujet de discussion comme un os sur la table et nous regardait faire : nous nous précipitions comme une portée de chiots qui saisissent un objet entre leurs dents, le secouent en grognant et le déchiquettent avec jubilation. Il nous obligeait à défendre notre point de vue contre ses assauts et, une fois qu'il nous avait réduits à sa merci, il lançait : «On change de camp !» Il prenait alors fougueusement la défense des arguments qu'il venait d'abattre en flammes. Il nous apprenait à réfléchir.

Mais il refusait de se frotter au mystère.

Une fois, je lui demandai s'il croyait en Dieu ; il posa ses papiers, ôta ses lunettes, décroisa les jambes et pesa mûrement sa réponse :

– Je n'ai nulle raison de croire en Dieu, répondit-il. Je n'ai jamais rien vu qui puisse me convaincre que Dieu existe. Toutefois, poursuivit-il en haussant le ton comme au prétoire, j'ai observé toute ma vie durant que, à chaque génération, tous les plus grands esprits croient en Dieu : Tolstoï, Einstein, Marc Aurèle. Et qui suis-je pour affirmer que Dieu n'existe pas ? Par conséquent, je tends à suivre Pascal : il affirme que, si Dieu existe, il vaut mieux que je lui paie mon écot ; et que, s'il n'existe pas, je ne perds rien à le faire. Il faut savoir se couvrir.

Je cite cet épisode pour montrer que mon environnement familial ne me poussait pas vers des expériences médiumniques ou des vagabondages suspects d'esprit en déshérence : nous étions des pragmatiques.

A une exception près ; si, en plein dîner familial, nul ne disait mot pendant dix ou vingt secondes, ma mère ou quelque tante s'exclamait : «Un ange passe !» Un instant, nous nous demandions, nous les enfants, à quoi pouvait ressembler un ange et pourquoi nous nous taisions tous à son approche. «Un ange passe !» lançait un adulte : et nos rires faisaient voler le silence en éclats. Les conversations reprenaient vivement, alertes comme la brise.

> ***« Nos doutes sont des traîtres : ils instillent en nous la peur du risque et nous font ainsi souvent rater des occasions favorables.»***
>
> WILLIAM SHAKESPEARE,
> *Mesure pour mesure, I.iv.*

Ainsi se déroula notre enfance. Ma sœur, mon frère et moimême nous ébattions bruyamment avec les chiens ; nous escaladions le toit du poulailler quand maman ne nous voyait pas ; nous sautions des poutres du garage, nous grimpions aux arbres, nous nous balancions aux branches, innocents et vigoureux dans notre jardin d'Eden. Nous allions à l'école en voiture avec d'autres camarades ; nous passions des heures assis, passifs, dans des classes surchauffées, engourdis par le sifflement des radiateurs et bercés par la voix monotone du professeur. Nous apprenions les règles de la vie. Nous nous battions avec nos camarades, nous nous réconciliions, nous boudions ou riions de la façon la plus normale, la plus insouciante, comme il sied à des enfants. Le seul détail qui peutêtre nous distinguait des autres était notre isolement : nous vivions à la campagne en pleine Seconde Guerre mondiale. Nous écoutions la radio, nous bavardions, nous lisions.

Nous lisions sans cesse. Nous lisions les grands classiques ; quelle honte si, à la différence de notre tante Kate, nous n'avions pas fini les œuvres complètes de Shakespeare à l'âge de douze ans ! Ou si nous n'avions jamais ouvert un livre d'Hérodote... Je partis en pension, puis poursuivis mes études supérieures, obtins mon diplôme et enfin une place de dactylo : c'était ce qu'une femme faisait à l'époque quand elle avait un DEUG avec mention d'une excellente université. Je me mariai. J'eus des enfants. Je travaillai.

Quand j'atteignis l'âge de trente ans, je vis un esprit.

> *« Qui sait si la vie n'est pas ce que les hommes appellent mort, et mort ce que les hommes appellent vie ?»*
>
> EURIPIDE,
> *Phrixus, 830.*

✤

Nous venions de déménager pour nous installer à New York. David, mon mari, avait obtenu un poste au *New York Times*. Nous louâmes un superbe duplex à Brooklyn, juste de l'autre côté du fleuve, en face de Manhattan. Notre appartement était haut de plafond. Il y avait un coin dînette dans la cuisine, et une fenêtre qui donnait sur la pelouse du jardin. A l'étage, la chambre à coucher était lambrissée de noyer ; sa fenêtre en saillie donnait sur la statue de la Liberté. C'était vraiment mignon ! En plus de la chambre de maître, il y avait une deuxième chambre à coucher presque aussi vaste, pour nos deux fillettes qui avaient à l'époque trois ans et à peu près huit mois. Quiconque connaît les clapiers exigus où s'entassent la plupart des New-Yorkais mesurera notre chance.

Une semaine après notre installation, David s'absenta quelques jours pour son travail. Un soir, je me trouvais dans le petit boudoir où je m'étais installée avec tous mes livres et mon bureau ; la pièce donnait sur notre chambre. J'étais à ma machine à coudre, en train de bâtir une robe pour mon aînée : un amour de petite robe, dans un tissu couleur cacao très doux, avec un col carré et tout plein de rubans. Il était environ vingt-deux heures. J'étais sereine et sans crainte, entièrement absorbée par mon travail sur la minuscule robe. Soudain, j'eus une sensation indéfinissable : il y avait quelqu'un avec moi dans la pièce !

Je levai les yeux et vis un homme sur le seuil. Je dis «vis» mais je ne le vis pas avec mes yeux, de la façon dont on voit le monde matériel habituel ; je le vis plutôt de façon intérieure, j'eus connaissance de sa présence ; en un sens il était là, en un sens il n'y était pas. Je sus trois choses à son propos : c'était un vieillard, il était tourmenté ou anxieux et il était «gentil». Il ne me ferait aucun mal. Comme toutes ces pensées me venaient à l'esprit, je me tournai de nouveau vers ma machine. J'enfouis mes mains dans mon visage, je m'en souviens très bien, les coudes sur ma machine à coudre. «Ça y est !» pensai-je. «Je suis devenue cinglée. Je perds la boule ! Je suis restée trop longtemps seule.» Mes yeux s'emplirent de larmes : c'est ainsi que je réagis physiquement à toute émotion. Je savais qu'il était debout sur le seuil, je savais qu'il s'avançait dans la pièce. Je tremblais de frayeur. J'eus une bouffée de chaleur et mon front se couvrit de perles de sueur.

Il vint se placer juste derrière moi. Je ne me retournai pas. Je sentais qu'il était là. C'était affreux.

Puis il posa la main sur mon épaule. C'était de sa part, je le savais, un geste de réconfort mais je ne sentais que les quatre doigts de sa main droite à l'avant de mon épaule et son pouce à l'arrière. Sa main était froide comme de la glace, elle me brûlait la peau comme de la neige carbonique. Quant à moi, j'étais brûlante sauf au contact de sa main glaciale. Horrible !

Puis il quitta la pièce en marchant comme un homme ordinaire.

Inondée de soulagement, je restais là à trembler comme une feuille devant ma machine à coudre... Soudain, il me vint à l'esprit qu'il était allé voir nos filles ! Je bondis à sa suite, traversai la chambre et arrivai en trombe dans le hall. Là, je m'arrêtai net : impossible de faire un pas de plus. Je me mis à me dandiner sur place : il était dans la chambre des filles, je le savais, mais je ne pouvais l'y rejoindre. Pourquoi ? Je retournai dans ma chambre ; je me tordis les mains, je marchai de long en large : je ne savais que faire.

> *« Il y a quatre coins à mon lit*
> *Il y a quatre anges au-dessus de ma tête*
> *Matthieu, Marc, Luc et Jean*
> *Bénissez le lit sur lequel je dors.»*
>
> PRIÈRE ENFANTINE.

Là, j'ai un trou de mémoire : j'ignore combien de temps il est resté avec elles. Quelques minutes ? Quelques secondes ? Soudain, il se matérialisa sur la banquette devant la fenêtre de ma superbe chambre. Je dis «matérialisa» comme si je parlais d'esprits à tous propos : un instant plus tôt il était dans la chambre des bébés, l'instant d'après je le sentais assis sur la banquette ; toujours inquiet, il me regardait. Toute son attitude m'interrogeait.

A ce moment, je décidai de prendre la situation en main. Je pris la parole d'une voix forte :

– Maintenant, écoutez. J'ignore qui vous êtes, dis-je, mais nous venons de nous installer dans cet appartement et je veux que vous sachiez ceci : cette maison est à moi. Je l'aime beaucoup. J'ai l'intention d'y rester longtemps. Vous pouvez vivre avec nous à votre guise mais, si vous décidez de le faire, il ne faut pas l'abîmer ni nous causer de tort. Cet endroit est magnifique : je ne tolérerai aucune dégradation. De surcroît, si vous décidez de rester avec nous ici, il faudra me donner un coup de main pour les enfants. Il vous faudra les garder, les protéger, veiller à ce qu'il ne leur arrive aucun mal. Si vous faites ça, je vous accueille de bonne grâce.

Il ne dit mot.

Quand j'eus fini ma tirade, il se leva, traversa la chambre en passant devant moi et sortit par la porte du palier. Il descendit les escaliers en flottant au-dessus des marches, traversa la cuisine et disparut à travers la porte de derrière.

Pour moi, ce fut un choc.

Pourquoi n'avait-il pas tout simplement disparu ? Pourquoi avait-il descendu les escaliers et franchi cette porte fermée et verrouillée ?

D'ailleurs, qui était-ce ? Que signifiait cette visite ? A son départ, mon angoisse tomba d'un coup : ce fait était aussi insolite que l'apparition elle-même. Je retournai droit à ma couture, parfaitement calme et en possession de mes esprits ; je m'absorbai dans mon travail comme si rien ne s'était passé. Je crois que ce détail me posa autant de questions que tout le reste. Je me remis à aligner des coutures sur la robe de ma fillette, au ronronnement rassurant de la machine, comme si je ne venais pas de voir un fantôme.

D'ailleurs, que signifiait son départ ? Apparemment, il était satisfait de ma mise en garde ; ou encore, il considérait que vivre avec nous lui donnerait trop de travail.

La sonnerie du téléphone retentit : c'était ma propriétaire, Mme Rosenthal, une dame âgée qui s'appelait autrefois Mme Glass. Je lui répondis avec quelque surprise car il était bien vingt-deux heures trente : il était bien tard pour un appel téléphonique ; elle appartenait à une génération qui avait du savoir-vivre.

– Pardonnez-moi de vous appeler si tard, commença-t-elle, je n'arrête pas de penser à vous, dans l'appartement, et à mon premier mari...

Elle me parla alors de ce dernier, le docteur Glass, qui avait eu ses bureaux dans ce rez-de-chaussée construit en gris-brun ; c'est lui qui avait ajouté les deux appartements situés au-dessus. Il avait adoré cette maison. Les somptueux lambris de la chambre à coucher avaient été posés par l'ébéniste qui avait décoré le Yale Club. Le docteur Glass était mort dans cette chambre. Mais l'endroit qu'il préférait, me dit-elle, c'était la petite pièce qui donnait sur la chambre de maître : précisément celle que je m'étais réservée. Il s'en servait de garde-robe et de cabinet de travail. Elle n'arrivait pas à raccrocher, elle s'excusait sans cesse, elle se demandait elle-même pourquoi elle tenait tant à me raconter tout cela. Je ne lui dis pas que je venais justement de rencontrer son mari mais c'était évident : le docteur Glass, après être passé à la maison pour nous rencontrer, avait poussé sa femme à m'appeler afin qu'elle me dise qui il était.

Le lendemain, David rentra chez nous. Je lui narrai ce qui était arrivé. David est le plus raisonnable des hommes :

– Si n'importe qui m'avait raconté cela, me dit-il, je n'en aurais pas cru un mot. Mais si tu me dis que tu as vu un fantôme, c'est que c'est vrai.

Et cela en dépit du fait qu'il ne croyait lui-même ni aux fantômes, ni aux esprits, ni aux phénomènes surnaturels ou aux énièmes dimensions au-delà du monde visible. C'est aussi pour cela que je l'aimais : il me faisait confiance.

> ***« Des millions de créatures spirituelles parcourent le monde, invisibles, tant pendant notre veille que pendant notre sommeil.»***
>
> JOHN MILTON,
> *Paradis perdu, IV.*

✤

Ce fantôme, nous ne l'avons jamais revu. Mais cela me plaisait de le savoir là : il protégeait les enfants. Je me demandai ce qui était arrivé aux locataires qui nous avaient précédés. Je savais que trois ou quatre familles s'étaient rapidement succédé. Aucune n'était restée plus de huit mois. Les avait-il chassées ? Leur avait-il trouvé du travail dans d'autres États ? Avait-il provoqué leur divorce afin de les faire déménager ? Toujours est-il qu'il se montra bon avec nous : nous passâmes sept années heureuses dans cet appartement ; je me disais parfois, avec un secret sourire, qu'il y était peut-être pour quelque chose. Au fond, nous n'étions jamais restés aussi longtemps au même endroit. J'étais ravie.

Etais-je folle ? En fait, cette pensée ne m'effleura jamais. Cet homme m'était apparu aussi nettement que je vois la paume de ma main. Il était venu, il était reparti ; impossible de prouver sa visite : de même, le crépuscule peut être tout rutilant un soir et obscurci par les nuages le lendemain, cela ne prouve rien.

J'avais vu un esprit. C'était intéressant, mais j'avais des enfants à élever, un métier à exercer : je n'avais ni le temps ni peut-être la motivation pour en peser toutes les implications, pour réfléchir à la mort et aux métamorphoses de la matière. Après tout, je m'étais bien débrouillée jusqu'alors pour vivre sans les anges : à plus forte raison arrivai-je à oublier la présence du fantôme d'un étranger chez moi...

2

Je me demande comment raconter l'histoire qui suit. Dois-je décrire les faits tels qu'ils se sont produits ou les maquiller de façon à leur donner une progression dramatique, comme si tout se construisait progressivement en direction d'une éblouissante révélation finale ? Dans la vie, c'est plus compliqué que dans les romans : les événements ne s'organisent pas d'eux-mêmes en ordre logique. Bien au contraire, nous vivons dans un milieu où coexistent toutes sortes de choses. Comme des poissons dans l'eau, nous évoluons au sein des mondes matériel et immatériel, celui de la matière et celui de l'esprit ; parfois nous percevons un mouvement, parfois un autre ; parfois encore, ce n'est que bien plus tard, après avoir traversé d'autres veines de courant et vécu de nouvelles expériences, que nous pouvons nous pencher sur notre passé et comprendre la signification d'une époque révolue. Le seul sens du temps que nous avons, notre chronologie, réside dans notre capacité à recevoir et il dépend en partie de notre ouverture d'esprit, c'est-à-dire de notre confiance.

J'ai vécu des choses bizarres. Mais ma vie n'a pas culminé dans une révélation capitale unique, une apothéose pyrotechnique (l'illumination !) avec des gerbes de feu d'artifice explosant dans la nuit. Non, j'ai plutôt vécu tout un fouillis d'anecdotes en vrac, inextricablement mêlées à la vie de tous les jours : j'ai vu des fantômes, et des anges par-dessus le marché ; j'ai eu des songes ; j'ai connu d'heureuses coïncidences. Mais tout cela était si voilé : on aurait dit que l'au-delà jouait à cache-cache avec moi, posant comme des écrans et des paravents de peur de se laisser entrevoir. Les révélations les plus éblouissantes peuvent se diluer dans la banalité du quotidien : la morne foule crasseuse se disperse et chacun rentre chez soi ; les parents débordés remorquent leurs petits, ramassent les couches et se chamaillent pour savoir qui a oublié le thermos à l'endroit du pique-nique. Chaque jour, quelque chose de nouveau attire notre attention : abondance de la vie !

> ***« On dit à juste titre que, juste avant notre naissance, un ange des cavernes pose un doigt sur nos lèvres et dit :***
> ***- Chut ! Ne révèle pas ce que tu connais !***
> ***Et c'est pourquoi nous naissons avec un bec de lièvre et sans le moindre souvenir de l'endroit d'où nous venons.»***
>
> RODERICK MACLEISH,
> *Prince Ombra.*

✤

Ma mère revint me voir trois fois après sa mort. Elle essayait de me dire qu'il y a une vie après la mort : nous avions fait le pacte qu'elle essaierait de m'avertir.

Mon propos est de parler des anges mais laissez-moi vous raconter cette anecdote, elle est significative. La dernière visite de ma mère fut la plus spectaculaire. J'étais allongée sur le petit lit à baldaquin de «ma» chambre, la chambre de mon enfance, la chambre – et le lit – où ma mère était morte. Il devait être vingt-deux ou vingt-trois heures. Je lisais. La lumière était allumée. Par la fenêtre (à la campagne, la nuit est très noire), j'entendais le frou-frou incessant du vent dans les feuilles des arbres.

Soudain, ma mère fut là, debout sur le seuil. Je levai les yeux, l'aperçus et... j'éclatai en sanglots.

«Comment puis-je vivre sans elle ?» pensai-je.

Ce n'était pas tant sa présence à la porte qui me troublait ni le fait qu'elle soit venue tenir sa promesse et me parler de «l'autre côté». Non, c'était plutôt le fait qu'elle se tînt là, debout, avec un sourire exprimant un aussi insupportable amour. Elle était fantôme, libérée de toutes les barrières qui nous avaient toujours séparées : barrière de la culture, barrière de nos passés différents, barrière de la colère, du manque d'indulgence et de toutes les blessures que nous nous étions mutuellement infligées. J'étais en présence de la pure essence, distillée, de ma mère : elle me regardait avec un tel amour que mon cœur en fut brisé.

«Comment puis-je vivre sans elle ?» pensai-je. Inquiète, elle fit un pas en arrière. Elle n'avait nulle intention de me faire de la peine. A l'instant, je compris que nos corps physiques nous sont donnés pour une raison bien déterminée : nous vivons dans cette carapace comme des homards dans la mer, nous luttons toute notre vie pour en sortir, pour toucher n'importe qui, ne serait-ce qu'une fraction de seconde, et transcender notre isolement. On atteint parfois ce sommet en faisant l'amour, à l'instant le plus sublime, ou encore en écoutant de la musique ; parfois, nous parvenons à sortir de nous-même quand nous sommes en pleine création artistique, quand nous contemplons un paysage de montagne ou que nous observons, fasciné, une cascade. Pendant la plus grande partie de notre vie, nous déployons tous nos efforts pour bondir hors de notre coquille, mais en vain. Je compris brusquement qu'en ce monde matériel, nous ne sommes pas censés nous rencontrer de façon si radicale : nous ne sommes pas assez forts pour supporter cet amour sans mélange.

Inquiète, elle s'estompa progressivement avec l'air de s'excuser. Depuis, je ne l'ai pas revue ; à présent, dix ans ont passé et je me dis que ce serait drôle d'essayer à nouveau. Peut-être que cette fois-ci, je me souviendrai de l'interroger sur la mort et la vie. Mais je me demande si nous avons le droit de savoir... Ici-bas, nous avons des œillères ; pour des raisons qui nous échappent, nous sommes là pour jouer à colin-maillard avec Dieu ; j'imagine que le jeu serait gâché si nous trichions, si nous connaissions notre récompense.

Nous ne devrions jamais avoir peur.

Nous devrions savoir qu'il y a autre chose.

Nous devrions vouloir plonger dans cette mer d'amour qu'est Dieu, que nous entrevoyons de «l'autre côté».

Et voilà pourquoi, peut-être, les visites des anges sont aussi rares.

> ***« Trente pour cent des Américains qui ne croient pas en l'au-delà avouent avoir été en contact avec des morts.»***
>
> AMERICAN HEALTH MAGAZINE,
> *Janvier/Février 1987.*

✤

A un moment donné, la question des fantômes devient accessoire. Leur présence peut être soit manifeste, soit cachée ; à partir du moment où elle est manifeste, que prouve-t-elle, sinon que la vie continue après la mort ? Voilà justement ce qu'il nous appartient à chacun d'établir par nous-même. Le fait de savoir qu'il existe une vie après la mort ne conforte en aucune façon l'incroyant, bien que les religions prêchent cela depuis des millénaires. Mais une fois cette expérience acquise, la question n'est pas de savoir si l'esprit survit mais sous quelle forme et pourquoi, et ce qu'il faut en conclure quant à notre relation à Dieu.

Ou encore : qu'est-ce que Dieu ?

Dieu existe-t-il ? Si oui, que fait-il là-haut, lui l'Atma[1], la Source, la Force Universelle ? Que diable fait Dieu, et quelle est notre place dans ce plan ?

---

1. Mot sanscrit : l'essence divine de l'âme (NdT).

La même question peut être formulée d'un millier de façons : qui suis-je ? Pourquoi la douleur et la souffrance existent-elles ? Si Dieu est juste et plein d'amour, comment se fait-il que le mal existe dans le monde ? Suis-je (par hasard) l'adorateur d'une divinité capricieuse ? Pire : Dieu n'est-il que le fruit de mon imagination ? C'est-à-dire : n'y a-t-il pas de divinité du tout ?

Je m'étends sur le thème des esprits car, entre les fantômes et les anges, la différence est floue. La question que nous posons est de savoir si les anges sont réellement les esprits des morts qui reviennent. Il m'a fallu des années pour me faire à la simple idée de leur existence («Il y a quelque chose là !») ; quant à répondre à des questions pareilles... Mais essayons de les étaler à plat.

Les fantômes sont les esprits des morts tandis que les anges sont les messagers du divin. Comme les anges, les fantômes peuvent se présenter à nous directement par la pensée, comme s'ils poussaient du coude notre esprit au passage, ou encore par la simple sensation d'une présence ; ils peuvent aussi se manifester par des voix désincarnées ou des boules de lumière, ou encore de façon invisible, en nous jouant des tours. Mais quand ils se matérialisent, ils reprennent toujours leur propre apparence. Et cela est bien différent, comme nous le verrons plus loin, du comportement des anges.

Les fantômes, c'est vrai, apportent parfois des messages d'amour ; il leur arrive de nimber ceux qu'ils aiment d'une impression de calme. Mais un fantôme n'est pas un ange. Les fantômes sont entravés par la nostalgie, par les regrets qui les lient encore à ce monde physique ; certains ne sont que des ombres perdues, incapables de rejoindre «l'autre côté». On trouve des fantômes dans toutes les civilisations, tout le monde sait à quoi ils ressemblent ; ils sont translucides, ils semblent constitués d'une substance brumeuse, laiteuse : ce sont des ectoplasmes aux bords ondulants. Ils n'ont pas de pieds. Comme ils conservent leur personnalité propre, ils sont soit bons soit malfaisants, comme ils l'étaient au cours de leur vie. Certains dérangent, car ils sont eux-mêmes troublés ou perturbés. Ils surgissent à l'appel des médiums ou se tiennent debout derrière le dossier de quelque fauteuil dans des maisons anciennes ; d'autres encore dérivent en sanglotant, inconsolables, de pièce en pièce, suivis dans leur sillage par une musique funèbre. Il peut aussi leur arriver de faire des farces comme pour nous montrer, à nous pauvres humains aveugles, qu'ils existent encore. Certains esprits sont vraiment mauvais, frisant le démoniaque : ils sont capables de nous posséder. Ils peuvent causer des ravages épouvantables mais, en général, ce sont nos proches bien-aimés qui reviennent car ils se font du souci, ou ils ont envie de nous dire que tout va bien.

Quand un esprit pénètre dans une pièce, on se sent glacé, comme si la porte était restée entrebâillée ; quand il vous touche ou que son corps vous traverse, vous sentez un froid polaire. Tous ces signes sont caractéristiques des fantômes.

Les anges, c'est autre chose ; nulle personne qui a vu un ange ne l'a confondu avec un fantôme. Les anges sont remarquables par leur chaleur et leur lumière ; tous ceux qui les ont vus parlent avec une crainte révérencieuse de leur lumière irisée et chatoyante, de leurs couleurs brillantes ou encore de l'insupportable blancheur de leur être. Vous jubilez, vous éclatez de bonheur.

Et puis, les anges viennent en général pour exécuter une tâche précise, bien que je connaisse trois récits où des anges se tiennent simplement là debout, bavardant paisiblement entre eux. Les anges apportent une aide ou un message d'espérance ; ce qu'ils ne font jamais, c'est errer en ce bas monde comme les esprits solitaires des morts. Les anges vous transmettent une paisible sérénité ; ceux qui ont reçu leur visite savent, même s'ils n'ont pas vu leur visage, qu'ils ont été frôlés par les ailes du silence, comme les appelle Milton, ces ailes invisibles, voilées.

> *« Sois attentif, cher Seigneur, à ceux qui travaillent, qui veillent ou qui sanglotent ce soir ; confie à tes anges ceux qui dorment. Soigne les malades, Seigneur Christ ; donne le repos aux affligés, bénis les mourants, apaise ceux qui souffrent, prends en pitié ceux qui sont dans la peine, protège ceux qui sont dans la joie, et tout cela pour l'amour de ton Amour. »*
>
> Prière chrétienne.

✤

On dit que George Washington a vu un ange à Valley Forge.

Deux fois, Johnny Cash a reçu la visite d'un ange : la première fois à l'âge de douze ans, et de nouveau une fois adulte. Chaque fois, c'était pour l'avertir que quelqu'un allait mourir.

J'ai sous les yeux l'histoire d'un professeur d'université qui a vu et entendu un groupe d'anges de sexe féminin ; j'ai aussi l'histoire des six cosmonautes russes, aussi athées que l'on peut l'être dans un État communiste, qui aperçurent deux fois dans l'espace un groupe d'anges aux ailes aussi longues que celles d'avions gros porteurs !

C'est dans les journaux que j'ai lu ça. Toute l'histoire, dit-on, vient d'un rapport secret sorti clandestinement de Russie par un scientifique passé à l'Ouest au début de 1985. Peut-on réellement y accorder quelque crédit ?

La chose arriva alors que la navette Soyouz 7 était en orbite dans l'espace depuis cent cinquante-cinq jours. On imagine ce groupe de personnes en apesanteur pendant des semaines et des mois, dans un état d'isolement suffisant pour leur causer des hallucinations. Trois cosmonautes, Vladimir Solevev, Oleg Atkov et Leonid Kizim, étaient en train de se livrer à des expériences médicales quand, soudain, ils furent éblouis par une aveuglante lumière orange. Dès que leurs yeux se furent accoutumés à la lumière, ils virent «sept silhouettes géantes de forme humaine, mais dotées d'ailes et de halos vaguement brumeux, comme l'on décrit les anges à la manière classique. Ils semblaient mesurer des dizaines et des dizaines de mètres, avec une envergure aussi grande qu'un avion de ligne». Leurs visages étaient ronds, avec des sourires de chérubins, et ils étaient tous identiques. Le groupe d'anges suivit la capsule spatiale une dizaine de minutes, puis disparut. Douze jours plus tard, ils revinrent tous les sept et, cette fois, trois autres scientifiques les aperçurent également.

– Nous étions vraiment bouleversés, raconte Svetlana Savistskaya, la seule femme du groupe. Il y avait sept immenses lumières orange et, à travers elles, nous pouvions distinguer les silhouettes de sept anges : ils souriaient comme s'ils partageaient quelque secret glorieux.

> ***« Afin qu'un jour, au bout de l'entendement terrible, je puisse chanter l'allégresse et la gloire sous l'approbation des Anges.»***
>
> RAINER MARIA RILKE,
> *Les Élégies de Duino, 10.*

✣ 3 ✣

Les anges portent des messages. Le mot grec *ángelos* signifie «messager» ; le Petit Larousse donne cette définition toute simple : «Etre purement spirituel créé par Dieu pour être son messager et manifester aux hommes sa volonté.»

Les esprits ailés – les anges – font partie du mystère de chaque civilisation. Je possède uné sculpture d'un ange de Bali ; il ressemble à une sirène ailée. Les Vikings les appelaient les *walkyries*, les Grecs *horae*. En Perse, il y avait les *fereshta*, que l'on confondait parfois avec les *péris* ou les *horis*, ces êtres célestes de nature féminine mais dépourvus d'organes génitaux (sic) chargés de combler de délices sensuelles les habitants du paradis ; à ne pas confondre non plus avec les apsaras hindoues, ces belles fées du ciel, chargées de combler les dieux de félicités sensuelles et érotiques. Plus tard, on insista sur le fait que les anges ne connaissent pas le désir charnel ; cet enseignement émanait des chrétiens – et notamment des catholiques – qui estiment que les hommes devraient tendre à être, eux aussi, purs comme des anges. Cependant, dans les mythes indo-européens précoces, les anges pouvaient avoir des enfants : ces derniers poussaient dans leur giron comme des choux et avaient cinq ans à leur naissance.

On trouve des anges dans le zoroastrisme, dans le bouddhisme, dans le taoïsme. Les anges étaient présents dans la pensée antique de l'Assyrie et de la Mésopotamie ; cette foi dans les anges fut transmise à travers les traditions manichéenne, judaïque, chrétienne et islamique, chacune de ces croyances donnant naissance à la suivante. Dans les pratiques du chamanisme, on cite des rapports avec des êtres ailés qui se présentent sous forme d'aigles, de corbeaux ou d'esprits s'éloignant nettement de l'iconographie chrétienne.

Ce sont les écrits de Denys le Petit, au VIe siècle, qui eurent une influence déterminante sur toute la pensée catholique postérieure concernant les anges. C'est lui qui nomma les neuf chœurs des anges et, bien que d'autres s'y fussent risqués à leur tour, c'est sa hiérarchie qui prévalut jusqu'au XVIIIe siècle ; après quoi, l'angélologie passa de mode : elle fut supplantée, jusque chez les penseurs spirituels, par le siècle des Lumières. Dante, Milton et Goethe ont tous eu des visions, ainsi qu'Emmanuel Swedenborg, le grand chimiste et mystique du XVIIIe siècle, et Rudolf Steiner, le génie de la philosophie allemande, pour en venir jusqu'au XXe siècle.

Présents devant le trône de Dieu, les anges n'ont pas de forme du tout ; ce sont d'immenses boules majestueuses de feu, d'énergie brute, qui tournent, tourbillonnent et tournoient dans l'espace obscur comme des *supernovae*. On les appelle «roues» ou «trônes» et l'on ne peut les décrire que de façon symbolique, même si certains mystiques les ont vus et ont entendu leur formidable silence. Ceux-ci savent ce qui leur a été révélé et se sont sentis écrasés par cette puissance.

Les roues ou trônes.

Soyons francs : nous ne savons rien des anges. Nous ne savons ni ce qu'ils sont ni comment ils se situent dans la hiérarchie céleste. Nous ne savons pas davantage si les tâches qui leur sont confiées dépendent de leur rang.

Nous ne savons rien de cet autre royaume, à l'exception de quelques aperçus fugaces, momentanés, dans nos cœurs ; nous l'entendons chanter, ce royaume, dans des souvenirs perdus ; nous croyons l'apercevoir du coin de l'œil, mais cette vision est si éphémère que, lorsque nous nous tournons vers elle, elle a déjà disparu. Nous ressentons l'éloignement de ce royaume dans notre solitude, vide béant de notre cœur que nous tentons de combler grâce aux plaisirs physiques, au danger, aux drogues, à l'alcool, à la guerre, au travail, à l'amour, à l'amitié ou à la sexualité. C'est notre aspiration existentielle à l'éternité qui nous fait croire que quelque chose d'autre doit en définitive exister quelque part ; en effet, si nous ne nous souvenions de rien, si nous n'avions pas le sentiment d'avoir jadis été comblés, comment saurions-nous qu'il nous manque à présent quelque chose ?

> ***« Qui donc dans les ordres des anges m'entendrait si je criais ? Et même si l'un d'eux soudain me prenait sur son cœur : trop forte serait sa présence, j'y succomberais. »***
>
> RAINER MARIA RILKE,
> *Les Élégies de Duino, I.*

✤

Certains anges ont des noms, par exemple Michel ou Gabriel. Ces derniers, nous ne les connaissons que par le récit de ceux qui les ont vus : différents saints, mystiques et prophètes ; par exemple le prophète Mahomet, qui reçut la visite de l'ange Gabriel ; ou encore, plus récemment, Padre Pio, le moine stigmatisé qui mourut en Italie méridionale en 1968 et qui, au cours de sa vie contemplative, eut à se battre contre des démons et fut lavé dans sa cellule par des anges.

Néanmoins, la plupart des anges se manifestent de façon anonyme, comme à ce professeur de Northampton, dans le Massachusetts, S. Ralph Harlow. Pour autant que je sache, c'était dans les années 30. Ce récit a été reproduit dans plusieurs petites revues, dont *Guideposts* et *Spiritual Frontiers Fellowship*.

Le jour où nous vîmes des anges

Ce n'était pas le jour de Noël, ce n'était même pas l'hiver ; quand cet événement m'arriva, il m'éclaira de façon neuve sur les antiques récits concernant les anges. C'était par une magnifique matinée de printemps et nous marchions, ma femme et moi, au milieu des bouleaux et des érables en bourgeons, non loin de Ballardvale, dans le Massachusetts.

Je mesure bien à quel point le récit d'une expérience personnelle, quelle qu'elle soit, n'a de valeur qu'en fonction du bon sens et de la droiture de la personne qui le relate. Comment me présenter ? Je suis un chercheur qui abhorre les conjectures et admire la curiosité scientifique. J'ai une licence de Harvard, une maîtrise de Columbia et un doctorat du Hartford Theological Seminary. Je n'ai jamais eu d'hallucinations. Des avocats ont sollicité mon témoignage, j'ai attesté devant des tribunaux dont les juges et le jury me considéraient comme un témoin fidèle et fiable. Toutes ces références sont véridiques et, pourtant, je doute qu'elles suffisent à déterminer le degré de confiance ou de méfiance que l'on m'accordera.

En dernier ressort, c'est à chacun de passer ce qui lui parvient des autres au crible de son expérience personnelle, de son point de vue sur l'univers et de son intellect. Aussi vais-je simplement narrer ce qui m'est arrivé.

Le petit sentier sur lequel nous marchions ce matin-là, Marion et moi, était spongieux sous nos pas ; nous nous tenions par la main, goûtant avec délice la vie telle qu'elle se présentait, tout en flânant près d'un joli ruisseau. C'était le mois de mai ; pour les étudiants du Smith College où j'enseignais, c'était la période des examens. Cela nous avait permis de nous absenter quelques jours pour rendre visite aux parents de Marion.

Il nous arrivait souvent de nous promener dans la campagne et, après les rigueurs de l'hiver en Nouvelle-Angleterre, nous appréciions particulièrement le printemps : c'est à cette saison que les champs et les bois éclatent de couleurs printanières et que, en dépit d'un grand calme, ils nous montrent toute une vie nouvelle qui sourd des entrailles de la terre. La journée était particulièrement heureuse et paisible ; nous bavardions vaguement, avec de longs moments de silence heureux entre nos phrases.

A un moment, nous entendîmes dans le lointain l'écho de voix assourdies :

– Nous ne sommes pas seuls dans les bois ce matin, dis-je à Marion.

Elle hocha la tête et se retourna. Nous ne voyions rien mais les voix se rapprochaient plus vite que nous ne marchions ; nous sûmes que les nouveaux venus allaient bientôt nous rattraper. Puis nous comprîmes que le son ne venait pas exactement de derrière nous mais d'un peu plus haut ; nous levâmes les yeux.

Comment rendre compte de ce que nous avons ressenti ? Est-il possible de décrire la vague d'exaltation qui nous submergea ? Comment narrer ce phénomène avec objectivité et précision tout en restant crédible ?

A environ trois mètres au-dessus de nous, légèrement sur notre gauche, flottait un groupe de splendides créatures glorieuses, rayonnantes de beauté spirituelle. Nous nous arrêtâmes et les regardâmes passer au-dessus de nous.

Elles étaient six, de splendides jeunes femmes tout en blanc, vêtues d'amples vêtements flottants et engagées dans une vive conversation. Etaient-elles conscientes de notre présence ? Si c'était le cas, elles ne le manifestèrent pas. Leurs visages nous apparaissaient avec une clarté parfaite. L'une d'elle, légèrement plus âgée que les autres, était particulièrement ravissante. Ses cheveux sombres étaient tirés en arrière un peu de la façon que l'on appelle aujourd'hui une queue de cheval ; je ne puis affirmer que sa chevelure était nouée derrière sa tête, mais cela semblait le cas. Elle parlait avec animation à un esprit plus jeune qui la regardait en nous tournant le dos.

> ***« Louez-le, vous tous ses anges ;***
> ***Louez-le, vous toute son armée...»***
>
> *Ps 148: 2.*

Ni Marion ni moi ne comprenions leurs paroles bien que leurs voix fussent clairement audibles. C'était un peu comme lorsque l'on entend un groupe de personnes parler dehors alors que l'on se trouve dans une maison, fenêtres et portes fermées.

Elles nous dépassèrent comme en flottant ; leurs gracieux mouvements semblaient parfaitement naturels, aussi doux et paisibles que la matinée elle-même. Elles nous dépassèrent et l'écho de leur conversation s'estompa progressivement jusqu'à disparaître tout à fait. Nous étions cloués sur place, nous nous tenions toujours la main, et nous avions toujours leur vision devant les yeux.

Ce serait peu dire que nous étions abasourdis. Enfin, nous nous tournâmes l'un vers l'autre, chacun se demandant si son conjoint avait vu.

Un bouleau tombé gisait au bord du sentier, nous nous assîmes dessus et je dis :

– Marion, qu'as-tu vu ? Dis-moi exactement avec des détails précis. Et dis-moi ce que tu as entendu.

Elle comprit mon propos : je n'en croyais ni mes yeux ni mes oreilles, je voulais savoir si j'avais été victime d'une hallucination ou d'un excès d'imagination. A sa réponse, je compris que ses sens avaient, à tous égards, enregistré les mêmes choses que les miens.

J'ai rédigé ce récit avec la même fidélité et le même respect pour la vérité et la précision que si l'on m'avait ap-

pelé à la barre des témoins dans un tribunal. Cependant, alors même que je le consigne par écrit, je sais à quel point il peut sembler incroyable.
Voilà. La seule chose que je puis ajouter, c'est que cette rencontre a eu un profond effet sur nos vies. Cette expérience, qui remonte à présent à presque trente ans, a profondément modifié notre façon de penser.

✤

Les anges semblent se manifester généralement aux enfants qui, comme l'écrivait Wordsworth, «traînent encore derrière eux des nuées glorieuses». Est-ce parce que plus tard nous n'avons pas le droit de voir ? Ou bien est-ce que notre pesanteur de vision indique la perte de notre innocence ? Voici à présent l'histoire de Hope Mac Donald, qui écrivit pour un éditeur chrétien un petit traité sur les anges.

Sa sœur Marilyn avait huit ans à l'époque et Hope elle-même avait quatre ans ; un jour, leurs parents conduisirent Marilyn à l'école comme d'habitude. Une heure plus tard, Hope les vit revenir à la maison avec sa grande sœur couverte de sang et d'ecchymoses. Ils la déposèrent sur le canapé en attendant l'arrivée du médecin. Apparemment, au moment de traverser la rue devant l'école, Marilyn avait été happée par une voiture et lancée haut en l'air. Ses parents impuissants l'avaient vue retomber sur le sol et rouler vers une bouche d'égout grande ouverte. Au lieu de tomber dedans comme cela semblait inévitable, elle s'était arrêtée net juste au bord.

Les parents racontèrent les faits au médecin, tout en secouant la tête avec incrédulité. Comment cette enfant avait-elle pu s'arrêter si brusquement, juste au bord de la bouche d'égout, alors qu'elle roulait si vite ?

C'est Marilyn, toute surprise, qui leur répondit de son canapé :

– Mais enfin, vous n'avez pas vu ce grand ange magnifique debout dans la bouche d'égout ? C'est lui qui a levé les mains pour m'empêcher d'y tomber.

> *« A notre naissance, nous nous endormons et nous oublions tout : l'âme qui se lève avec nous, l'étoile de notre vie, vient de se coucher ailleurs, elle vient de loin ; cependant, tout n'est pas oublié, nous ne sommes pas tout nus, car nous traînons derrière nous des nuées glorieuses... »*
>
> WILLIAM WORDSWORTH,
> *Ode «Annonce d'immortalité»* .

Chapitre II

Des anges ignorés

Au commencement, les immortels
qui ont leurs demeures sur l'Olympe
créèrent la génération dorée des mortels.
Ceux-ci vivaient à l'époque de Kronos alors qu'il était le roi du ciel.
Ils vivaient comme s'ils étaient des dieux,
leurs cœurs étaient dans l'insouciance,
ils se suffisaient à eux-mêmes, sans douleur ni dur travail ;
l'état misérable du grand âge ne les atteignait pas ; leurs mains ni leurs pieds ne changeaient.
Ils trouvaient leurs délices dans des festivals ;
et vivaient ignorant le malheur.
Quand ils rencontraient le mal, c'est comme s'ils tombaient endormis.
Tous les biens leur appartenaient...
A présent que la terre est peuplée de la génération
d'aujourd'hui, celle-ci appelle la précédente les purs esprits bénis ;
ils vivent sur la terre
et ils sont bons ; ils veillent sur les mortels
et les défendent du mal ;
ils négocient à leur terme les procès et les dures négociations ;
ils se drapent dans une brume obscure
et errent dans toute la campagne ;
ils sont les gardiens de la richesse ; ce droit
leur a été conféré comme un sceptre royal...

Hésiode,
Les Travaux et les Jours.

✤ 1 ✤

On dit que les anges se manifestent à travers des pensées, des songes, des visions, des animaux, des lueurs dans l'eau, des nuages ou des arcs-en-ciel, ou encore sous forme humaine. Circulent-ils sur terre sous l'apparence de gens ordinaires ? Ou bien n'apparaissent-ils qu'à un moment, avant de se dissoudre dans l'éther ? Ou bien pourrait-il se faire que nous autres, humbles mortels, soyons un instant saisis par la main de Dieu pour prononcer, sans le savoir, les mots dont quelqu'un a besoin, ou pour lancer une bouée de sauvetage à une autre âme ?

✤

Un soir, un automobiliste me vit ranger ma voiture en panne au bord de l'autoroute, et il s'arrêta pour m'aider. Cela se passait sur l'autoroute de Nouvelle-Angleterre : je me rendais de New York au cap Cod. Il était vingt heures ce samedi soir, et il pleuvait à seaux. A peine avait-elle atteint la vitesse maxima autorisée de cent kilomètres/heure que ma voiture se mettait à brouter. Le moteur s'arrêta complètement et ma vitesse tomba à quarante kilomètres/heure ; d'une pichenette, j'enclenchai mes feux de détresse, et je me demandai si je n'allais pas me faire emboutir par l'arrière. L'automobiliste arrêta sa camionnette, car il m'avait vue désemparée au bord de l'autoroute ; il m'accompagna pendant des kilomètres et des kilomètres, s'écartant complètement de sa route et me protégeant avec ses clignotants. Cet homme merveilleux passa six heures à me suivre ! Vous imaginez : six heures de son temps pour s'assurer que, cahin-caha, j'arrive saine et sauve à destination. Plus tard, j'essayai de le retrouver dans New London, afin de le remercier, mais en vain : soit j'avais perdu son adresse soit il avait déjà déménagé.

✣

A chaque moment d'horreur dans ce monde, nous trouvons pareils actes de bonté, des mains d'anges. Voici maintenant un autre récit : comment un ange m'a aidée à me réconcilier avec ma mère alors que celle-ci était mourante. Mon ange jamaïquain, une fille de salle, vint à mon secours pour me redonner la vie.

Le rêve des mages.
Gislebert, chapiteau de la cathédrale Saint-Lazare d'Autun, XIIe siècle.

Ma mère était une maîtresse femme, petite et musclée, d'une activité infatigable. Elle passait la matinée à traîner sa tondeuse à moteur sur toute sa pelouse, puis mélangeait à la va-vite du salami, des tomates, de la laitue et du fromage pour se faire des sandwiches de pain de mie avec de la mayonnaise toute préparée. En guise de déjeuner, elle avalait deux sandwiches debout devant la paillasse de sa cuisine tout en buvant quelques tasses de café, comme si le fait de s'asseoir lui aurait fait perdre son temps. Elle repartait alors pour faire une partie de golf ou ratisser les feuilles du jardin, ou encore allait retrouver quelque amie en ville, courait au marché ou à la banque. Elle était toujours en mouvement. Pourtant, elle ne pouvait me voir sans me dire :

– Détends-toi : tu es tellement agitée ! Prends le temps de t'asseoir. Tu n'as rien d'autre à faire maintenant que de t'asseoir ici.

Cela me mettait les nerfs en pelote car mes filles (ses petits-enfants) avaient besoin d'être nourries, changées ou distraites de quelque façon ; et elle ne cessait de m'agacer, de me harceler.

D'ailleurs, elle souffrait en permanence de démangeaisons ; toute sa vie, elle a eu de l'eczéma. Cela la faisait souffrir en permanence mais elle n'en parlait jamais.

En 1973, David, mon mari, et moi déménageâmes ; nous quittâmes Washington pour rentrer à New York ; j'en profitai pour tenter de me rapprocher de ma mère. Cela me prit des années. Elle avait eu une première alerte avec un cancer au sein et on lui avait enlevé la moitié du flanc. Elle n'en avait que faire : elle avait pour son corps le même mépris qu'une Amazone s'amputant d'un sein pour mieux bander son arc. Après son cancer du sein, elle eut un cancer du poumon et il fallut lui en enlever un morceau. Du coup, elle s'arrêta de fumer tout en continuant, comme à son habitude, à s'asseoir dans le bureau de mon père ; celui-ci fumait cigarette sur cigarette dans cette pièce mal aérée, tandis que le feu dans la cheminée vomissait des torrents de fumée : des hirondelles avaient construit leur nid dans le conduit d'évacuation et ma mère avait décidé qu'un ramonage aurait coûté trop cher. Vers la fin de sa vie, ma mère était très affligée à cause de l'attaque subie par mon père et de son impuissance à le soulager ; aigrie par ce cruel coup du sort, elle s'en prenait à moi, toutes pointes et piques dehors :

– Ah, les journalistes ! grognait-elle.

Sous ce terme, elle englobait aussi bien moi-même que David, mon mari.

– New York ! De quoi avez-vous l'air dans un trou pareil...

Parfois, elle s'attaquait à mes écrits ; il y avait un livre qu'elle exécrait particulièrement. Elle ne m'expliqua jamais ce qu'elle reprochait à cette œuvre mais, pendant des années, elle ne put me voir sans y faire allusion :

– Quelle horreur, ce livre !

Et elle insistait interminablement.

– J'ai vraiment eu honte en lisant ça ! Honte ! Je me demande comment tu oses te montrer en public après avoir écrit ça.

– Mais enfin, qu'y a-t-il exactement dans ce livre qui te hérisse tant ?

– Tout ! La seule chose que je puisse espérer, c'est qu'il ne se vende pas.

Je mentirais en disant que ces attaques ne me touchaient pas. Une fois, je quittai la maison en claquant la porte pour fuir ses attaques. Mais, en même temps, j'aspirais à une réconciliation.

Un jour de juin 1978, elle me téléphona pour me dire qu'elle se sentait un peu patraque et qu'elle se couchait. Le médecin

---

« Ange de Dieu, mon cher gardien, auquel l'amour de Dieu m'a confié, soit chaque jour à mes côtés pour m'éclairer et me protéger, me guider et me diriger. Amen. »

diagnostiqua une pneumonie. En outre, elle avait glissé dans sa baignoire et elle était tombée sur les côtes : elle souffrait terriblement du côté. Mon frère, sa femme, David et moi discutions à voix basse dans la cuisine afin que d'en haut, elle ne puisse nous entendre. Nous n'étions pas habitués à voir ma mère alitée. En quarante ans, nous ne l'avions pratiquement jamais vue malade et voilà que, soudain, elle avait eu deux sérieuses escarmouches avec le cancer. Cette pneumonie nous inquiétait beaucoup.

Un mois plus tard, elle fut hospitalisée. Je déménageai et m'installai à Baltimore afin d'être plus près d'elle. Chaque jour, j'allais en voiture à l'hôpital pour la voir et, chaque jour, nous nous chamaillions et nous querellions. Les journalistes du *New York Times* étaient en grève ; mon mari était en chômage technique et notre situation matérielle des plus précaires. J'avais obtenu un contrat d'ingénieur conseil auprès d'une agence fédérale et, afin de ne pas sombrer dans la folie, je noyais mon chagrin dans une frénésie de travail.

Ma mère me critiquait sans répit. Pourquoi est-ce que je ne prenais pas du bon temps ? Pourquoi ne pas m'asseoir dans le jardin à ne rien faire ? Pourquoi ne pas prendre la vie avec philosophie et tout planter là quelques jours ? Me fallait-il donc toujours travailler autant ? Quelle mouche m'avait piquée ? Exceptionnellement, elle me posait des questions sur notre situation matérielle : est-ce que tout allait bien ? Est-ce que David avait trouvé un nouveau travail ? Mais, en général, elle était obsédée par le fait que j'avais en tête d'autres soucis que les siens. Avec du recul, je m'aperçois que ces disputes étaient en partie de ma faute : je n'avais pas compris sa peur. Pourquoi ne lui avais-je pas dit que je m'inquiétais pour elle... et pour moi ?

Un jour, à l'hôpital, elle tomba sur moi par hasard : et vas-y que je t'asticote ! Rien de ce que je faisais n'allait bien. Je me rencognai dans mon fauteuil, consternée : qu'est-ce que je fabriquais là, alors qu'elle ne faisait que me morigéner ? A cet instant, une fille de salle noire au large visage entra dans cette petite chambre encombrée pour passer la serpillière ; la pièce était si petite que le lit, le fauteuil et la commode prenaient toute la place. Ma mère était assise, redressée sur ses oreillers. Elle était en chemise de nuit avec une petite liseuse. Son chignon était défait et sa maigre chevelure étalée sur ses oreillers. Il y avait une énorme bouteille d'oxygène à côté de son lit, avec un long tube en plastique qu'elle était censée porter dans une narine ; mais elle l'avait enlevé et gesticulait avec, comme un pacha tenant l'embout de son narguilé ; ce faisant, elle me tançait vertement : ma façon de m'habiller ? Insupportable ! Mes efforts pour écrire ? Pathétiques ! Mes travaux urgents pour la municipalité ? Dérisoires et vains ! Même l'arrivée de la fille de salle ne fit rien pour la calmer.

Blessée, amère, je m'enfonçais de plus en plus dans mon fauteuil. Je commençais à me demander si je ne ferais pas mieux de me lever et de m'en aller. Ma mère était là devant moi presque mourante : que de choses n'avions-nous pas à nous dire, au lieu de discutailler de façon si désagréable ?

– Zis ène mama capav cause é ça ! [1]

La Jamaïquaine arrêta de passer la serpillière, ma mère et moi levâmes les yeux, stupéfaites. Ni elle ni moi n'avions compris la musique mélodieuse du parler créole. Un trille d'allégresse résonnait en moi :

– Comment ? demandai-je en me redressant.

– Zis ène mama capav cause é ça ! répéta-t-elle en nous regardant tour à tour avec un large sourire qui découvrait ses dents en or. Mo mama il mort quand mo ti éna 12 ans ! chantonna-t-elle. Pendant tout ça l'année là, mo pa tina personne pour causer are moi comment ène mama [2].

---

1. Il n'y a qu'une maman qui puisse parler de la sorte (NdT).
2. Ma maman à moi est morte quand j'avais 12 ans. Pendant toutes ces années, je n'ai eu personne pour me parler comme une maman (NdT).

Mo ti bien content pou tène ça ! [3]

Ma mère avait l'air gênée. Je me redressai un peu plus, inondée de joie. Génial ! Elle lui avait rabattu le caquet, mine de rien. Et moi qui n'avais pas compris ! En quelques instants, la belle créole en eut fini avec le lino, trois coups de serpillière et c'était fait. Elle nous quitta mais tout avait changé.

Sur le moment, il ne me vint pas à l'esprit que ce pût être un ange : je m'émerveillai simplement de la coïncidence ; cette femme était entrée dans la pièce, avait expliqué en deux mots le comportement de ma mère et s'en était allée. Nos relations en furent transformées.

Nous commençâmes à parler sur un autre plan. Nous pûmes parler de la mort, et nous dire combien nous nous aimions.

Une semaine plus tard, elle était morte.

> ***« Une coïncidence, c'est la façon qu'a Dieu de faire des miracles incognito.»***
>
> ANONYME.

✤

Y a-t-il une seule personne au monde qui n'ait pas eu d'expérience analogue : un étranger surgi de nulle part qui se porte à notre secours ?

> ***« Car il chargera ses anges de te garder en tous tes chemins.»***
>
> *Ps 91:11.*

Jack Moorman, un de mes amis, est banquier d'affaires. C'est un homme au naturel optimiste et plein d'entrain, il a l'habitude de toujours parvenir à ses fins. Quand il était âgé

3. C'est tellement joli à entendre ! (NdT)

de huit ans, il se trouvait un jour seul chez lui à bricoler avec ses nouveaux outils, ultra-coupants. Un ciseau glissa et il s'entailla profondément un doigt. Aïe ! Il eut le temps d'apercevoir la blancheur de l'os au fond de la plaie, puis il y eut du sang partout.

A cet instant, on sonna à la porte. Il s'enveloppa la main dans une serviette et alla ouvrir. C'était une infirmière en uniforme blanc, qui lui demanda si ses parents étaient là. Quarante ans plus tard, Jack avoue que cette présence d'une infirmière à sa porte, sans la moindre raison, ne l'avait nullement étonné. Elle entra, nettoya la plaie, banda la main et s'en fut. Jamais elle ne revint. Jamais il ne sut qui elle était en réalité.

Ce n'est que maintenant, presque un demi-siècle plus tard, qu'il se rend compte à quel point cette rencontre était insolite. Il était tout seul : était-elle un ange envoyé pour lui prodiguer tous ces soins ?

Charlie et le pneu

Charlie est encore un jeune homme. Il a une fine moustache blonde et une jolie femme. A l'époque des faits narrés ci-dessous, il vivait dans une banlieue de Washington, Takoma Park.

> « C'était en 1971, me raconta Charlie ; à l'époque, nous ne gagnions guère que 37,50 dollars par semaine et nous voulions aller voir ma belle-mère dans le Massachusetts. Seulement, nous avions un pneu lisse à l'avant et, à cette période, il n'était pas question pour nous d'aller tout bonnement en acheter un neuf. Donc, il semblait bien que nous devions renoncer à ce voyage.
>
> Nous faisions des conserves. Avec un ami, nous étions allés cueillir des poires et je lui racontai mon histoire : nous

voulions aller dans le Massachusetts, mais le pneu était lisse et nous n'avions pas de quoi en acheter un neuf ; alors, il était probable que nous ne pourrions pas partir.

Après avoir cueilli nos poires, nous rentrâmes à la maison. Nous habitions dans une rue en impasse qui descendait jusqu'à la crique de Sligo ; au moment où nous garions la voiture, je vis une dame en haut de la rue ; elle poussait devant elle une roue avec son pneu ; nous la regardâmes lâcher la roue qui dévala la pente et plongea dans la crique. C'était une toute petite crique. Je me dis : «Tiens, il faut que je tente ma chance avec ce pneu !» Je le récupérai et le montai sur ma voiture : impeccable ! Ainsi, nous pûmes aller dans le Massachusetts.

Je n'ai même pas souvenir de ce à quoi ressemblait cette femme. C'était juste une femme qui poussait un pneu pour lui faire dévaler la pente. Sur le moment, je ne m'étais pas posé de question, j'étais juste allé récupérer le pneu dans la crique. A l'époque, il m'arrivait tout le temps des choses comme ça ; maintenant, elles arrivent aussi mais vous ne vous en apercevez pas autant. Bref, maintenant je m'attends à ce que des choses comme ça m'arrivent mais, à l'époque, je ne m'y attendais pas. Je me dis à présent : «Quand il vous faut quelque chose, eh bien, ça se réalise.» Mais, à l'époque, je ne savais pas encore ça.

Ça se passe comme cela, un point c'est tout, et on n'en fait pas toute une histoire comme autrefois. Des histoires comme ça, j'en aurais des tas à raconter : ce qu'on veut vraiment, on l'obtient. J'ignore à quel point notre détermination a une influence.»

Non, la détermination n'a rien à voir là-dedans. On peut recevoir de l'aide alors que l'on s'y attend le moins, ou même quand on est convaincu que, de toute façon, on ne l'aura pas. Prenons l'exemple de Harry Aleysworth, président d'une société de services spécialisée dans la gestion de portefeuille à Clearwater, en Floride. Il raconte qu'une fois, en 1971, il était très surmené. Un soir, il rentrait très tard en Floride quand sa voiture tomba en panne sur une route déserte. Il ne lui restait plus qu'à faire à pied quatre-vingts kilomètres dans le noir et cela le rendit furieux. Il ne croyait ni en Dieu, ni dans les anges ni dans quelque puissance spirituelle que ce soit, mais les mots lui vinrent : «Bon, ça suffit ! J'ai besoin d'un coup de main, et j'en ai besoin tout de suite !»

A cet instant, il vit des phares qui approchaient. La voiture s'arrêta. Il y avait deux hommes à bord (deux anges, dit-il aujourd'hui). Ils allaient à Boca Raton et étaient tout disposés à le déposer là où il pourrait trouver une dépanneuse. Autre coïncidence singulière : ces deux personnages étaient très discrets, presque méditatifs, ils le laissèrent parler. Il en vint à leur confier que l'ex-femme du précédent mari de son ex-femme menaçait de le tuer : «Des problèmes de famille...» Quand il descendit de cette voiture, il était plein de calme et de paix.

> « Ce fut le début de ma quête spirituelle. J'ignore s'ils se sont matérialisés pour me prendre en voiture et s'ils se sont dématérialisés juste après... ou bien si c'étaient des hommes ordinaires à qui l'on avait confié la tâche de m'aider comme si c'étaient des anges.»

Qui le saura jamais ? Car c'est justement là un des signes caractéristiques d'un ange. L'ange irradie une sérénité paisible et calme qui infuse lentement en vous, même si vous ne le voyez pas. Est-ce la douceur à laquelle mes tantes se référaient quand «un ange passait» dans la pièce ?

Il est remarquable de constater le nombre de gens qui, d'après leurs expériences, ont été frôlés par le divin. La ravissante épouse de Harry, Deborah, est une femme d'affaires qui a son permis de pilote privé ; elle écouta tranquillement son mari raconter l'épisode ci-dessus, puis nous narra celui-ci. Elle le fit d'une voix douce, avec un petit sourire nostalgique sur les lèvres, comme en ont tous ceux qui ont eu un contact avec l'au-delà. Leur récit a toujours quelque chose de poignant, comme s'ils regrettaient que cela soit du passé.

L'épisode qu'elle raconte eut également lieu au milieu des années 70 alors qu'elle démarrait son affaire avec Harry et que, par conséquent, elle était terriblement surmenée. Son angoisse était si forte qu'un après-midi, elle s'effondra sur son lit : le genre de capitulation qui ne lui ressemblait pas ! Elle était couchée sur le côté droit, raconte-t-elle, le bras tendu en avant, quand elle sentit une main sur son épaule gauche, chaude, réconfortante.

Elle sut qu'il s'agissait d'un contact surnaturel.

Elle ne pouvait affirmer qu'il s'agissait d'un ange.

Mais, au toucher de cette main, elle fut envahie par une inexprimable douceur : elle sut que tout irait bien.

Après cela, elle se leva : elle était convaincue que tout allait bien se passer, et tout se passa bien.

Ceci est la deuxième caractéristique d'un ange : son message est toujours le même : «N'aie crainte ! Ne te tourmente pas. Tout va bien se passer. Ça va te plaire.» Jamais on n'entend parler d'un ange proclamant de mauvaises nouvelles ; même quand nous pensons à la mort, voilà ce que nous entendons de la bouche de l'ange de la mort : paix, joie, lumière. Ceci dit, je dois quand même ajouter que j'ai en main deux exemples dans lesquels les anges ont inspiré de la crainte, mais nous y reviendrons plus loin dans ce livre.

> *« L'ange leur dit : Soyez sans crainte, car voici, je viens vous annoncer une bonne nouvelle.»*
>
> *Luc, 2:10.*

✤

L*es anges se manifestent de façon visible ou invisible* à l'œil, ils adoptent toutes sortes de tailles, de formes et de couleurs. Mais quiconque en a vu un est changé pour toujours.

Et c'est là la troisième caractéristique d'un ange : on s'en souvient ; on n'est plus jamais tout à fait le même.

Les anges se présentent parfois sous l'apparence d'amis mais il semble que nous les reconnaissons plus facilement quand ils surgissent dans nos vies un instant seulement, comme des inconnus ; puis ils sortent en dansant de notre existence, parfois même sans s'être nommés. Je connais l'exemple d'une femme qui aurait dû mourir depuis longtemps ; les médecins qui l'ont soignée se demandent comment elle a pu survivre à ses maladies et multiples opérations.

Elle prit un jour un bus dans le New Jersey pour se rendre à New York : elle devait rejoindre son mari et aller dîner avec des amis. Elle avait acheté un aller simple à destination du port autonome de New York et, comme son mari l'attendait à la gare routière, elle n'avait pas d'argent sur elle. D'ailleurs elle ne connaissait même pas le nom du couple qui devait les recevoir à dîner.

Hélas, le bus ne se présenta pas à la porte prévue à cause de gros travaux dans le bâtiment. Elle ne put trouver son mari. Partout, des ivrognes et des clochards étaient vautrés. Personne ne savait quoi que ce soit. Elle marcha deux heures, dit-elle, montant et descendant les étages et, en fin de compte, bien sûr, elle se mit à prier.

Survint un «gentil petit gros», il avait une «bonne tête» :

– Savez-vous où se trouve le départ pour le New Jersey ? demanda-t-elle désespérée, en se disant que, si elle trouvait le départ, elle trouverait aussi l'arrivée.

– Oui, répondit-il, je vais vous y conduire.

Et il l'amena à son mari.

« Nos anges gardiens, ce sont nos actes bons ou mauvais : des ombres fatidiques qui nous accompagnent en silence.»

JOHN FLETCHER,
La Fortune de l'honnête homme.

« Nous étions tellement heureux de nous voir que nous fondîmes en larmes. Quand je me retournai pour présenter à mon mari cet inconnu, celui-ci s'en était allé.»

✤ 2 ✤

Les anges se manifestent parfois sous forme humaine ou sous la forme de mains invisibles ; parfois, on ressent simplement une présence. Il faut lire le récit de sir Ernest Shackleton, l'explorateur du pôle Sud qui accompagna Robert F. Scott dans l'une de ses expéditions ; Shackleton signale que, lors de son retour du pôle Sud, lui et ses compagnons furent suivis par «quelqu'un» qui fit le voyage avec eux.

Francis Sydney Smythe escalada le mont Everest en 1933 ; dans son récit, il cite une présence amicale qui escaladait la montagne à ses côtés :

> «En sa compagnie, je ne pouvais ni me sentir seul, ni avoir le moindre accident. Il était toujours là pour me soutenir au cours de mon ascension solitaire sur les dalles enneigées. Une fois, je m'arrêtai et sortis de ma poche un gâteau à la menthe ; je sentais sa présence si fort et si près de moi que, sans réfléchir, je coupai le gâteau en deux pour en tendre la moitié à mon "camarade".»

Smythe attribue cette présence à une hallucination.

Mais il arrive que la «présence» en question joue un rôle actif.

✤

Une de mes amies, Gerry-Kay Talton, me narra l'épisode ci-dessous. Elle a une grande dévotion pour la Vierge Marie ; un jour, complètement découragée, elle était en train de prier quand elle entendit une voix intérieure, la voix de Marie : combien de fois, demandait la voix, n'avait-elle pas été arrachée à un danger ? Plus tard dans la journée, elle traversait une rue avec une amie quand, soudain, une voiture leur fonça dessus à grande vitesse en marche arrière. Son amie était déjà plus loin, mais Gerry-Kay, paralysée de surprise, restait bouche ouverte à regarder ce véhicule qui fonçait droit sur elle. A sa stupéfaction, elle se sentit saisie par deux mains et soulevée par la taille, par derrière. Elle reprit ses esprits et bondit ! La voiture passa à une trentaine de centimètres d'elle.

Son amie avait tout vu : c'était, raconta-t-elle, stupéfiant. Gerry-Kay était debout au milieu de la rue, raide comme un piquet et la voiture arrivait sur elle. Soudain, la jeune femme s'éleva tout droit en l'air de sept ou huit centimètres, resta un instant suspendue puis bondit sur le trottoir comme si ses pieds avaient pris appui sur le sol.

Les deux jeunes femmes n'avaient pas vu d'ange, mais Gerry-Kay n'oubliera jamais le contact de ces deux mains qui l'avaient soulevée. Ni le sentiment de bonheur qui l'avait envahie : elle pouffa de rire ! Elle ne put que s'esclaffer et constater que tout allait à la perfection ! Peut-être même ne serait-elle pas arrivée à croire ce qui s'était passé sans la description faite par son amie, qui corroborait d'un bout à l'autre ce qu'elle avait ressenti.

D'ailleurs, quel ange gardien était intervenu : celui de Gerry-Kay ou celui du chauffeur de la voiture ?

> ***« Si les anges volent, c'est parce qu'ils ne se prennent pas au sérieux.»***
>
> PROVERBE ÉCOSSAIS.

✤

Les anges se manifestent plus fréquemment, à mon avis, aux enfants, aux saints et aux primitifs, aux innocents qui peut-être perçoivent les choses plus clairement que nous.

La petite Bridget Maher, âgée de huit ans, vit à Washington ; elle a un ange qui l'accompagne où qu'elle aille. Cet ange, raconte Bridget, a des ailes roses, une robe jaune et des ailes à la place des pieds. Il accompagne Bridget depuis que celle-ci a trois ans ; le soir, quand Bridget va se coucher, l'ange l'enveloppe dans une spirale aux couleurs de l'arc-en-ciel pour la protéger pendant son sommeil. J'ai demandé à la fillette si l'ange était avec elle en permanence, même lorsqu'elle était avec d'autres personnes ou qu'elle se rendait à l'école ; elle réfléchit un instant avant de répondre :

– Non, il n'est pas toujours là ; sauf si je me coupe à l'école, alors il me soigne.

– Comment cela ?

– Avec son aile magique.

✣

Voici maintenant l'histoire de Karen Hills :

« Quand ma fille avait cinq ans et mon fils sept, nous étions allés pique-niquer dans les montagnes du Colorado. Ils étaient en train de jouer au bord d'un ruisseau quand mon fils se mit à hurler : nous nous tournâmes et vîmes notre fille emportée par le courant. Elle était tombée dans l'eau la tête la première et se tenait sur le ventre agrippée des deux mains au bord du ruisseau. Mon mari se précipita et la sortit de l'eau.

Pendant le retour, je la pris dans mes bras pour lui dire comme j'étais fière d'elle : elle avait tenu bon, elle était forte ! Et je lui fis la morale en lui parlant du danger : n'abandonne jamais, ne te laisse pas faire, etc.

Elle leva les yeux vers moi et me fit observer :
– Mais maman, il y avait trois petits anges pour m'aider ; ils m'ont dit de m'accrocher et je me suis sentie forte.»

✤

Certains adultes aussi ont vu des anges. Certains les décrivent comme irradiant une lumière éblouissante et des couleurs lumineuses ; d'autres ont vu des anges vêtus d'un blanc éblouissant. C'est déroutant : même quand ils apparaissent sous leur forme céleste, ces anges (au lieu de se manifester sous forme de mains invisibles, de boules d'énergie tourbillonnantes, d'êtres humains ordinaires ou de rêves, de visions ou de pensées) prennent toutes sortes d'apparences et on n'arrive pas à se mettre d'accord sur une description unique. Est-ce que leur apparence varie en fonction des perceptions de chaque sujet, ou en fonction de l'ange lui-même ?

✤

Sainte Francisca, une Française du XIVe siècle, avait un ange qui ne la quittait jamais ; parfois, il lui permettait de voir son incroyable beauté : il avait de longs cheveux blonds bouclés, il portait une tunique longue parfois blanche, parfois bleue ou rouge. Son visage était «plus blanc que la neige, plus rouge que la rose incarnat» ; la lumière qu'il irradiait

---

« Je vois dehors, par la fenêtre ouverte, l'air matinal tout vibrant d'anges.»

RICHARD WILBUR,
L'amour nous appelle aux choses de ce monde.

était si radieuse que la sainte n'avait pas besoin d'éclairage pour lire matines à minuit. Toujours l'ange avait son regard tourné vers le ciel. Sainte Francisca le prit par la main pour le présenter à son confesseur et directeur de conscience qui, aussi étrange que cela puisse paraître, vit l'ange lui aussi. D'après lui, l'ange avait la taille d'un enfant de cinq ou six ans.

✤

Je connais une guérisseuse qui vit une fois un ange aux pieds d'une femme à laquelle elle imposait les mains. C'était inhabituel, me confia-t-elle, car, quand elle prie, qu'elle invoque le Christ et les anges de la guérison pour son travail, elle sent souvent leur présence mais, en général, ne voit pas leur forme. Parfois aussi, elle ne sent rien du tout. Cette fois-là, elle avait les yeux fermés ; elle les ouvrit et vit ce petit être, avec son regard intérieur. L'ange était vêtu de rouge et ses ailes portaient de longues rémiges de faucon, brunes et mouchetées. La guérisseuse était elle-même dans un état second, elle était en transe et priait pour guérir sa patiente. Elle prit conscience de cette magnifique présence, referma les yeux et revint à sa transe.

Sur ce, la femme à laquelle elle imposait les mains lui déclara :

– Il y a un ange à mes pieds.

– Comment est-il ? demanda la guérisseuse.

– C'est fou ! s'exclama la femme en riant.

Et elle lui décrivit un charmant jeune homme assez désinvolte, avec des ailes blanches et un air fort libéré, voire scatologique.

✤

« Les anges sont si grands, si glorieux, si purs, si merveilleux que leur simple vue (à supposer que nous soyons autorisés à les apercevoir) nous jetterait à terre, comme ce fut le cas du prophète Daniel, homme saint et droit s'il en fut ; et pourtant, les anges sont comme nous les serviteurs de Dieu, comme nous ils travaillent pour Dieu ; de plus, ils veillent scrupuleusement sur chacun de nous et nous défendent, même les plus humbles d'entre nous.»

CARDINAL NEWMAN.

✣

Quelles sont les tâches que les anges accomplissent ? Ils nous portent secours, nous donnent de l'aide, nous oignent de calme et de sérénité. Ils transmettent des messages pour nous avertir ou nous donner l'espérance. Ils nous guident, nous enseignent, répondent à nos prières et nous accompagnent au moment de l'agonie. Mais, toujours, ils le font au service de Dieu et non pas d'eux-mêmes.

✣

A New York, un chauffeur de taxi me raconta que, lorsqu'il était en Grèce (il avait à peu près trois ans), il vit une volée d'angelots qui jouaient à monter et descendre un escalier ! C'était dans la maison d'une vieille femme qui venait de mourir en odeur de sainteté ; il se rendait à l'enterrement avec sa mère quand il vit tous ces bébés anges, des «putti» que nous appelons chérubins ; il ne faut pas confondre ces derniers avec les majestueux «chérubim» de l'Ecriture.

✤

Des bébés anges font, dit-on, partie de la suite de la Vierge Marie, qui est elle-même un des anges de plus haut rang : un «trône» ou l'un de ceux qui siègent devant le «trône» de Dieu. A chaque apparition de la Vierge, des anges se manifestent. En 1858, la Vierge apparut à Lourdes à la petite Bernadette Soubirous qui avait alors quatorze ans ; elle lui dit de creuser la source qui est restée depuis lors un lieu de pèlerinage. En 1861, la première commission d'enquête a déclaré «miraculeuses» quinze des cent guérisons constatées à cette source. Jusqu'à 1959, il y a eu cinq mille guérisons signalées à Lourdes : cinquante-huit ont été déclarées «miraculeuses», dont un certain nombre de guérisons inexplicables du cancer, de la tuberculose et de la cécité.

En 1917, la Vierge apparut à trois petits bergers à Fatima, au Portugal ; cet endroit aussi est devenu un lieu de pèlerinage. D'autres apparitions auraient eu lieu récemment en Pennsylvanie et au Texas. Mais le site d'apparition le plus sûr est aujourd'hui Medjugorje, en Yougoslavie ; depuis 1981, la Vierge apparaît quotidiennement à 18h40 à quatre jeunes femmes et deux jeunes gens qui ont maintenant entre quinze et vingt-cinq ans. Elle leur apparaît à la même heure depuis l'époque où ils avaient douze ans. La Vierge a indiqué qu'elle avait choisi ces enfants pour se manifester à eux «parce qu'ils étaient comme tout le monde».

> *« Les anges restent toujours à la même place :*
> *Retournez une pierre et en voilà un !*
> *Te voilà, te voilà ! J'ai oublié ton visage et je passe*
> *à côté de maintes splendeurs.»*
>
> FRANCIS THOMPSON,
> *Le Royaume de Dieu.*

Au moment où la Vierge leur apparaît, ces jeunes entrent en transe : ils semblent ne plus réagir à la lumière, au bruit ou au toucher. Ils ne cillent plus. «Nous voyons la Vierge de la même façon que nous voyons d'autres personnes», raconte l'un d'entre eux. «Nous la prions, nous lui parlons, nous la touchons.» C'est une belle femme, à la chevelure noire et bouclée, aux yeux bleus ; elle porte une couronne d'étoiles et son visage est rayonnant. Elle est vêtue d'une robe ou d'un manteau gris. Elle flotte sur un nuage gris sans toucher le sol. Elle est entourée par des anges. Quand elle apparaît, ceux qui la voient se sentent hors du temps et de l'espace ; quant aux spectateurs, bien qu'ils ne puissent voir la Vierge, ils sont touchés par... quelque chose.

Depuis 1981, des milliers et des milliers de pèlerins se sont rendus à Medjugorje. Le docteur Susan Trout, du Washington Center for Attitudinal Healing, y a vu des «putti» dans les nuages alentour : des bébés anges. Certains pèlerins ont vu des anges adultes, d'autres la Madone en personne ; d'autres encore ont perçu des phénomènes insolites : des énergies, des tourbillons de couleurs.

A Medjugorje, raconte cette Susan, vous pouvez regarder le soleil en face sans vous endommager les yeux : au moment où vous le regardez, une sorte de disque, un losange gris de forme oblongue, s'interpose pour filtrer les rayons du soleil et vous éviter tout dommage.

La Vierge transmet des messages à ceux à qui elle apparaît, et ces messages sont les mêmes que ceux transmis par les anges : «Ne craignez rien. Ne vous tourmentez pas, ne vous faites pas de souci ; Dieu vous montrera le chemin... Donnez-lui tout ce que vous faites ou possédez, afin qu'il soit le maître de votre vie, qu'il règne sur tout ce que vous avez... Réjouissez-vous dans votre Créateur, qui vous a créé, de façon si merveilleuse et remerciez-le sans cesse pour que ses bénédictions continuent à descendre sur votre vie.»

> *« Les anges sont ce qu'ils sont non pas parce qu'ils sont plus saints que les hommes ou les démons mais parce qu'ils n'attendent pas leur sainteté l'un de l'autre mais de Dieu seul.»*
>
> WILLIAM BLAKE.

Est-ce que ces apparitions sont authentiques ? D'après les prêtres catholiques de la région, il n'y a que trois façons de le savoir. D'abord, il faut s'assurer que ces visions sont conformes aux traditions de la religion établie ; ensuite, il faut véri-

Les anges ne sont pas des êtres humains éthérifiés, dont les ailes seraient animées d'une vie animale ; mais ce sont des visiteurs célestes, dont les rémiges sont de nature spirituelle et non pas matérielle. Les anges sont de pures pensées divines, leurs ailes sont la vérité et l'amour, quelle que soit la nature de leur individualité. Les conjectures humaines font appel, pour comprendre les anges, à une démarche anthropomorphique, marquée par la superstition et qui donne à ces créatures des plumes suggestives ; mais c'est là pure imagination de notre part. Celle-ci ne s'appuie pas davantage sur la réalité que le sculpteur de la statue de la Liberté quand il a voulu représenter d'une façon visible une qualité ou une vertu qui ne l'est pas...

Les anges sont les représentants de Dieu. Ces êtres ne sont tournés que vers le Haut, ils ne s'abaissent jamais vers eux-mêmes, vers le péché ou le monde matériel ; ils guident chacun dans la direction du principe divin du bien suprême, vers lequel convergent toutes les entités réelles créées à l'image et à la ressemblance de Dieu. En nous abandonnant sincèrement à ces guides spirituels, nous leur permettons de demeurer avec nous et, sans le savoir, nous les accueillons en nous.

MARY BAKER EDDY,
Science et santé.

fier que le contenu de ces visions est conforme à l'Evangile ; enfin, il y a l'exaltation et l'extase des visionnaires eux-mêmes. L'un d'eux est à présent marié, une autre se destine à devenir religieuse. Ces jeunes gens et ces jeunes femmes sont, d'après Susan Trout, «exquis». Ils sont la paix et l'amour personnifiés ; comme l'on peut s'y attendre de la part de personnes qui, tous les jours, voient des anges et la face de Dieu, ils dégagent une impression de sérénité.

> «Je n'ai jamais trouvé, raconte Susan, une seule personne qui n'ait été profondément changée par l'expérience d'une visite à Medjugorje. Les choses se mettent en place en vous, vous acquérez une connaissance profonde. Vos soucis se dissipent. La paix s'installe dans votre cœur, et une fois que vous l'avez reçue, rien ne peut plus vous l'enlever.»

Les anges de Mons

Des bruits étranges ont circulé quant à la victoire des Alliés à la fin de la Seconde Guerre mondiale : d'après certains, cette victoire aurait été acquise grâce aux anges qui ont combattu de leur côté.

La plus spectaculaire des histoires de guerre, une véritable chanson de Roland contemporaine, concerne les anges de Mons en Belgique. Cette apparition eut lieu entre le 26 et le 28 août 1914, au cours des premières batailles de la Première Guerre mondiale. Les Français et les Britanniques, écrasés par l'artillerie allemande, faisaient retraite vers Paris. Il ne s'agissait pas encore des massacres qui eurent lieu plus tard au cours de la même guerre, mais il ne s'agissait quand même pas d'une partie de plaisir. Les troupes étaient démoralisées, les victimes nombreuses. Plus tard, on prétendit que l'espérance de vie moyenne d'un officier britannique en première ligne était de vingt minutes.

Puis la rumeur commença à se répandre : des hommes avaient vu des anges sur le champ de bataille. Les récits manquaient singulièrement de clarté.

Les Français avaient vu l'archange saint Michel (à moins qu'il ne se fût agi de Jeanne d'Arc) tête nue, en armure dorée et monté sur un cheval blanc, le sabre à la main. Pour les Britanniques, c'était saint Georges qui surgissait d'une brume jaunâtre, «un grand blond en armure dorée, sur un cheval blanc, levant haut son sabre et criant à pleine bouche «Victory !»

Et il ne s'agissait pas de récits isolés. L'infirmière d'un hôpital de campagne raconte qu'elle-même et ses camarades l'entendirent répéter par d'innombrables blessés, des hommes des deux nationalités qui ne cessaient de réclamer des médailles et des images de saint Michel ou de saint Georges. Ce qui intriguait le plus ces infirmières, c'était l'air d'exaltation et de joie sereine dont étaient empreints ces mourants.

A un moment critique de l'évacuation de Mons, racontait un patient, il vit «un ange aux ailes déployées, tel un nuage lumineux» s'interposer entre les Allemands qui avançaient et son propre corps de troupe ; à l'instant, la fureur de l'assaut allemand mollit.

Un autre décrivait «une lumière insolite, qui semblait parfaitement délinéée, et ce n'était pas un reflet de la lune... La lumière se fit plus vive et je vis très distinctement trois silhouettes : celle du centre semblait avoir des ailes déployées, les deux autres n'étaient pas aussi grandes mais se distinguaient nettement de celle du milieu. Elles semblaient vêtues de longs vêtements amples d'une teinte dorée ; elles étaient au-dessus de la ligne allemande en face de nous».

Un an plus tard, des rumeurs se mirent à circuler du côté allemand : à un moment donné, les hommes se trouvèrent dans «l'impossibilité absolue d'avancer... et leurs chevaux firent demi-tour et s'enfuirent... et rien ne pouvait les arrêter». En Allemagne, on administra, dit-on, une sévère réprimande à ce régiment. Mais l'infanterie allemande prétendit qu'elle voyait les lignes alliées tenues par des milliers de soldats : «des milliers», alors qu'il s'agissait en réalité d'un mince rideau constitué de deux régiments : les hommes tenaient leur poste à quinze mètres l'un de l'autre ou refluaient en désordre sur les routes vers l'arrière.

Est-ce que les soldats avaient vu quelque chose ? Qui pourrait le dire ? Ces anecdotes ne peuvent être avérées. Dans certains cas, on parle d'un ange isolé, dans d'autres, de plusieurs qui voletaient au-dessus du champ de bataille ; d'autres récits parlent de cavaliers fantômes qui protégeaient les hommes en train de faire retraite.

Pendant ce temps, en Angleterre, le journaliste Arthur Machen fut bouleversé d'apprendre à la radio le récit de l'évacuation de Mons ; il décida d'écrire un court article ; celui-ci, intitulé «Les archers», fut publié dans le *London Evening News* du 14 septembre 1914, trois semaines après les événements. Il raconte comment, au cours de leur retraite, les soldats avaient eu une apparition : ils avaient vu de «resplendissants» soldats médiévaux, les archers fantômes de la bataille d'Azincourt qui s'était déroulée au XVe siècle tout près de Mons.

Quand le récit des apparitions commença à se répandre en Grande-Bretagne, Machen pensa que son récit avait été déformé. Il consacra un temps considérable à convaincre les gens que tout était de son invention. Non ! Il n'y a jamais eu d'apparition.

Malgré cela, les rumeurs continuèrent : il ne parvint jamais à les étouffer.

« Car il chargera ses anges
de te garder en tous tes chemins
Ils te porteront dans leurs bras
pour que ton pied ne heurte pas de pierre.»

Ps 91:11-12.

Quelqu'un suggéra que ces apparitions étaient les fantômes de ceux qui venaient de se faire tuer, encore présents près de leurs camarades. D'autres ont affirmé que tout cela était inventé à cause de la fièvre et du surmenage de la guerre ; dans les hôpitaux de campagne, les infirmières travaillaient jusqu'à quarante-cinq heures consécutives. Quand les charrettes à chevaux apportaient les blessés, il fallait sortir les vivants de sous des cadavres déjà froids. On a aussi prétendu que ces histoires d'anges provenaient d'un phénomène d'hystérie collective : cette armée de cent mille hommes s'était mise en marche quelques jours plus tôt, s'attendant à une victoire immédiate et, bien au contraire, elle avait perdu quinze mille hommes dès la première bataille. Machen, bien sûr, s'attribua égoïstement la paternité de ce récit, dans lequel des archers du XVe siècle couvraient la retraite de l'armée en déroute.

Mais il y a toujours des gens pour croire que des anges sont apparus à Mons.

> ***« Car rien qui mérite d'être prouvé ne peut être prouvé.***
> ***Ni cependant démenti : fais donc preuve de sagesse***
> ***Fais confiance à jamais à la face du Doute qu'illumine le soleil.»***
>
> ALFRED, LORD TENNYSON,
> *Le Sage antique, 1, 66.*

Chapitre III

De la réalité des anges

« On le regarde et on ne le voit pas ;
Son nom est l'Invisible.
On l'écoute et on ne l'entend pas ;
Son nom est l'Inaudible.
On veut le toucher et on ne le sent pas ;
Son nom est le Subtil.»

Lao-tseu,
Tao te King, 14.

✤ 1 ✤

J'incline à croire que nul ne peut voir d'apparition sans contact préalable avec le surnaturel, grâce par exemple à la télépathie ou aux perceptions extrasensorielles. J'en avais eu ma part avant de voir le fantôme de Brooklyn, mais je n'y avais jamais prêté grande attention. De toute façon, ces manifestations se présentaient de manière si discrète qu'elles m'avaient semblé insignifiantes, et je n'eus aucun mal à les oublier. Rappelez-vous : je suis une enfant du siècle des Lumières ; je n'avais que dédain pour ceux qui croyaient dans les séances de spiritisme, les médiums, la chiromancie ou les prédicateurs charismatiques ; je mettais tout cela dans le même sac, avec les sabbats de sorcières et l'alchimie médiévale.

Et pourtant, comment pouvais-je expliquer le fait d'être un instant confrontée à l'inexplicable ? Un téléphone sonne et la personne, avant de décrocher, sait déjà qui cherche à la joindre. Ou elle tend la main vers le combiné avant qu'il ne sonne, elle sait que tel ou tel correspondant est en train de composer son numéro.

J'ai une amie irlandaise dont la maman est en quelque sorte voyante. Ils habitaient dans une maison sans téléphone :

– Va faire mes courses, Bill, demandait-elle à son fils. Nous avons du monde cet après-midi.

Comment le savait-elle ?

Quant à moi, j'avais remarqué qu'il me suffisait de penser à une amie, de me demander comment joindre cette personne, pour tomber sur elle dans la rue. Ou recevoir une lettre d'elle. Ou un appel téléphonique. Cela me donnait la chair de poule : d'autant plus que cette faculté s'affinait avec l'âge. Autre chose aussi : je commençai à rencontrer des coïncidences insolites ; peut-être cela m'arrivait-il depuis longtemps, mais j'étais trop bornée pour les remarquer ou m'y fier. Par exemple, j'avais un problème à résoudre et j'étais incapable de trouver par moi-même une solution : et la réponse m'était donnée ; quelqu'un me téléphonait ; ou bien un livre tombait ouvert à la page contenant le renseignement qu'il me fallait. C'est un peu comme si j'avais émis un SOS mental et que quelque chose me répondait. La question est donc la suivante : est-ce que nous pensons à quelqu'un parce que cette personne va nous téléphoner ou parce que nous sommes sur le point de la rencontrer ? Autrement dit, avons-nous la possibilité de plonger dans le futur ?

Ou encore, est-ce notre désir secret, notre pensée, qui conduit vers nous cette personne ? Est-ce que notre vie intérieure se manifeste par des rayonnements physiques ? Est-ce que la solution inattendue répond à l'expression de notre besoin ?

J'appelais tout cela de la télépathie et considérais que tout s'explique grâce à ce principe, grâce aux perceptions extra-sensorielles. Nous connaissons les récepteurs radio, ces boîtes mystérieuses qui recueillent des sons inaudibles et nous les transmettent si nous appuyons sur un bouton ; la télépathie, si elle fonctionne sur le même principe, n'a rien de bien mystérieux. Mais, dans ce cas, comment expliquer le fait qu'apparemment certains messages n'ont pas besoin d'un émetteur pour parvenir jusqu'au récepteur ?

Un jour, alors que mes bébés étaient encore petits, je travaillais à ma machine à écrire. Nous vivions à l'époque à Washington, nous n'avions pas encore emménagé dans notre appartement de Brooklyn. Une de mes filles avait deux ans et l'autre, Molly, n'avait que quelques semaines. Je travaillais dans une petite mansarde au troisième étage de notre maisonnette. Au bout du couloir, Molly dormait sur son lit. Elle était trop petite pour se retourner ; elle n'avait même jamais essayé de le faire, mais elle s'entraînait à lever la tête ; je l'avais cependant calée entre trois coussins, on ne sait jamais. Elle dormait comme une souche, à plat ventre, comme seuls peuvent le faire les chiens et les bébés. Dans la pièce voisine, j'étais en train de taper un article sur ma machine à écrire (les micro-ordinateurs n'existaient pas encore), totalement absorbée et concentrée sur mon travail quand...

«Molly est en train de tomber du lit» pensai-je ; en un éclair, je me ruai sur le palier jusqu'à sa chambre et... l'attrapai en plein vol.

> ***« Les bonnes pensées engendreront de bonnes actions, et les mauvaises pensées engendreront de mauvaises actions. On n'arrête jamais la haine par la haine : on arrête la haine par l'amour.»***
>
> BOUDDHA.

Ça, ça me pose une question. Même si nous admettons l'existence de la télépathie ou de la transmission de pensée, comment expliquer cet épisode alors que le bébé était parfaitement incapable de savoir qu'il allait tomber, et à plus forte raison de me transmettre le message ? Car Molly ne s'était jamais retournée auparavant, elle n'était jamais tombée et elle ignorait qu'elle reposait sur un lit à un mètre du sol.

De surcroît, je savais qu'elle allait tomber avant même que cela n'arrive. J'avais reçu un renseignement concernant un événement futur. On appelle cela une prémonition.

> *« C'est cela un ange. Une idée de Dieu et rien de plus.»*
>
> MAÎTRE ECKHART.

✤

Vers 1250, le philosophe médiéval saint Thomas d'Aquin écrivit tout un traité sur les anges. Il soutenait que les anges sont de purs esprits qui adoptent quand bon leur semble – à la vitesse de la pensée – des corps physiques, mais ces corps sont eux-mêmes formés de pensée. Ils sont de l'intellect à l'état pur.

S'il en est ainsi, alors les anges se manifestent par un réveil de l'imagination, une intuition, un éclair de compréhension jailli du néant comme un coup de tonnerre pour donner aux artistes leurs visions, aux scientifiques la solution de leurs calculs. C'est à l'intuition qu'Einstein attribue sa théorie de la relativité ; c'est aussi à l'intuition que le prix Nobel Emil Fischer attribue ses découvertes en chimie : il était obsédé par l'intuition que «quelque chose n'allait pas».

Nous ne savons rien de l'intuition, nous savons seulement qu'elle a quelque chose d'héréditaire, elle se renforce avec l'usage que l'on en fait et on peut également la perdre ou l'oublier si l'on ne fait jamais appel à elle. Elle est caractérisée par la survenue soudaine de la connaissance, par un éclair de compréhension, par une connexion qui se réalise d'une façon immédiate et inattendue, mais en général au bout de longs jours ou de longues semaines de vain travail. Ces efforts représentent-ils une forme de prière ?

On a cherché à expliquer l'intuition sous bien des rapports : historique, sociologique, psychologique. Les Asiatiques croient qu'elle fait partie du bagage akachique, ce fleuve de connaissance qui fait le tour de la terre et auquel certains privilégiés peuvent s'abreuver de temps en temps. Pour le philosophe Spinoza, intuition était synonyme d'union avec Dieu.

L'intuition ne se déclenche pas grâce à un effort de volonté. Pour que l'intuition survienne, il faut qu'elle soit suscitée par le désir, mais aussi que l'on oublie son amour-propre, ses peurs et ses préjugés au point de s'abandonner à l'idée, à la personne ou aux circonstances ; et c'est à cet instant que surgit, dans un éclair de compréhension, l'ange de l'intuition.

On nous dit que c'est la prière qui attire les anges mais, si la prière est un concentré, un distillat de pensée, la pure et limpide volubilité de notre cœur, n'est-elle pas aussi la manifestation du divin ? Le désir lui-même ne nous serait-il pas conféré comme un cadeau de Dieu, de façon à ce que sa satisfaction nous soit accordée par Dieu ? Je parlais de cela avec mon amie intime, Jane Vonnegut :

– Penses-tu qu'il y ait une différence entre la prière et la présence des anges ?

La partie unifiée de mon moi tendait à répondre non à cette question ; en effet, c'est tout un. Un seul océan, un seul rêve, «auxquels aboutissent toutes choses pour s'y mêler». «Une

---

« Ne sont-ils pas tous des esprits remplissant des fonctions et envoyés en service pour le bien de ceux qui doivent recevoir en héritage le salut ?»

He 1,14.

perturbation localisée a des répercussions à l'autre extrémité du monde», écrivait Dostoïevski. Ainsi, une pensée dans l'Atlantique crée des turbulences dans l'océan Indien ; il est certain que des anges transmettent leurs messages à travers le rêve et la prière, mais aussi par des miracles invisibles que nous n'identifions même pas comme des réponses miraculeuses à nos besoins.

> *« Mon frère avait l'habitude de demander aux oiseaux de lui pardonner ; cela a l'air insensé, mais c'est bien. En effet, le monde est comme un océan, tout coule ensemble, tous les êtres se touchent ; une turbulence à un endroit fait ressentir ses effets jusqu'à l'autre bout du monde. C'est peut-être folie que de demander pardon aux oiseaux mais les oiseaux autour de nous seraient plus heureux – au moins un petit peu – si vous-même étiez plus noble que vous n'êtes maintenant ; et pas seulement les oiseaux, les enfants, tous les animaux... C'est comme un océan, je vous le dis. Alors, consumé par un amour universel dans une sorte de transport, vous aussi vous prieriez les oiseaux, vous les prieriez qu'ils vous pardonnent votre péché. Accordez toute sa valeur à cette extase, même si elle est semble folie aux yeux des hommes.»*
>
> DOSTOÏEVSKI,
> *Les Frères Karamazov.*

✣

On nous dit que c'est la prière qui attire les anges. D'autres disent que c'est la grâce. Il y a un an environ, j'ai lu dans le journal l'aventure d'un homme tombé la nuit de son voilier en plein océan Pacifique ; à moins que son bateau n'ait coulé, je ne me souviens plus. Toujours est-il qu'il s'est retrouvé à nager à des kilomètres et des kilomètres de toute terre, tour à tour hissé au sommet des vagues et glissant dans les creux de la houle. Il entreprit de nager en direction de Hawaii, d'où il venait ; il savait qu'il était à des kilomètres de la côte. Etaient-ce 37 kilomètres ou davantage ? Il nagea toute la nuit. Il devait être en bonne condition physique, même s'il prétendait n'être qu'un homme d'affaires en vacances. A un moment donné, tout en nageant, il se dit qu'il n'y arriverait pas. Jamais il n'aurait la force de nager jusqu'à la terre. Et il se mit à prier, raconte-t-il, de tout son cœur et de toute son âme ; et il sentit une force puissante entrer en lui. Cette force le garda à la surface. Elle lui donna l'énergie de nager encore pendant des heures et des heures avant de prendre pied sur la plage.

Ça, je l'ai lu dans les journaux. Par ailleurs, il arrive que des anges viennent à notre secours sans même que nous n'ayons prié. Alors, qui sait pourquoi viennent les anges ? Pire : pourquoi si souvent ne viennent-ils pas ?

✤

Ed Shiver a cinquante-trois ans ; son métier est d'écrire les discours des dirigeants de l'industrie privée. Lorsqu'il était âgé de sept ou huit ans, il eut une série de rêves à propos des anges. A l'époque, il était très malheureux. Ses parents se disputaient. Comme la plupart des enfants, Ed s'en faisait le reproche. Mais ses visions n'allégeaient en rien sa culpabilité. Au contraire, elles le rendaient plus anxieux encore. Jusqu'au jour où il me raconta son histoire :

« Je n'en ai jamais parlé à âme qui vive, me confia-t-il. Une nuit, j'ai eu un rêve dont je me souviens aujourd'hui encore avec une clarté extraordinaire. J'ai rêvé qu'une nuit je quittais mon lit et ouvrais la porte de ma chambre ; soudain, je fus dehors, dans la nuit. La lune était un simple croissant et le Christ était assis dessus. Je levai les yeux, éberlué. Il baissa le regard sur moi, me fit un sourire et m'adressa un signe de la main. Il se balançait sur le croissant de la lune. A sa gauche se tenait un ange avec un gros registre : le livre de vie de l'agneau. Il le consulta, me regarda et me sourit comme si mon nom était écrit dessus. Je n'ai jamais raconté cela à *quiconque*. On aurait pensé : «Cet enfant est fanatique, malade ou psychotique.»

Une semaine plus tard, il rêva des anges pour la première fois. Il rêva qu'il s'avançait vers le miroir qui était accroché dans sa salle de séjour. Il se voyait dans la glace, et deux anges se tenaient debout près de lui, un de chaque côté. C'étaient des adultes. Ils souriaient. Ils avaient des ailes. Ils étaient tout brillants et très blancs. Le rêve était en noir et blanc.

«Quelques nuits plus tard, j'eus de nouveau le même rêve. Mais les choses étaient toutes différentes : le rêve était tellement... net, tellement... vivant. Aujourd'hui encore, il l'est toujours. Autre chose, ce rêve m'a terrorisé. J'étais entraîné vers quelque chose que je ne comprenais pas. Je n'avais nulle envie d'être dévot, ou original, encore moins marginal.

Puis, je rêvai une troisième fois et je fus terrifié. Je priai pour que ces rêves disparaissent et, après cela, j'en ai été débarrassé.

A présent, mes sentiments sont partagés. La raison me dit que ce rêve a des origines psychologiques, que j'ai été influencé par ma formation religieuse précoce et les épreuves que j'étais en train de traverser... Mais quelque chose en moi – du fait de la netteté de ces rêves – pense... autre chose.

Aujourd'hui, je ne puis plus voir d'anges, mais j'aime à penser qu'ils sont là. «Dites les gars, pourriez-vous me donner un coup de main», leur demandai-je. Et une chaleur soudaine m'envahit.»

Ange à la trompette.
Luca Cambraso, XVIe siècle.

Est-ce que ses rêves ont changé sa vie ? Est-ce qu'il s'est senti différent par la suite ?

«Non, cela n'a rien changé dans ma vie. Quoique...»

Qui sait ?

✤ 2 ✤

Une fois que j'ai vu un ange et plusieurs fantômes, je n'ai pu rester incrédule. Comment l'aurais-je pu ? Cela équivaudrait à dire à quelqu'un qui a posé la main sur une plaque chauffante que ça ne brûle pas. Néanmoins, il me semble parfaitement fondé de refuser de croire en un pouvoir supérieur tant que l'on n'a pas un commencement de preuve. Le fait de croire en Dieu ou en une force qui nous guide pour la simple raison que quelqu'un nous dit de le faire me semble le comble de la stupidité. Nous avons des sens pour nous informer. On nous donne à vivre des expériences qui n'appartiennent qu'à nous. Avec nos yeux, nous voyons, avec notre peau, nous sentons. Avec notre intelligence, nous sommes censés comprendre. C'est à chacun d'élucider ce problème par lui-même.

Et c'est cela qui est drôle, dans la vie !

✤

Susan Lehman est une ancienne actrice qui a dirigé un théâtre à New York. En 1968, elle était chanteuse à Saint Thomas, aux Antilles, et habitait à bord du bateau du producteur du spectacle où elle chantait chaque soir. A bord, elle rencontra un certain Howard et ses deux fils, Brian et Michael, qui vivaient à proximité, à bord du yacht Hypatia. Howard, qui avait fait sa carrière à la BOAC, avait pris sa retraite anticipée et acheté Hypatia, un trimaran de douze mètres ; avec Brian, il avait traversé l'Atlantique, d'Angleterre aux Antilles ; là, il avait commencé à faire du charter avec son bateau. Michael était venu les rejoindre et Susan, à son tour, ne tarda pas à embarquer en qualité d'équipière pour une croisière de dix jours. Tout se passa si bien qu'elle décida de continuer jusqu'à Miami : cela l'avancerait pour son retour au Canada.

Deux événements perturbèrent leur projet ; ce n'est qu'avec du recul que Susan comprit à quel point des circonstances insignifiantes ont parfois des conséquences importantes. Le premier événement sembla important sur le moment, mais il se révéla par la suite relativement mineur : Howard eut une crise cardiaque. Les trois jeunes (Michael, Brian et Susan) mirent la voile pour Miami sans lui, avec le scottish-terrier de Susan. Le second sembla dérisoire, mais il devait aboutir à un naufrage : ils perdirent une clef à écrou.

Comme leurs deux moteurs hors-bord leur avaient causé des difficultés pendant leur croisière initiale de dix jours, ils les avaient tous les deux remplacés par des moteurs in-bord lors de leur retour à Saint Thomas. Ils amarrèrent les deux moteurs en panne dans le flotteur bâbord, qui servait d'espace de rangement à bord du trimaran. Puis ils appareillèrent pour Miami ; ils mirent d'abord le cap sur Porto Rico, puis sur l'île Great Inagua, aux Bahamas, où ils se reposèrent après une traversée de trois jours. Ils eurent alors l'ennui suivant : la commande de démarreur des moteurs in-bord neufs cessa de fonctionner.

Ils étaient en train d'essayer de réparer le démarreur quand, accidentellement, ils laissèrent tomber par-dessus bord leur clef de 16. Zut ! Susan se souvient du petit outil qui papillonnait sous l'eau et disparaissait à sa vue. Sur l'île, impossible de se procurer une clef de rechange : cela signifiait qu'ils n'avaient que leurs voiles pour se rendre à leur prochaine escale des Bahamas, Long Island, où ils espéraient trouver une autre clef.

En route pour Long Island, ils furent encalminés. Ils oscillaient paisiblement sur une mer lisse. Ils attendaient. S'ils avaient eu cette fameuse clef, ils auraient pu réparer le démarreur, mettre en route au moteur et continuer. Au lieu de cela, ils durent attendre. Un peu plus tard dans l'après-midi, le vent fraîchit. Il rentra avec une force telle qu'il les dépala tout le long de la côte nord-est de Long Island, et leur fit manquer l'entrée de l'abri où ils devaient se réfugier.

Ils se retrouvèrent au large : rien n'atténuait la violence de ce vent d'est, et ils étaient incapables de remonter au près face à cette bourrasque. La nuit tomba. Il ne pleuvait pas et le clair de lune était magnifique, mais les vagues étaient si hautes et le vent si fort que les deux moteurs hors-bord rompirent leurs amarres dans le flotteur bâbord et perforèrent la coque en polyester. Le bateau enfonçait. Il fit sur bâbord une embardée si brutale que Susan, debout dans la cabine arrière, perdit l'équilibre et tomba. «Il ne va pas couler, songea-t-elle, mais il pourrait bien chavirer.»

Brian, le navigateur le plus expérimenté des trois, mouilla une ancre flottante pour garder le bateau face au vent. A chaque vague, ils étaient dépalés vers l'ouest, vers l'île. La ca-

---

> *« C'est très important de prier pour les autres : quand vous priez pour quelqu'un, un ange va s'asseoir sur l'épaule de cette personne.»*
>
> LA VIERGE MARIE
> *aux enfants de Medjugorje.*

bine centrale se remplissait d'eau. Tout leur équipement de sauvetage était dans le flotteur éventré.

Brian décida d'abandonner le bateau. L'île approchait. Ils pouvaient la rejoindre avec le radeau de sauvetage. Pour gonfler celui-ci, Brian monta sur le pont. C'était un radeau de la BOAC pour vingt personnes, avec tout ce qu'il fallait de nourriture, d'eau et de fournitures. Et ce fut une nouvelle catastrophe : juste au moment où Brian tirait le bout de gonflage du radeau, un paquet de mer le balaya par-dessus bord. Il ne portait pas de harnais de sécurité mais il avait tourné l'amarre du radeau de sauvetage autour de son poignet. Dans l'obscurité, Susan et Michael écarquillaient les yeux pour tenter de le voir tandis que les vagues s'écrasaient sur l'Hypatia en train de couler bas. Au bout d'un moment, ils virent un feu aller et venir sur la côte : ils surent que Brian avait atteint le rivage ; c'était lui qui leur faisait signe avec une lampe torche. Ni Michael, ni Susan n'avaient l'expérience de la mer ; ils étaient seuls à bord d'un bateau en train de couler, sans issue possible.

La lune se couchait. Michael déclara qu'il allait trancher le câble de l'ancre flottante : sans cette dernière, le bateau en avarie serait jeté plus vite à la côte. Susan n'était pas marin, mais elle avait une certitude :

– Si tu fais cela, affirma-t-elle, nous allons tomber en travers et chavirer.

– C'est possible, répondit Michael sans en démordre. Mais c'est moi le responsable. Tu as le choix : soit tu sautes à la mer, soit tu restes à bord.

Susan était la première surprise de garder pareil sang-froid et pareille certitude. Elle savait ce qu'elle avait à faire. Le vent hurlait, des vagues de six mètres de haut balayaient le pont.

– Il me faut sauter à l'eau, conclut-elle.

Elle avait une bouée en liège que Brian lui avait donnée. Elle la cala sous ses bras et ramassa Bonnie, son scottish-terrier ; elle appuya les pattes arrière du chien sur la bouée, avec ses pattes avant appuyées sur son épaule droite. Elle saisit solidement le harnais du chien et sauta. Dès qu'elle fut dans l'eau, elle sut – avec une certitude absolue – qu'on la guidait. Les vagues se succédaient à huit ou dix secondes d'intervalle et déferlaient sur sa tête. Mais chaque fois, elle remontait à la surface et respirait un bon coup, confiante que tout allait bien se passer. Elle rassurait Bonnie d'un ton enjoué.

Enfin, elle sentit des algues sous ses pieds et se mit à hurler pour attirer l'attention de Brian. Il lui répondit, accourut et vint la soutenir : elle était incapable de marcher.

Le chien sauta à terre et gambada jusqu'à un rocher pour uriner dessus.

Pour se soustraire à la violence du vent, ils se blottirent tous deux dans le radeau de sauvetage. Susan était glacée jusqu'aux os, elle se sentait en état de choc. La nuit était claire, le firmament étoilé et elle gisait là, sûre que Michael était mort.

Le lendemain, ils trouvèrent l'épave du bateau. Il était couvert d'un enchevêtrement de cordages : Michael s'était acharné en vain à amarrer toutes leurs affaires. Il avait tranché le câble de l'ancre flottante. Est-ce que le bateau avait chaviré ? Ce n'était pas clair. Michael était-il tombé par-dessus bord dans dix mètres d'eau ? Nul ne le savait.

C'est Bonnie qui trouva le corps de Michael. Elle accourut soudain en aboyant le long de la plage. Brian s'élança à sa suite. Il tira sur la plage le corps de son frère et le couvrit. Puis les deux survivants partirent chercher de l'aide. Ils se trouvaient sur une partie déserte de l'île. Susan était pieds nus, en blue jeans, avec le haut de son maillot de bain et un anorak léger à capuchon. Ils durent se frayer un chemin au milieu de buissons épineux, mais Susan se sentait toujours dans cet état second où elle avait l'impression d'être guidée, conduite par la main. Elle savait des choses qu'elle n'avait jamais eu l'occasion d'apprendre. Par exemple, ils se mirent en route dans une direction, puis elle s'arrêta net :

– Non ! s'exclama-t-elle. Nous allons dans le mauvais sens.

Et elle obligea son compagnon à faire demi-tour.

Ils finirent par atteindre une maison, une ville, un policier et entreprirent de narrer leur aventure. Brian revint à la plage avec le policier. Tous les deux, ils rapportèrent le corps de Michael. Il s'agissait d'une île sous souveraineté britannique : en cas de noyade, une enquête est obligatoire. Susan et Brian furent introduits pour interrogatoire dans un bureau reculé, dénué de toute décoration. Il n'y avait qu'une table, deux chaises et rien d'autre, pas même un tableau sur les murs blanchis à la chaux. Mais sur la table trônait une clef de 16, précisément l'outil dont ils auraient eu besoin pour réparer la commande du démarreur ! S'ils avaient eu cette clef, ils n'auraient eu qu'à mettre le moteur en route alors qu'ils étaient encalminés, et ils n'auraient pas été surpris par la tempête. S'ils avaient eu cette clef, le moteur hors-bord n'aurait pas perforé le flotteur en polyester, et le bateau n'aurait jamais coulé. Susan gardait les yeux rivés sur l'outil, consternée.

Michael fut enterré à Nassau.

Leur histoire parut dans un journal daté du 15 avril : «Un voilier de plaisance de 40 pieds, l'Hypatia, s'est jeté sur le récif à deux milles nautiques au large de O'Neill's, près de Simms Long Island, à 1 h 30 du matin. Il y a un noyé et deux rescapés.» Cette version de l'histoire ne correspond pas à celle de Susan, mais cette dernière n'a pas clamé la sienne sur les toits.

Elle l'a gardée dans son cœur. D'abord, elle avait eu la conviction qu'il lui fallait sauter à l'eau. Ensuite, ce sentiment d'être guidée, l'impression qu'elle avait été d'autres fois dans l'eau, «comme si, dans une autre vie, j'avais été marin, et que je savais précisément ce que j'avais à faire». Pourtant, elle n'avait aucune expérience de l'océan, à part quelques petites plongées en apnée.

Elle raconte qu'elle avait l'impression de se voir nager au clair de lune, dans l'eau, par cette nuit de tempête. Elle avait la certitude qu'il lui restait des choses à faire dans la vie. Alors même que les vagues déferlaient au-dessus d'elle, elle savait qu'elle était en sécurité. Et c'est cette certitude, davantage que tout le reste, qui fut pour elle le plus spectaculaire.

Plus tard, lorsqu'elle entra dans cette pièce vide pour l'interrogatoire et qu'elle vit, outre la table et les deux chaises, cette clef de 16, elle y lut une confirmation, le signe que tout était comme il le fallait. «Tu es là où tu dois être, ici et maintenant.» Voici comment elle présente la chose. Comme si tout ce qui s'était passé avait été prévu à l'avance.

> *« Je crois que, à l'intérieur de certaines limites, nous sommes libres ; et pourtant il y a cette main invisible, cet ange qui nous guide et nous propulse, un peu comme une hélice submergée.»*
>
> RABINDRANATH TAGORE.

✤

A propos des intuitions apportées par les anges, voici une autre histoire de mer.

C'est une autre amie qui m'a raconté celle-ci, à propos d'un de ses copains qui s'aventura un jour tout au bout d'une jetée. Il était en pleine dépression et envisageait le suicide. Tout autour de lui, des lames puissantes s'écrasaient sur la jetée dans un tumulte d'écume blanche et d'eau verte. Il était debout sur le musoir, désespéré, et songeait qu'il n'avait qu'un pas à faire. Un pas en avant, et ses problèmes étaient résolus.

A cet instant survint une énorme vague qui le cueillit sur ses pieds et l'avala. Il fut aspiré au sein de la mer, retenu en profondeur ; il allait se noyer sous des tonnes d'eau.

L'instant d'après, il sentit la pression diminuer, et quelque chose de solide sous lui, la jetée ! La vague l'avait redéposé au même endroit. Il gisait là sur le ventre, agrippé aux pavés mouillés ; il rampa en tremblant jusqu'à l'autre bout de la jetée, jusqu'à la sécurité de la terre ferme. Pour lui, ce fut un signe. L'au-delà avait un instant frôlé sa vie pour lui demander s'il voulait vraiment se suicider. Il prit cela comme une deuxième chance de vivre.

> Jung s'est intéressé à la métaphysique à partir du moment où il s'est aperçu que la méthode de Freud était inutilisable avec des patients ayant dépassé l'âge de trente-cinq ans.
>
> *« On peut affirmer que chacun de ces patients est tombé malade parce qu'il a perdu ce quelque chose que les religions vivantes ont donné, à tous les âges, à leurs adeptes ; aucun d'eux n'a été réellement guéri sans recouvrer ses convictions religieuses.»*
>
> C.G. JUNG,
> *L'homme moderne à la recherche de son âme.*

✣

Est-ce que nous recevons tous une deuxième chance comme ci-dessus ? J'ai déjà écrit dans un autre livre l'histoire d'une de mes amies à laquelle j'avais donné le nom d'Anne : elle est convaincue d'avoir rencontré des anges, des anges noirs. Elle est poétesse et elle fait partie de ces personnages lumineux qui, en ce bas monde, nous rendent fier de côtoyer des individus d'un tel calibre. Pourtant, elle fut pendant des années mariée à un homme de vieille famille, rigide et compassé. Chaque été, elle et son mari se rendaient dans une île appartenant à sa belle-famille, au large du Maine. Il y a plusieurs années de cela, leur fils Augustus devait venir les rejoindre en avion en provenance du Cap ; Anne et son mari quittèrent l'île à bord de leur gros yacht à moteur pour aller chercher Augustus sur le continent. Toute la journée, le temps était resté à la tempête ; l'avion avait été retardé plusieurs fois.

Il était 21 heures et le coup de vent soufflait toujours. La mer, qui grossissait encore, n'était pas de nature à faire reculer le mari d'Anne mais, à cause de la pluie et des éclairs qui se multipliaient, il ramassa quelques gilets de sauvetage au fond de leur canot de pêche aux homards et les jeta dans son bateau à moteur. Ils appareillèrent. Les vagues étaient si escarpées que l'hélice sortait parfois complètement de l'eau. A mi-chemin de leur destination, le bateau commença à embarquer de l'eau ; il pleuvait à seaux. Des éclairs frappaient la mer tout autour d'eux et c'était cela qui était le plus effrayant. La foudre frappait sans cesse, à plusieurs endroits simultanément ; le ciel en était tout entier éclairé et cette lumière sinistre les guidait entre les casiers à homards et les balises du chenal.

Anne était terrifiée. Saisie par une terreur atavique de voir son mari foudroyé, et sachant qu'il valait mieux que l'un d'eux survive pour s'occuper des enfants, elle gagna l'extrême avant du bateau et s'y blottit aussi loin que possible de son mari. Les paquets de mer giclaient au-dessus de l'étrave, Anne était trempée malgré ses cirés. Elle se mit à prier : «Cher Dieu, j'ignore si tu as l'intention de me faire mourir cette nuit mais, si c'est le cas, tout est bien. Si tel est bien ton dessein. Si tu t'amuses simplement avec un bon orage et que tu n'as pas remarqué notre présence ici, je voudrais te rappeler que nous sommes là. Et que je n'ai pas envie de mourir. Pas encore. Il y a tant de choses que je voudrais faire. Je n'ai même pas commencé à vivre ma vraie vie. Mais si tu sais cela aussi, et que tu as remarqué notre présence ici, j'accepte le fait que tu veuilles nous faire mourir. Cependant, cher Seigneur, si tu m'épargnes cette fois-ci, je te promets de changer, j'ai tant de travail à faire.»

Quand le coup de vent mollit, ils se dirigeaient droit vers le large. Ils firent demi-tour vers les lumières du village, arrivèrent à bon port, amarrèrent le bateau, montèrent sur le quai et téléphonèrent à l'aéroport : on leur répondit, une fois de plus, que l'avion était retardé.

Certains villages de pêcheurs du Maine ne sont que de petits hameaux. Ils ont des maisons couvertes de bardeaux blancs et des mairies et bibliothèques décaties. Les églises ont de charmants clochers et des vitraux de couleur. Les maisons ont de jolies corniches rectilignes en bois, qui se découpent nettement sur l'azur du ciel. Même au mois d'août, certaines sont vides, surtout la nuit. Comme ils avaient deux heures d'attente devant eux et qu'ils étaient complètement trempés, le mari d'Anne alla voir s'il pouvait trouver une chambre dans un motel.

Anne monta quelques marches d'un perron, devant l'immeuble des chevaliers de Colomb, au centre du bourg, et s'assit toute grelottante sous la seule lumière de la rue. Il était presque minuit ; le coup de vent avait fait place nette : la lune courait à toute allure entre les nuages poussés par le vent. Elle s'assit sous le réverbère, petite silhouette asexuée en bottes et ciré jaunes. Avec le col de sa veste serré autour du cou et son suroît masquant son visage, elle ne montrait que son nez.

La rue était plongée dans l'obscurité. Nul signe de vie. C'est alors que, sur sa gauche, elle vit apparaître une énorme limousine noire. En passant devant elle, celle-ci ralentit ; elle vit l'homme assis sur le siège arrière qui se penchait pour parler aux deux qui se trouvaient à l'avant. L'intérieur du véhicule n'était pas éclairé mais Anne crut voir que tous trois portaient des costumes sombres. Tandis qu'ils passaient silencieusement, tous les trois regardèrent en direction des marches sur lesquelles elle se trouvait. Le véhicule poursuivit sa route avec une dignité boudeuse et disparut au tournant.

Sans savoir pourquoi, une pensée lui vint : «La voiture fait demi-tour et revient.» Comme c'est quelqu'un de raisonnable, elle se tança d'imaginer pareille chose. Cependant elle ne pouvait se défaire ni de sa conviction ni de sa peur.

Quelques instants plus tard, la limousine était de retour : cette fois elle arrivait de la droite. Toujours silencieuse, elle s'arrêta presque en passant devant l'immeuble. De l'intérieur, les trois hommes la regardaient, petite silhouette en ciré jaune sur les marches.

Anne avait peur : «Ils vont venir me chercher», songeat-elle et, dès que la voiture eut disparu, elle bondit sur ses pieds. Elle aperçut son mari tout au bout de la rue. Elle s'élança vers lui en hurlant :

– Dépêche-toi ! Dépêche-toi ! Nous n'avons pas une seconde à perdre !

La terreur de sa femme était telle que, sans un mot, il s'exécuta. Tous les deux, ils coururent jusqu'à la chambre de motel qu'il avait trouvée, entrèrent, fermèrent à clef et, haletant sous l'urgence, poussèrent contre la porte une lourde commode. Tout en s'abandonnant à sa peur, Anne savait qu'elle se comportait de façon irréfléchie : qu'est-ce que c'était que cette idée de trois hommes qui venaient l'emmener dans leur voiture ?

Mais ils avaient édifié leur barricade juste à temps. Toujours silencieuse, la grosse voiture avait fait demi-tour et s'était arrêtée juste devant leur porte. Le silence était total, à l'exception du grondement rythmé du moteur au ralenti. Il n'y eut pas de claquement de portières, pas de bruit de pas de-

---

« Nous sommes défendus par des anges et des ministres de la grâce.»

William Shakespeare,
Hamlet, I, 4.

hors, pas de choc contre les murs de leur chambre. Pas de lumière non plus. Mais pendant quarante bonnes minutes, la longue limousine noire resta là à gronder de façon menaçante. Enfin, elle démarra.

Anne avait les larmes aux yeux. Pour elle, il n'y avait pas de doute : cette anecdote était la réponse à sa prière dans le bateau.

L'avertissement de ces êtres était clair : «Si tu penses réellement ce que tu as dit dans le bateau à propos de changer de vie, vas-y. Mais si tu ne parlais pas sérieusement, si tu as l'intention de continuer ta vie facile quoique utile, alors sache ce qui t'attend. Et tremble.»

Anne entreprit un long examen attentif de la vie qu'elle menait et des valeurs dans lesquelles elle croyait. Elle changea effectivement de vie. Elle en accepta les défis et les responsabilités. Jamais elle n'abandonna son domicile conjugal ni ne négligea ses enfants ; toutefois, elle finit par divorcer.

C'est, à ma connaissance, la seule histoire dans laquelle des êtres célestes apportèrent un message de menace et de crainte, et non une pluie de grâces. Pourtant, Anne n'avait rien senti de démoniaque : elle les avait perçus comme de simples observateurs, qui lui adressaient un avertissement solennel.

✤

On parle beaucoup de miracles. On en lit souvent des récits dans les journaux et beaucoup d'entre nous (pour ne pas dire la plupart...) ont la même réaction : ironiques, méprisants, nous haussons les épaules comme pour nous débarrasser de ces événements dérangeants, comme s'ils relevaient de la plus pure imagination, comme s'ils étaient inventés de toutes pièces. Voilà la position des sceptiques.

Une impression de déjà-vu qui ne dure qu'une micro-seconde mais qui jette la pagaille dans l'équilibre délicat des échanges électrochimiques entre les neurones ; tous ces circuits, peut-être perturbés par la souffrance, créent chez le sujet l'impression qu'il participe à un mystère. Je me souviens d'avoir une fois demandé au rédacteur en chef du *New York Times Magazine* la permission d'écrire un article sur les prières de guérison, pour déterminer si ces pratiques étaient authentiques ou relevaient du canular. Il plongea le regard au fond de sa vodka-martini comme s'il s'agissait d'une boule de cristal, et avoua qu'il trouvait l'idée intéressante : certainement existait-il, dans ce domaine, des tas de choses qu'il ne comprenait pas ; mais il ne se voyait pas suggérant d'aborder le sujet au prochain comité de rédaction : cette simple idée le gênait.

Pourtant, cette revue raconta au début de 1983 un accident de voiture survenu à une dame du Connecticut. Elle avait perdu connaissance et ne pouvait pas bouger ; elle entendit une voix : «Sors !» Elle sentit des mains invisibles qui l'extrayaient de la voiture. Une fois dehors, elle s'éloigna en rampant. La voiture explosa.

✣

Quand on prend conscience qu'il ne s'agit pas là de faits imaginaires, on attrape la chair de poule. C'est vrai qu'il y a là-haut quelque chose qui nous regarde.

✣

Nita Colgate m'a raconté une anecdote concernant une psychiatre de New York, elle-même mariée à un psychiatre : tous les deux appartenaient à l'école dite «constructionniste». Une nuit, elle rêva que la voiture de son mari se rangeait sur la bande d'arrêt d'urgence d'une voie rapide au coucher du soleil. Elle avait une vision très nette de la scène : la circulation sur l'autoroute, la voiture avec son mari assis à l'intérieur, un restaurant de la chaîne Howard Johnson sur la colline, puis un camion qui fonçait sur la voiture et la percutait : elle s'éveilla à cet instant.

Sur le moment, elle ne dit rien à son mari.

Le lundi suivant, elle reçut de lui un appel téléphonique. Sa voiture venait de le lâcher sur une autoroute, la Connecticut Thruway ; il arriverait donc en retard à la maison. Pour faire son appel, il avait marché jusqu'à une borne téléphonique et, comme il avait déjà appelé la dépanneuse, il comptait, dit-il, retourner dans son véhicule et s'y asseoir en attendant. Cela ne prendrait pas longtemps, précisa-t-il. La nouvelle alarma sa femme. Elle ne voulait pas lui raconter son fameux rêve, mais elle était horrifiée à l'idée de son mari retournant dans la voiture :

– Pourquoi ne montes-tu pas jusqu'au Howard Johnson's, lui conseilla-t-elle calmement, histoire de prendre un café ? N'attends pas dans la voiture.

– Comment diable, demanda-t-il en riant, sais-tu qu'il y a un Howard Johnson's ici ? Mais après tout, pourquoi pas ?

– Non, je parle sérieusement, insista-t-elle.

Pourtant, sur quelle information se basait-elle ? Un simple rêve ? Pour rien au monde elle ne lui aurait dit qu'un camion risquait de l'emboutir. Ils raccrochèrent. Le mari revint à sa voiture, s'assit et commença à attendre. Soudain, il se sentit terriblement poussé à sortir : peut-être allait-il finalement le boire, ce café. Il apercevait le toit orange du HoJo's juste au-dessus de la crête. Il sortit de son véhicule et fit quelques pas. A ce moment précis, un camion fou dévala la descente et pulvérisa sa voiture : le psychiatre avait eu chaud.

Allons, qui donc attache de l'importance aux miracles ?
Quant à moi, je ne vois que miracles de toutes parts,
que je marche dans les rues de Manhattan,
que je lance mes regards par-dessus les toits des maisons, vers le ciel,
que je marche pieds nus le long d'une plage, juste au bord de l'eau,
que je me tienne debout sous les arbres, dans les bois...
Que j'observe le travail des abeilles autour de leur ruche, par une après-midi d'été,
ou les animaux paissant dans les champs,
ou les oiseaux, ou ces merveilles que sont les insectes ailés,
ou encore ces autres merveilles que sont un coucher
de soleil ou l'éclat des étoiles, si brillant et discret à la fois,
ou la délicatesse exquise de la nouvelle lune, si fine au printemps ;
chacun est un miracle, et le tout est aussi un miracle en soi:
chacun est distinct mais bien à sa place.
Pour moi, chaque heure de lumière et d'obscurité est un miracle, chaque centimètre cube est un miracle, chaque mètre carré à la surface de la terre est saupoudré de miracles, chaque centimètre cube à l'intérieur de notre planète est informé de miracles.
Pour moi, la mer est un miracle continuel, ses poissons qui nagent, ses rochers, ce mouvement des vagues, ses navires emportant des hommes en leur sein, de quoi faut-il s'étonner le plus ?

WALT WHITMAN,
Miracles.

✤

Sara Michaels vit à Memphis. Elle me raconta elle-même son histoire avec son mélodieux accent méridional ; les faits remontent à 1971, alors qu'elle avait vingt-deux ans, mais elle a l'impression que «c'était hier».

Elle avait quitté l'université au beau milieu de sa deuxième année pour faire un grand voyage avec quelques amis ; sac au dos, ils s'étaient d'abord rendus en Israël, puis en Grèce. Ils avaient abouti dans une petite île, Ios, et avaient loué là quelques chambres dans la maison d'une certaine «Mama», dans un village sur la colline. Leurs chambres donnaient sur une terrasse pavée d'ardoises qui dominait le port ; les quatre amis passaient leurs soirées là à jouer aux charades et à boire du café.

> «Je n'avais jamais été aussi heureuse que lors de ce séjour et je ne l'ai plus jamais été depuis. Je n'étais amoureuse que de la vie. C'était le mois de mai, les couleurs étaient vives et nettes, tout semblait plus intense, du moins à mes yeux.»

Je lui demandai si elle se droguait, et cela la fit éclater de rire :

> «Oh non ! Simplement j'étais heureuse. Ma seule drogue, c'était la caféine.»

Un soir, un peu avant le coucher du soleil, ils étaient en train de regarder un bateau embouquer l'entrée du port et les passagers enfourcher des ânes pour monter la pente jusqu'au village. Sara reconnut un homme dont elle avait précédemment fait la connaissance à Oak Ridge, dans le Tennessee. Elle le reconnut à son chapeau et courut à sa rencontre pour lui souhaiter la bienvenue. Il était descendu dans un hôtel, sur une plage située à vingt ou trente minutes à pied du village. Elle lui dit qu'elle connaissait un raccourci qui longeait la falaise ; elle l'accompagna jusqu'à l'hôtel, but une tasse de thé avec lui, et ce fut l'heure de rentrer chez elle.

> «Il s'était fait tard, et l'obscurité était totale. Il entreprit de me raccompagner et à mi-chemin, me demanda :

– Tu n'as pas peur de marcher seule ?

Sa question me fit sourire.

– Tu ne connais pas cette île ! répondis-je.

Néanmoins, du fait que la nuit était si noire, je décidai d'emprunter la route et non pas le raccourci ; j'en avais donc pour une demi-heure. J'ignore si c'est la question de mon ami qui m'avait impressionnée mais je commençais à ne pas me sentir très rassurée. J'essayai de me raisonner : «Cesse d'entretenir ces pensées ; pourquoi gâcher une promenade délicieuse ?» Mais mon inquiétude se faisait obsédante, j'imaginais les pires âneries : «Et si je marchais sur un serpent ?» ou bien «Et si je tombais nez à nez avec un puma venu de ma gauche ? A ma droite il n'y a que la mer !»

Ainsi, j'étais assaillie de pensées terrifiantes. Je me mis à chanter toute seule. A dix minutes du village coule un canal enjambé par une passerelle suspendue ; celle-ci est éclairée par une ampoule nue et, juste avant, il y a un cimetière. Quelques moulins à vent se dressent près de la passerelle. Mama m'avait dit que son mari était enterré là.

«Et alors ? Ce n'est qu'un cimetière !» me dis-je. «Ne te laisse pas impressionner !» insistai-je sans admettre que je m'affolais de plus en plus depuis que j'étais seule.

Soudain, j'entendis un hurlement. Je fus glacée d'horreur, c'était trop horrible. Avez-vous déjà entendu deux chats qui s'accouplent ? A y réfléchir avec du recul, je pense que c'est cela que j'ai entendu : deux chats sauvages en train de s'accoupler. C'était sinistre. C'était diabolique. J'étais pétrifiée de terreur. J'étais clouée sur place littéralement, je ne pouvais plus bouger.

– Au nom du Christ, sauve-moi ! commençai-je à répéter comme un mantra. Au nom du Christ, sauve-moi ! Au nom du Christ, sauve-moi !

J'avais perdu toute notion de temps. Je restai là à répéter cette phrase à voix haute, encore et encore, pendant peut-être deux minutes, cinq, trente, que sais-je ?

Soudain, «il» descendit sur moi (je dis «il», mais je n'ai rien vu, ni personne) et me souleva par les aisselles ; il me porta jusqu'à la passerelle avec la lumière allumée, et me la fit traverser.

Le plus curieux, c'était que cela me semblait parfaitement normal, comme quelque chose de familier ; les choses se passaient comme elles le devaient, il n'y avait rien là d'inhabituel ; je me sentais parfaitement en paix comme si – bien sûr ! – cela m'arrivait tous les jours. Au moment où il me saisit, je dis «Merci !».

Comme quand votre maman vous prenait dans ses bras, quand vous étiez petit. Quelque chose d'aussi rassurant que ça...

Puis il me lâcha, juste de l'autre côté de la passerelle. J'étais pieds nus, avec une petite jupe courte. Je tombai et m'écorchai les deux genoux. Puis je me remis sur mes pieds et détalai comme un lièvre, comme un chevreuil ; je courus jusqu'au village, en essayant de ne pas trop m'écorcher les pieds, m'engouffrai dans la maison, dans notre chambre et jaillis sur la terrasse où se trouvaient mes amis. Ils me regardèrent :

– Saperlipopette ! s'exclamèrent-ils. Que diable t'est-il arrivé ?

– Préparez-moi juste un café, répondis-je. J'ai eu une de ces peurs ! Mais maintenant ça va.

Il y avait là une Israélienne nommée Rowena. Elle m'entraîna à part :

– Tu ne vas pas t'en tirer comme ça ! me déclara-t-elle. Il faut, il faut absolument que tu me dises. Tu as vu Dieu là-bas, ou quoi ?

Je la dévisageai :

– Quand tu es arrivée, m'expliqua-t-elle, tu étais auréolée d'une lumière si brillante que nous pouvions à peine te regarder.

J'ai demandé à Sara si, depuis, il ne lui était jamais arrivé de revoir son ange gardien.

– Non !

Elle raconta l'affaire à un pasteur de son église une fois rentrée chez elle. Celui-ci lui répondit :

– Gardez cette histoire pour vous. Il faut que cela reste confidentiel.

Cela n'empêcha pas Sara de tout dire à sa famille. C'est surtout sa mère qui fut impressionnée par son récit : elle ne douta pas une minute de sa véracité. Sara parla également à d'autres personnes :

– A certains, j'en ai parlé, à d'autres non. Par exemple, j'ai tout raconté à un maçon qui travaillait dans le restaurant où j'étais serveuse : un inconnu. Mais à d'autres, même des amis intimes, je n'ai rien dit.

Pour Sara, cela comptait beaucoup de narrer son histoire, et aussi de préciser que, depuis lors, il lui était arrivé des choses épouvantables : elle n'avait pas été protégée en permanence, pas plus qu'elle ne s'était sentie dirigée de quelque façon que ce soit.

Par exemple, en septembre 1983, elle se fit violer : ficelée, ligotée, le couteau sur la gorge, elle avait attendu l'apparition de cet ange, désespérément... mais en vain. Il n'était pas redescendu la sauver. Sara se demande bien pourquoi. En fin de compte, elle l'accepta ; elle se dit qu'elle avait peut-être besoin de cette expérience pour faire un certain chemin intérieur, peut-être pour accéder à davantage de compassion, éventuellement vis-à-vis de son violeur.

– D'ailleurs, je suis toujours là : j'ai survécu. Peut-être devons-nous passer par des expériences atroces pour des raisons que nous ignorons. Nous ne pouvons pas nous attendre à ce que, chaque fois, il nous suffise de claquer dans nos doigts pour être sauvés.

Peut-être que, devant ce cimetière, elle fut sauvée de quelque abomination pire qu'un viol.

Deuxième Partie

De l'angélologie

Ange n.m. - XVIe ; angele XIe, puis angle, angre ; lat. ecclés. angelus ; gr. aggelos «messager».
1. THEOL. Etre spirituel, intermédiaire entre Dieu et l'homme, ministre des volontés divines. L'ange Gabriel. «L'homme n'est ni ange ni bête, et le malheur veut que qui veut faire l'ange fait la bête» (Pascal). Bons anges, fidèles à Dieu. Mauvais anges, anges déchus, au service du démon. FIG. Le bon, le mauvais ange de qqn : la personne qui exerce une bonne, une mauvaise influence sur qqn. – Anges gardiens, appelés à protéger chacun des hommes. FIG. C'est son ange gardien, la personne qui veille, guide et protège en tout une autre personne (par iron. garde du corps). Une patience d'ange, exemplaire, infinie. Beau comme un ange. Il travaille comme un ange, parfaitement.

Dormir comme un ange. LOC. Etre aux anges, dans le ravissement. Rire aux anges. Un ange passe, se dit quand il se produit dans une conversation un silence gêné et prolongé. Discuter du sexe des anges : se livrer à des discussions byzantines, oiseuses. (1878) VIEILLI Faiseuse d'anges : avorteuse. Saut de l'ange. Cheveux d'ange. Lit d'ange. Nid d'ange.

2. Personne parfaite. Sa femme est un ange. FAM. Vous seriez un ange si vous vouliez bien me rendre ce service. Un ange de (suivi d'un nom de qualité) : personne exemplaire, parfaite dans (qqch.). Un ange de douceur, de pureté. Mon ange, s'emploie comme terme d'affection.

3. (1552) Grand poisson de mer (squaliformes), d'une forme intermédiaire entre la raie et le requin, dont la peau est employée en maroquinerie (galuchat).

Le Nouveau Petit Robert, p. 82.

CHAPITRE IV

Des enfants de Dieu

« Tant d'ailes viennent ici
Dégouttantes de miel
Et parlent ici
Dans ta maison, oh
Dieu.»

POÈME AZTÈQUE.

✤ 1 ✤

Existait-il des anges à l'époque des hommes des cavernes ? Des anges de Neandertal, de Cro-Magnon ? Des anges australopithèques ? Peut-être à l'époque étaient-ils plus visibles : les gens étaient plus proches de la nature et de leurs intuitions. Depuis l'aube de l'Histoire, les traces des anges sont visibles dans l'art et la peinture.

La ville d'Ur fut fondée vers l'an 4000 avant notre ère à deux cent trente kilomètres de Babylone, dans la vallée de l'Euphrate ; elle atteignit son apogée en 2500 avant notre ère et continua à prospérer pendant quinze siècles au moins . Là, des archéologues ont découvert une stèle où figure une silhouette ailée en train de descendre de l'un des sept ciels de la religion sumérienne pour verser l'eau de la vie ; le liquide déborde d'une jarre dans le verre du roi.

Certains chercheurs affirment qu'il existe des images d'anges plus anciennes encore ; nous pourrions voir d'autres précurseurs dans les griffons et les géants de Mésopotamie, ou dans une peinture d'un tombeau égyptien montrant une Isis ailée (est-ce l'ange de la mort ?) enveloppant ses fidèles avec ses ailes. En Grèce, on trouve aussi bien Iris, l'arc-en-ciel de Zeus, que Hermès, le héros divin qui porte des ailes à son casque et aux talons pour exécuter des tâches angéliques : délivrer des messages et apporter son aide aux humains. On trouve la notion d'ange présente dès l'origine dans toute l'Asie Mineure, berceau du monde civilisé antique. Plus tard, cette notion se déplaça vers l'ouest, en Italie où, plusieurs siècles plus tard, l'Athéna Niké grecque ailée se transformera pour devenir à la Renaissance l'ange tel que nous le représentons aujourd'hui.

✤

Dans notre civilisation judéo-chrétienne, le mot ange signifie «qui travaille en qualité de messager» ; il est aussi désigné par d'autres mots décrivant son essence. On l'appelle enfant de Dieu, ministre, serviteur, gardien, saint. Ce sont des anges qui constituent le tribunal céleste ; on les

---

« La cavalerie de Dieu a deux myriades d'escadrons flamboyants. Le Seigneur est parmi eux ; le Sinaï est dans le sanctuaire.»

Ps 68:18.

appelle les esprits, l'armée du ciel, les chérubins, les séraphins, les vivants. Dans le livre de Job, on les appelle «étoiles du matin» ; dans les Psaumes, «la cavalerie de Dieu». Les anges existent depuis l'origine des temps. Ils existaient avant qu'Adam et Eve ne se lancent, fascinés, dans l'exploration du jardin d'Eden.

Ensuite, quand les premiers hommes furent chassés d'Eden pour avoir mangé la connaissance du bien et du mal, des «*chérubims*» (dont le «s» hébreu représente un double pluriel), qui appartiennent à l'un des trois ordres angéliques les plus proches de Dieu, furent postés à la porte orientale. La flamme de leurs épées foudroyantes était là pour nous (nous, c'est-à-dire Adam et Eve) empêcher de revenir manger aussi de l'arbre de la vie éternelle.

«*Chérubim*» (pluriel) signifie «plénitude de la connaissance de Dieu». Ce concept est d'origine assyrienne ; dans cette langue, «*karibu*» signifie «celui qui prie» ou «celui qui communique». Dans l'Islam, il y a les el-karrubyan, ceux qui sont «approchés» d'Allah : ils louent Dieu sans cesse, nuit et jour.

Dans l'art assyrien, les chérubim sont représentés sous la forme de créatures ailées, avec un visage d'homme ou de lion et un corps d'aigle, de taureau ou de sphinx. Initialement, ils avaient été conçus comme les gardiens du palais plutôt que comme des anges.

Au Moyen Age, les chérubim furent souvent représentés vêtus de bleu ou avec la peau bleue : comme il sied aux possesseurs et aux bénéficiaires de la sagesse. Ils déversent la sagesse à flots. Nous parlerons plus longuement d'eux plus loin.

Le temps passant, les chérubim se transformèrent en bébés ou *putti*, une idée qui provient de la tradition romaine. Nous les appelons en français les «chérubins», de forme et d'apparence enfantine, qui volettent, tel Cupidon, autour des jolies femmes. Ils sont totalement différents de ces êtres redoutables décrits dans la vision d'Ezéchiel ou des gardiens de la porte orientale du jardin d'Eden.

Qui sait si le concept d'ange a surgi dans chaque civilisation de façon indépendante ? Ou bien si, au contraire, l'idée n'a pas été disséminée par tous les voyageurs qui, pendant des millénaires, ont sillonné l'Asie de Byzance à Cathay : sages, marchands, brigands, mercenaires, romanichels, réfugiés fuyant la famine ou la guerre ? Nous l'oublions souvent : les idées n'ont pas de racine. C'est ainsi que nous trouvons le concept d'ange présent dans les mythologies aryenne, mithriaque, manichéenne et zoroastrienne ; il s'est transmis de siècle en siècle de la Perse au judaïsme, puis au christianisme et à l'islam.

> ***« Le pouvoir des anges dans le monde spirituel est si grand que, si je divulguais tout ce à quoi j'ai assisté dans ce domaine, cela dépasserait les bornes du croyable. Ils suppriment tout obstacle qui s'oppose à l'ordre divin, ils le renversent et le pulvérisent par un simple effort de la volonté, et un simple regard.»***
>
> EMMANUEL SWEDENBORG,
> *Le ciel et ses merveilles, et l'enfer.*

✤

Dans la Bible, les premiers anges cités étaient des hommes. Ils apparaissaient, comme les guides ou les «familiers» des Amérindiens, pour faire un bout de route avec un affamé ou donner un coup de main à un homme ou à une femme. Ils se présentèrent devant Abraham à trois, nous dit la Genèse, alors que le patriarche avait planté sa tente aux chênes de Mamré. A quoi ressemblaient ces visiteurs ? Ils n'avaient ni ailes, ni vêtements resplendissants, ni auréole autour de la tête. C'étaient trois hommes bien ordinaires, assis sous les chênes tandis que leur hôte leur lavait les pieds

Abraham recevant les trois anges.
Rembrandt, gravure, XVIIe siècle.

avec de l'eau et leur servait du veau, du pain et du fromage. De surcroît, à la différence des anges cités par la suite, «*ils mangèrent*». Il s'avéra par la suite que l'un d'entre eux était Yahvé en personne, accompagné de deux anges qui le servaient ; quand le repas fut fini, Dieu révéla que la femme d'Abraham, en dépit de son âge, allait enfanter un garçon dont les descendants formeraient un grand peuple.

Et c'est tout. Cette apparition fait penser à celles que les dieux grecs accordaient à des mortels privilégiés ; sauf que, dans le cas de la Genèse, Dieu ne se charge pas personnellement d'engendrer la descendance promise ; Zeus n'aurait pas laissé passer pareille occasion. Cette apparition fait également penser à celles que l'on trouve, jusqu'à aujourd'hui, dans la dévotion des hindous ; il ne s'agit pas de visites d'anges apportant les messages d'une divinité lointaine, mais d'une manifestation d'un dieu ou d'une déesse en personne, qui prend une forme et apparaît d'une façon bienveillante à son adepte. Il s'agit d'une rencontre personnelle, d'un face-à-face avec Dieu.

Au cours de cette même visite, Abraham marchande en vain le salut de Sodome et Gomorrhe, deux villes qui, un peu plus tard, furent détruites par deux anges des plus féroces ; quelques années s'écoulèrent encore avant qu'un autre ange, plus doux et plus aimable, ne retienne le bras d'Abraham qui se disposait à trancher la gorge de son fils : cette anecdote mit un terme à la pratique des sacrifices humains, mais elle montre aussi jusqu'où peut aller un fanatique religieux quand il croit avoir entendu la voix de Dieu. Il est dangereux, ce commerce avec Dieu.

> *« Alors l'ange du Seigneur l'appela du ciel et cria : "Abraham ! Abraham !" Il répondit :"Me voici."»*
>
> *Gn 22: 11.*

Sarah, femme d'Abraham, avait beau être vieille et stérile, elle mit enfin au monde le fils annoncé par le Seigneur lui-même sous les chênes de Mamré. Ce fils reçut le nom d'Isaac. Un beau jour, Abraham entendit la voix du Seigneur qui lui ordonnait de sacrifier son enfant : il lui fallait l'emmener sur une montagne écartée, lui trancher la gorge et l'offrir à Dieu pour prouver sa dévotion et son abandon total ; Abraham devait renoncer à ce qu'il avait de plus cher, et il le fit. Abraham se mit en route avec son fils et un serviteur, sans bien sûr avertir sa femme ; il suivait cette voix intérieure impitoyable et il ne souffla mot à quiconque de ce qu'il se disposait à faire. Un peu plus loin, il laissa le serviteur et poursuivit avec l'enfant, prétendant qu'il allait sacrifier un agneau. Il transportait le bois pour le feu, et il était armé d'un couteau ; Isaac, avec une curiosité confiante, cherchait à y voir clair :

– Mon père ?

– Me voici, mon fils, répondit Abraham.

– Voici le feu et les bûches, continua Isaac. Mais nous n'avons pas l'agneau.

– Dieu saura voir l'agneau pour l'holocauste, mon fils, répondit Abraham, convaincu que son propre fils servirait d'agneau.

Est-ce que son cœur se serrait dans sa poitrine en prononçant ces mots ? Ou bien

L'ange empêche Abraham de sacrifier Isaac sur le rocher de Moriah. Gravure sur bois, XVe siècle.

était-il heureux de s'en remettre de façon si rigide à cette confiance en Dieu profondément chevillée en lui ? Ils poursuivirent leur chemin, puis construisirent l'autel et allumèrent le feu ; soudain, Abraham se saisit de son fils, et le déposa pieds et poings liés sur l'autel ; le couteau était sur la gorge de la victime quand la voix de l'ange arrêta le patriarche :

– N'étends pas la main sur le jeune homme.

A cet instant, Abraham aperçut un bélier pris par les cornes dans un roncier ; il s'empara de l'animal avec reconnaissance et l'offrit à Dieu à la place de son propre fils.

✣

Dans l'Antiquité, les anges n'avaient pas d'ailes, même les anges des juifs. C'est ainsi que Jacob, fils d'Isaac, eut en rêve la vision d'une échelle empruntée par des anges ; certains montaient, d'autres descendaient tandis que tous se hâtaient à leur travail, allant et venant entre le royaume de l'homme et Dieu ; ils ne volaient pas.

En ces jours, les anges intervenaient surtout en qualité de guides intérieurs plutôt que comme des forces agissant de l'extérieur. Aujourd'hui, les gens cherchent une lumière analogue en tenant leur journal. A cette époque lointaine, l'on pouvait compter sur les anges pour apparaître chaque fois qu'on les appelait. Jacob lutta toute la nuit avec un ange qui refusa de lui révéler son nom : que nous enseigne ce curieux récit si ce n'est que, à cette époque révolue des nomades, les hommes (et, j'espère, les femmes aussi) avaient à s'empoigner avec leurs sentiments intérieurs de culpabilité ?

Quand il était jeune, Jacob avait dépossédé par la ruse son frère Esaü de son héritage ; puis il s'était enfui, avait épousé deux femmes et engendré douze fils, plus un nombre indéterminé de filles et des enfants illégitimes mis au monde par différentes servantes. Puis il décida de rentrer chez lui. Il n'en menait pas large. Il installa son camp à une demi-journée de marche de son frère Esaü et lui envoya des cadeaux : des troupeaux entiers de chèvres et de moutons, trente chamelles avec leurs petits à la mamelle, dix taureaux, vingt génisses, dix veaux et quarante vaches. En dépit de ces précautions, il ne réussit pas à trouver le sommeil : il se demandait s'il n'allait pas se faire tuer le lendemain ; il le méritait. Cette nuit-là, il reçut la visite de l'ange et lutta avec lui jusqu'au jour.

Si nous prenons l'existence de cet ange au pied de la lettre, nous en concluons que les anges ont de vrais corps, qu'ils suent et soufflent et peuvent être jetés à terre et s'esquiver glissants de sueur ; ce combat silencieux se poursuivit jusqu'à l'aube de cette nuit de désespoir. Quand le combat fut terminé et que Jacob s'aperçut qu'il était toujours vivant, il demanda à cet être sa bénédiction, qui lui fut accordée bien qu'il n'apprît jamais le nom de l'ange. Alors, Jacob prit ses femmes, son cheptel, ses moutons, ses serviteurs et toutes ses richesses ; il descendit dans la vallée et traversa les plaines pour rencontrer son frère Esaü qui se portait à sa rencontre avec quatre cent cinquante hommes en armes ; à son grand soulagement, il découvrit que son frère lui avait pardonné et, après tout ce qui s'était passé, se réjouissait de le voir.

L'ange de Jacob ne lui réapparut jamais et, personnellement, je ne crois pas qu'il se soit agi d'une manifestation véritable : j'ai moi-même souvent lutté avec mes anges intérieurs ainsi qu'avec des esprits ou démons avec lesquels on les confond. Il m'est arrivé à moi aussi, à l'occasion, d'avoir du mal à nommer ce qui me troublait, et donc d'avoir du mal à m'en débarrasser.

Quand je puis mettre un nom sur mes maux (culpabilité ? peur ? colère ?), ils perdent de leur pouvoir sur moi. En vérité, il ne m'est jamais arrivé de demander à ma peur, à ma honte, à mon envie, à ma solitude ou à ma colère de me bénir quand elles me sautaient à la gorge... Ma peur disparaîtrait-elle si je lui demandais de me bénir ?

Lors de pratiquement toutes les rencontres ultérieures (tout le monde est d'accord là-dessus), l'ange de Dieu se présente vêtu de splendeur et de lumière ; tout ce que vous avez envie de faire face à cette manifestation de divinité, c'est de vous prosterner avec une joie révérencieuse.

Les sadducéens estimaient que les anges n'existaient que dans l'imagination des hommes. Les pharisiens, au contraire, croyaient aux anges.

Quelle différence entre les dignes messagers du temps d'Abraham et l'écœurante mièvrerie de l'imagerie sulpicienne des XIXe et XXe siècles, avec ces espèces de fées insipides voletant en l'air ! Il y a quelques millénaires à peine, la voix d'un ange enjoignait à Agar, la servante fugitive, de cesser ses bêtises, de quitter le désert et de rentrer chez elle ; il y avait aussi les créatures à visage de bœuf de la vision d'Ezéchiel, les êtres transcendants de lumière et de chant qui, chez Dante, tourbillonnent en cercles étincelants de louanges à Dieu, les anges développés par Milton, de forme humaine quoique incorporelle, ces cavaliers chevauchant à bride abattue aux ordres de Dieu. Ils mangent, ils boivent, ces anges de Milton : à une époque plus moderne, ils auraient circulé en moto ! D'ailleurs, dans un poème de Milton, l'archange Raphaël ne rougit-il pas en décrivant les rapports sexuels angéliques ? Quelques siècles plus tard, on trouve les mystiques modernes qui ne donnent même plus de description physique, en vérité ; ils ne parlent que de beauté abstraite, ils n'essaient même pas de traduire avec nos pauvres langues humaines les qualités des créatures spirituelles qu'ils ont vues et entendues : des anges leur ont prodigué des conseils, leur ont tenu compagnie, les ont aimés et protégés dans leur vie quotidienne.

> *« Leurs vêtements sont blancs, mais d'une blancheur surnaturelle. Je suis incapable de la décrire ; elle ne peut être comparée à la blancheur terrestre : elle est beaucoup plus douce au regard. Ces*

anges fulgurants sont enveloppés d'une lumière si différente de la nôtre que, par comparaison, tout le reste semble obscur. Quand vous en voyez un groupe de cinquante, vous êtes éperdu de stupéfaction. Ils semblent vêtus de plaques dorées, ils bougent sans cesse comme autant de soleils.»

PÈRE LAMY.

✤

Le seul ange cité dans les livres historiques de l'Ancien Testament est l'ange de la mort. A l'époque de David, il massacra quatre-vingt-dix mille ennemis la première fois et, une autre nuit, extermina cent quatre-vingt-cinq mille Assyriens au camp, tandis que leur armée était rangée contre les juifs. Cet événement apparut comme tellement inouï qu'il n'est pas cité moins de trois fois dans différentes chroniques, à grand renfort de noms et de qualificatifs merveilleux.

Le roi d'Assyrie, Sennakérib, envahissait le royaume de Juda. Ses armées campaient devant Jérusalem.

« Cette nuit-là, il advint que l'ange du Seigneur sortit et frappa dans le camp des Assyriens cent quatre-vingt-cinq mille hommes. Le matin, quand on se leva, il n'y avait en tout que des cadavres, des morts ! Sennakérib, roi d'Assyrie, décampa.»

C'est ainsi que Sennakérib, au grand soulagement des juifs, retourna à Ninive.

Une autre fois, un ange arrêta le prophète Balaam et, le sabre au clair, terrorisa la pauvre bourrique du prophète ; l'animal broncha, se déroba et s'enfuit. Le prophète, qui n'avait pas vu l'ange, administra une raclée impitoyable à son bourricot (j'ai fait la même chose, étant enfant, avec mon poney. Il ne m'était nullement venu à l'esprit de mettre un ange en cause, car les ânes et les chevaux sont parfois d'un entêtement pervers). Et puis nous avons bien sûr les visions des deux prophètes, Isaïe et Ezéchiel, sur lesquelles nous nous fondons en priorité pour savoir quel est l'aspect physique des séraphins, qui font partie d'une autre armée céleste de haut rang.

Séraphins. Mosaïque, XIIIe siècle, basilique Saint-Marc, Venise.

Isaïe vécut au huitième ou au septième siècle avant notre ère. Dans sa vision, les séraphins avaient six ailes, chaque paire ayant sa fonction propre.

> *« L'année de la mort du roi Ozias, je vis le Seigneur assis sur un trône très élevé. Sa traîne remplis-*

> *sait le temple. Des séraphins se tenaient au-dessus de lui. Chacun d'eux avait six ailes : deux pour se couvrir le visage, deux pour se couvrir les pieds et deux pour voler. Ils se criaient l'un à l'autre : Saint, Saint, Saint, le Seigneur, le Tout-Puissant, sa gloire remplit toute la terre !»*

Isaïe fut alors frappé par sa propre impureté, par contraste avec la gloire et la pureté de Dieu. Mais l'un des séraphins vola vers lui avec une braise à la main (braise qu'il avait saisie sur le feu de l'autel avec une paire de pinces) : il toucha les lèvres du saint prophète avec cette braise en disant : «Ta faute est écartée, ton péché est effacé.»

On dit que l'ange Raphaël est un séraphin et, dans le poème de Milton «Paradis perdu», il est ainsi décrit :

> *« Il portait six ailes pour voiler ses divins traits ; la paire qui couvrait ses épaules descendait sur sa poitrine comme un manteau avec des ornements royaux ; la paire du milieu était couverte d'un duvet doré qui semblait avoir été teint par le firmament : elle ceignait sa taille parsemée d'étoiles et descendait autour de ses reins et de ses cuisses ; la troisième paire d'ailes lui couvrait les pieds d'un talon à l'autre avec une armure de plumes couleur d'azur.»*

Dans la symbolique médiévale, les séraphins sont de couleur rouge ; ils portent trois paires d'ailes et des épées de feu. Leur tâche consiste à enflammer les hommes d'amour divin. Dante affirme que les séraphins sont liés à la présence de la «félicité divine».

Deux cents ans après Isaïe, le prophète Ezéchiel vit non pas des séraphins mais les «trônes» eux-mêmes, que l'on appelle aussi les «roues de Dieu». C'est à partir de sa vision que les érudits médiévaux ont conclu à l'existence d'une classe d'anges connue sous le nom de «roue» ou «trône», la plus élevée parmi les plus élevées.

La vision d'Ezéchiel eut lieu très précisément le cinquième jour du quatrième mois de la treizième année de la captivité des juifs à Babylone, cinq cent soixante ans avant notre ère. Il était au bord du fleuve Kebar quand les cieux s'ouvrirent :

> *« Je regardai : un vent de tempête venait du nord, une grande nuée et un feu fulgurant et, autour, une clarté ; en son milieu, comme un étincellement de vermeil au milieu du feu.*
> *En son milieu la ressemblance de quatre êtres vivants ; tel était leur aspect : ils ressemblaient à des hommes. Chacun avait quatre visages et chacun d'eux quatre ailes. Leurs jambes étaient droites, leurs pieds commes les sabots d'un veau, scintillants comme étincelle l'airain poli. Des mains d'hommes sous leurs ailes... Leurs ailes se joignaient l'une à l'autre. Ils n'avançaient pas de biais mais chacun droit devant soi. »*

Chacun des quatre avait un visage d'homme, outre les trois visages qu'il portait sur son casque : celui du lion, du taureau et de l'aigle. Ils se déplaçaient sur des roues au milieu d'autres roues de couleur bleu-vert comme de la chrysolite ; quand ces créatures se soulevaient de terre, leurs roues se soulevaient également. Au-dessus de leurs têtes, ils portaient «*l'apparence du firmament*», de la couleur du cristal ; c'est sous cela qu'il y avait leurs ailes, deux de chaque côté de leur corps.

> *« Les anges de rang le plus élevé [chérubins, séraphins et trônes] ne nous aident pas dans la lutte contre nos vices, mais viennent habiter en nous seulement quand, tout conflit apaisé, nous reposons en Dieu en toute paix, en toute contemplation et dans l'amour éternel. »*
>
> JAN VAN RUYSBROECK,
> *Les sept barreaux de l'échelle de l'amour spirituel.*

Séraphin debout sur des roues de feu ailées.
Mosaïque byzantine, XIIIe siècle.

Ezéchiel manque de mots pour décrire le bruit terrifiant de ces ailes, comme «*le bruit des grandes eaux, la voix du Puissant, bruit d'une multitude, bruit d'une armée*». Une voix descendit de ce «firmament» au-dessus de leurs têtes et ils se levèrent en abaissant leurs ailes. Au-dessus du firmament, il y avait un trône bleu comme le saphir avec ce qui semblait être un homme, environné de teintes couleur d'ambre et de feu et d'un éclat aussi vif que l'arc-en-ciel.

Quand Ezéchiel vit tout cela, il se prosterna, le visage contre terre devant la gloire du Seigneur.

Voici ainsi résumée cette incroyable vision.

La révolution des roues des trônes autour de Dieu inspire confiance dans sa puissance. La Vierge Marie est elle-même un trône : «*Trône véritable de Dieu, elle exalte le trône de Dieu.*»

Je connais un astrophysicien du nom de Robert Jastrow qui enseigne à Dartmouth. Il prône qu'Ezechiel a vu non pas un ange mais un vaisseau spatial, avec des extraterrestres engoncés dans leurs combinaisons astronautiques, aux mouvements maladroits comme ceux des robots ; c'est la raison pour laquelle ils se déplacent d'un bloc sur leurs pieds, ils sont toujours «droits». Jastrow, tout au moins à l'époque où je l'ai rencontré, ne croyait pas en Dieu mais il croyait en l'évolution de l'humanité : selon lui, elle est en route vers des niveaux d'intelligence de plus en plus hauts, jusqu'à entrer dans ce nouveau et passionnant stade de l'intelligence où nous serons en définitive remplacés par... l'ordinateur !

✤

Dans les récits les plus précoces de l'Ancien Testament (le chapitre VI de la *Genèse*) en 2000 environ avant notre ère, les anges restaient à proximité de terre. Ils en étaient même si proches que les fils de Dieu eurent commerce charnel avec les belles «*filles des hommes*», engendrant ainsi la race de Nephilim, «*ces héros d'autrefois, ces hommes de renom*». Ces légendes folkloriques étaient connues de tous. Les Grecs, entre autres peuples, croyaient secrètement que les hommes et les anges pouvaient avoir des unions fécondantes et engendrer une progéniture.

Cependant, à partir de la captivité des juifs à Babylone, vers 600 avant notre ère, les anges et archanges acquièrent une dimension spirituelle supérieure ; il peut encore leur arriver d'apparaître aux hommes mais, 600 ans plus tard, au temps de Jésus, il est clair que les anges sont au-dessus de toute union charnelle avec les femmes, aussi séduisantes que se montrent ces dernières.

✤

A la suite de la conquête du royaume de Juda par le roi de Babylone, Nabuchodonosor II, les juifs, factieux et rebelles, furent déportés par trois fois à Babylone : en 598 avant notre ère, en 586 (c'est là que le temple de Jérusalem fut rasé) et de nouveau en 582, à la suite d'un nouveau soulèvement. Insupportable, ce peuple juif ! Il fut déporté à Babylone, la capitale des conquérants perses ; là, il commença à succomber à l'attrait du luxe dans lequel vivaient les riches citadins de Perse ; il commença même à adorer de faux dieux.

Ce n'était pas la première fois que les juifs s'écartaient de leur Dieu. Environ deux cents ans plus tôt, alors qu'Akhab était roi de Samarie, il revint à de vertueux prophètes comme Elie de les remettre au pas ; ce n'était d'ailleurs pas facile, Elie fut mis hors la loi et sa vie menacée en permanence. Jézabel tua quatre cent cinquante prêtres à l'époque. Lors d'un de ses exils dans le désert, le pauvre prophète découragé s'était

assis sous un genêt et se laissait mourir de faim ; un ange vint le réveiller et lui présenta de la nourriture :
– Mange ! ordonna l'ange. Car autrement le chemin serait trop long pour toi.

Ou quelque autre phrase en ce sens. Le saint homme continua alors à jeûner et à méditer dans le désert pendant quarante jours, puis s'en retourna à Samarie et tua quatre cents prêtres de Baal.

Pendant la déportation des juifs, Nabuchodonosor, roi de Babylone (607 – 587 avant notre ère), entreprit un vaste programme de construction, comprenant les fameux jardins suspendus et le grand temple de Mardouk et sa ziggourat, la tour d'Etemenanki, qui a pu inspirer l'histoire de la tour de Babel.

Et pour cela il lui fallait des esclaves. La ziggourat s'élevait, sur sept niveaux successifs, jusqu'à une hauteur de 90 mètres : c'était l'une des merveilles du monde. Il y avait aussi des temples dédiés à Ishtar, à Ninmalsh et à Goula. D'après l'historien Hérodote, Babylone était la plus belle ville du monde.

Pendant la déportation des juifs, Nabuchodonosor, roi de Babylone, fit fabriquer une statue de dieu. Cette statue était en or, elle mesurait soixante coudées de haut et six coudées de large. La coudée étant la longueur de l'avant-bras d'un homme, elle mesure environ cinquante centimètres : la statue avait donc une hauteur d'une trentaine de mètres et une largeur d'environ trois mètres ; il la fit dresser, toute rutilante et étincelante, dans la plaine de la Doura.

« Avec le silence pour seule bénédiction, les anges de Dieu viennent à nous quand, sous le poids d'une grande affliction, notre âme est muette, terrassée.»

James Greenleaf Whittier,
Lettre à un ami après la mort de sa sœur.

Nabuchodonosor ordonna aux satrapes, intendants, gouverneurs, conseillers, trésoriers, légistes, magistrats et autres fonctionnaires des provinces de venir à la dédicace de la statue ; quand la musique retentirait, tous devraient se prosterner et l'adorer. L'orchestre se composait de cors, de flûtes, de cithares (instrument à cordes dont on joue en les pinçant), de harpes, de luths, de cornemuses et de tous les genres d'instruments. Et quand cette cacophonie commença, tous se mirent à plat ventre comme on le leur avait dit, de crainte d'être brûlés vifs dans la fournaise : telle était l'alternative qu'on leur avait laissée.

Tous, sauf trois saints hommes, des juifs dont même les noms nous sont parvenus : Shadrak, Méshak et Abed-Négo ; ces derniers n'étaient pas seulement des gouverneurs ou satrapes, préposés à l'administration de la province de Babylone, c'étaient aussi des saints, dévots de Yahvé ; ils se gardaient bien d'adorer des images sculptées, sachant que Dieu est sans limite et sans forme, et tellement magnifique que son idée même ne saurait être embrassée par les limites de l'esprit humain.

Ces trois hommes avaient été élevés avec Daniel depuis leur enfance dans le palais du potentat, comme c'était la coutume à l'époque ; ils devaient être éduqués durant trois années, nourris des meilleures viandes et abreuvés des meilleures boissons de la table du roi afin que se développent leur santé et leur beauté, et qu'ils trouvent faveur à la cour ; Daniel et les trois jeunes gens avaient supplié le prévôt du personnel de les laisser suivre un régime végétarien ; ils lui avaient promis que ni leur santé ni leur beauté ne souffriraient de cette alimentation. Ils le convainquirent de faire un essai de dix jours au terme duquel le prévôt du personnel, en dépit des ordres royaux, les autorisa à subsister de légumes, c'est-à-dire de haricots secs ; ce régime est celui de tous les véritables saints du monde : celui des gurus et des sadhus, des moines, des religieuses et des yogis, de tous ceux qui cherchent à développer par la prière et la contemplation un lien conscient avec Dieu. A la fin de ces trois années, Nabuchodonosor trouva les quatre jeunes gens pleins de sagesse et de connaissance et dotés de pouvoirs «dix fois supérieurs à tous les magiciens et conjurateurs qu'il avait dans son royaume».

Nous ignorons où se trouvait Daniel à cet instant précis mais les trois autres, debout devant la statue d'or dans la plaine de la Doura, refusèrent de se prosterner. On leur lia donc les pieds et les poings et l'on fit chauffer la fournaise sept fois plus que l'on avait coutume de la chauffer ; ils furent jetés dedans avec leurs pantalons, leurs tuniques, leurs bonnets et leurs manteaux (précise l'écrivain qui se délecte manifestement de ce détail). Le feu était si ardent que les soldats qui avaient jeté les trois hommes dans les flammes prirent eux-mêmes feu et moururent consumés. Quel spectacle !

Le roi jeta alors le regard dans la fournaise et vit les trois hommes déliés en compagnie d'un quatrième qui marchait au milieu des flammes. Et ils sortirent du milieu du feu. Les satrapes, les intendants, les gouverneurs et les conseillers du roi virent que ces hommes n'avaient pas été touchés par le feu. «La chevelure de leur tête n'avait pas été roussie ; leurs manteaux étaient intacts et l'odeur du feu n'avait pas passé sur eux.» Nabuchodonosor loua le dieu de ces hommes et l'ange qui les avait délivrés ; il n'apprit rien à propos de l'amour de Dieu, il ne sut pas que Dieu est unique, même si

---

« Ceux qui sont encore dans un état d'innocence ne s'attribuent à eux-mêmes aucun bien, mais les considèrent comme des cadeaux, car ils sont conscients de tout recevoir de Dieu ; car ils ne souhaitent qu'être conduits par Lui et non par eux-mêmes ; car ils aiment tout ce qui est bien et trouvent leurs délices dans tout ce qui est vrai... C'est ça, aimer le Seigneur.»

EMMANUEL SWEDENBORG,
Memorabilia.

on le vénère sous de multiples noms. Le roi promulgua immédiatement un décret selon lequel quiconque parlerait avec insolence contre le dieu des trois saints juifs serait mis en pièces et sa maison transformée en cloaque ; car il n'y a pas d'autre dieu qui puisse délivrer ainsi.

✤

A ce récit, nous nous rendons bien compte que les conteurs disent des fables et que, de surcroît, ils ont un but en tête : montrer que les anges récompensent ceux qui sont fidèles à Dieu. Les anges cités précédemment dans l'Ancien Testament ne s'occupaient pas de récompense. Ils se manifestaient pour apporter telle ou telle nouvelle, ou détruisaient telle ou telle ville ; ils protégeaient et surveillaient telle personne, homme ou femme (le plus souvent, un homme). Mais ils n'avaient que faire de récompenser les gens pour leur adhésion à la foi. Peut-être pareille histoire n'était-elle pas nécessaire avant que les mœurs se relâchent et que les souvenirs s'estompent sous l'influence du luxe babylonien ; autre hypothèse : cette nouvelle tâche fut confiée aux anges avec le passage du temps.

La même force ressort de l'histoire de Daniel dans la fosse aux lions ; cet épisode est plus doux et plus tendre car le roi Darius était quelqu'un de plus raffiné que Nabuchodonosor. Le livre de Daniel est le seul, dans tout l'Ancien Testament, qui cite des noms d'anges : Gabriel et Michel. C'étaient des «veilleurs» et ils apparurent à Daniel lors de plusieurs visions ; mais l'ange qui «avait fermé la gueule des lions» reste dans l'anonymat.

Depuis l'épisode de la fournaise, plusieurs changements de pouvoir s'étaient succédé. Nabuchodonosor était mort et son petit-fils (qui, on s'en souvient, avait vu l'écriture sur le mur et demandé à Daniel, ce saint prophète, ce voyant, cet homme qui marchait main dans la main avec Dieu, de l'interpréter pour lui), Belshassar, avait perdu son empire, conquis par Cyrus. Le successeur de ce dernier, Darius, était âgé d'environ soixante-deux ans quand il prit le pouvoir en 522 avant notre ère ; et Daniel, qui avait enterré quatre potentats orientaux, était désormais l'un des trois ministres qui dépendaient directement de Darius et avait autorité sur les cent vingt princes du royaume. Sur ces trois ministres, Daniel était le préféré de Darius : «car il avait en lui un esprit extraordinaire».

Ainsi, tous les ministres du royaume, les intendants et les satrapes, les conseillers et les gouverneurs obtinrent par la ruse que le roi signe un rescrit en vertu duquel, pendant trente jours, nul ne pourrait invoquer de dieu ni de roi si ce n'est Darius en personne ; quiconque violerait ce décret serait jeté aux lions, ce qui était parfaitement possible car, à l'époque, les satrapes orientaux gardaient dans des zoos des animaux sauvages rares tout comme, de nos jours, les potentats contemporains font collection d'œuvres d'art. Darius, bousculé par toutes sortes d'affaires, signa le rescrit sans réfléchir que, selon la loi inflexible des Mèdes et des Perses, ce décret était irrévocable : nul document signé de la main du roi ne pouvait être abrogé.

Lorsque Daniel sut que le rescrit avait été signé, il entra dans sa maison, ouvrit les fenêtres donnant sur la rue et pria à haute voix trois fois par jour à genoux, remerciant Dieu comme il le faisait auparavant.

Naturellement, les ennemis de Daniel se précipitèrent chez Darius pour lui annoncer que Daniel invoquait quelqu'un d'autre que le roi et que, par conséquent, il devait être jeté aux lions. Darius fut horrifié et se fit les plus vifs reproches. Il fixa son attention sur Daniel et, jusqu'au soir, il s'efforça de le sauver : mais il n'avait pas le pouvoir d'abroger la loi, il ne put que le constater. Avec regret, il ordonna le soir même que Daniel fût jeté dans la fosse aux lions, tout en lui disant :

– Ton Dieu, que tu sers avec constance, lui te délivrera...

Darius passa la nuit au palais à jeûner et à prier ; le sommeil le fuit jusqu'à l'aube. Il se leva au petit matin et alla en hâte jusqu'à la fosse aux lions où il constata que Daniel était toujours vivant. Alors, il fit jeter dans la fosse aux lions les conseillers qui l'avaient manipulé ainsi que leurs femmes et leurs enfants : le châtiment était peut-être excessif mais, comme le RMI n'existait pas à l'époque, c'était peut-être un service à leur rendre ; et les lions les dévorèrent tous. Le roi ordonna alors à tous d'adorer le dieu de Daniel, qui pouvait

Daniel dans la fosse aux lions.
D'un commentaire du Livre des Révélations
par le moine espagnol Beatus (vers 978).

accomplir pareil miracle. La prospérité de Daniel se confirma pendant tout le règne de Darius et celui de son successeur :

> *« Mon Dieu a envoyé son ange ; il a fermé la gueule des lions et ceux-ci ne m'ont fait aucun mal.»*
>
> *Dan, VI: 22.*

✤ 2 ✤

Les anges sont fréquemment cités dans la tradition judaïque. Ces récits font allusion à quatre anges qui entourent le trône de Dieu, ils donnent même leurs noms :

Raphaël
Gabriel **Trône** Michel
Uriel

Uriel porte aux hommes la lumière de la connaissance de Dieu ; c'est l'interprète des prophéties, l'ange du châtiment. Son nom signifie «lumière de Dieu» et, dans «Paradis perdu» de Milton, il est nommé régent du soleil.

Gabriel est l'ambassadeur en chef auprès de l'humanité. Son nom signifie «héraut de Dieu». C'est l'ange de la révélation. Il est majestueux, richement vêtu et, d'après l'iconographie chrétienne, se tient à genoux devant Marie, les mains

---

> *« ... la nuit de la Destinée vaut mieux que mille mois. Les Anges et l'Esprit y descendent avec la permission de leur Seigneur...»*
>
> *Coran, XCVII.*

croisées sur la poitrine ou portant un parchemin, un sceptre ou un lis.

C'est l'ange Gabriel qui apporte les bonnes nouvelles. C'est ce même Djibril, nom islamique de Gabriel, «l'esprit fidèle», qui apporta à Mahomet sa révélation en pure langue arabe lors de sa «nuit de puissance et de gloire». Gabriel, l'ange judaïque du jugement, devint pour les chrétiens l'ange de miséricorde. Il est fait de feu.

Michel est le prince des armées célestes ; en dépit du fait que les archanges se trouvent à l'avant-dernier rang de la hiérarchie céleste, Michel est le commandant en chef de l'armée. Son nom signifie «qui a l'air comme Dieu» ou «qui est comme Dieu». Il est fort, jeune et beau ; les peintures de la Renaissance le représentent en armure. C'est le protecteur de l'Eglise catholique, ainsi que le saint patron de la nation des Hébreux. Bien que la Bible ne le dise pas, la tradition populaire veut que ce soit Michel qui ait libéré Pierre de sa prison et l'ait guidé jusqu'à la sortie, au milieu des gardes. Michel apparut en compagnie de Gabriel au prophète Mahomet. De même que les grands yogis et saints sont capables de léviter et d'apparaître à plusieurs endroits en même temps, Michel peut se trouver simultanément dans trois des sept ciels. Nous ne savons pas grand-chose de ces divisions du paradis, qui remontent à l'origine du zoroastrisme ; nous savons néanmoins que saint Paul fut enlevé au troisième ciel et que le sommet est le «septième ciel». Michel est fait de neige.

Raphaël est un séraphin, et c'est aussi le chef des anges gardiens, l'ange de la providence qui veille sur toute l'humanité. Son nom signifie «divin guérisseur» ou «Dieu guérit». On le représente souvent en compagnie d'un jeune homme, Tobie, et de son chien : il voyage avec eux et les accompagne aussi fidèlement que le compagnon céleste que l'on trouve dans les contes de fées. Il s'occupe tout particulièrement des pèlerins : non seulement ceux qui sont en voyage, mais tous ceux dont la démarche conduit à Dieu. Par conséquent, il marche avec un bâton, des sandales, une gourde et une besace retenue par une bandoulière autour de son épaule. C'est un être bienveillant. Voici la description que Milton donne de Raphaël dans «Paradis perdu» :

> *« Couché en position de vol, il se déplace à toute vitesse à travers la vastitude du ciel éthéré. Il vole à tire-d'aile d'un monde à l'autre avec ses ailes étendues ; tantôt on l'aperçoit dans les vents polaires, tantôt d'un coup d'ailes il file en sifflant jusque dans l'air moite.»*

Voici donc cités les quatre premiers, les quatre archanges. En outre, la légende et la tradition mystique juives veulent qu'il existe des centaines d'autres anges ; certains portent des centaines de noms différents dont nous reparlerons plus loin.

✤

L'Islam connaît également de nombreux anges et les appelle chacun par son nom. Ils gardent les entrées du paradis pour empêcher les démons, les djinns et les «shaitans» (mot arabe duquel vient «Satan») d'écouter aux portes.

Israfil, «le brûlant», est l'ange du jour du jugement. Il rend gloire à Allah dans un millier de langues et Allah crée à partir de son haleine un million d'autres anges pour lui rendre gloire. Chaque jour et chaque nuit, Israfil baisse les yeux sur l'enfer et sanglote avec une tristesse telle que ses larmes «inonderaient la terre si Allah ne les étanchait pas». Israfil est également l'ange de la musique ; sa trompette ou corne, en forme de corne d'animal, contient de petits habitacles comparables aux alvéoles que construisent les abeilles : c'est dans ces cellules que reposent les âmes des morts.

Tobie et l'ange Raphaël.
Filippino Lippi, XVe siècle.

> *« Nul ne chante si étrangement bien que l'ange Israfel, et les étoiles irrésolues (au dire des légendes) cessant leurs hymnes se prennent au charme de sa voix, muettes toutes.»*
>
> EDGAR ALLAN POE,
> *Israfel.*

Mika'il (Michel) fut créé par Allah cinq mille ans après Israfil. Il a une chevelure couleur de safran qui descend jusqu'à ses pieds, et des ailes de topaze verte. Chacun de ses cheveux a un million de visages, et chaque visage a un million d'yeux d'où s'écoulent soixante-dix mille larmes. Ces dernières deviennent les chérubins, qui se penchent sur la pluie, les fleurs, les arbres et les fruits. Mika'il a un million de langues dont chacune parle un million de langages. Mika'il ne rit pas.

Djibril (Gabriel) fut créé cinq cents ans après Mika'il. Il a mille six cents ailes et des cheveux couleur de safran. Le soleil est entre ses yeux. Chaque jour, il plonge trois cent soixante fois dans l'océan et, quand il en ressort, un million de gouttes d'eau tombent de chacune de ses ailes pour devenir des anges qui chantent la louange d'Allah. Quand il apparut au prophète lors de la nuit de puissance et de gloire pour lui révéler le Coran, ses ailes étendues s'allongeaient de l'ouest à l'est, ses pieds étaient jaunes, ses ailes vertes et il portait autour du cou un collier de rubis. Son visage était d'une splendeur glorieuse. Entre ses yeux, il était écrit : «Il n'y a pas d'autre dieu que Dieu, et Mahomet est le prophète de Dieu.»

Azrael, ou Azaril, est l'ange de la mort. Pour les musulmans, c'est une autre forme de Raphaël. Il est voilé d'un million de voiles. Il a quatre visages, l'un devant lui, le deuxième sur sa tête, le troisième derrière lui et le dernier sous ses pieds. Il a soixante-quatorze mille ailes et son corps est couvert d'yeux. Quand l'un de ses yeux cligne, une créature meurt. Il est plus vaste que les cieux. Il a le monde entre ses mains comme un plat dont il peut manger chaque fois qu'il le dé-

L'ange Israfil, ange de musique.
Enluminure d'un manuscrit islamique.

sire ; par conséquent, l'ange de la mort change le monde tantôt d'une façon, tantôt d'une autre. Il est assis sur un trône au sixième ciel.

Le Coran cite également par leurs noms ***Harut*** et ***Marut***, qui cédèrent à la tentation du péché de la chair ; il cite également ***Malik***, l'ange qui veille sur l'enfer. De surcroît, dix-neuf anges montent la garde aux portes de l'enfer. Ils se nomment les «violents pousseurs» (al-Zabaniya), mot utilisé exclusivement dans ce contexte. Ils sont réputés «brutaux» et «violents». Ceux qui sont torturés en enfer appellent le gardien de l'enfer : «O Malik !»

Dans le Coran, ***Isa*** (ou Jésus) se tient très près d'Allah en compagnie des anges et il est lui-même de nature semi-angélique.

✤

Les anges de l'Islam, les «malaïka» – ce qui veut dire messager –, sont les tuteurs de l'humanité : ils consignent par écrit tout ce que font les hommes. Cependant, dans un passage du Coran, il est écrit que cette rédaction est faite par Allah lui-même. La tradition dit qu'ils sont constitués de lumière, tandis que Satan (ou Iblis) et tous les démons et les djinns ont été créés avec du feu. Cependant, il n'est pas dit dans le Coran de quoi les anges sont faits ; comme le feu et la lumière sont de nature si proche qu'ils peuvent se changer l'un dans l'autre et s'engendrer réciproquement (la lumière produit le feu et vice versa), il ne nous reste qu'une triste certitude : celle que seul Allah connaît la vérité.

Comme les anges chrétiens, les anges de l'Islam ne sont pas décrits comme des êtres de sexe masculin ou féminin ; si c'est néanmoins le cas (comme le pensent certains), les anges ne peuvent en profiter. A cet égard, les hommes ont un potentiel de perfection supérieur à celui des anges (qui sont au-dessus de nous) car nous devons apprendre à maîtriser notre concupiscence.

« Trois fois, il essaie de commencer ; trois fois, en dépit de sa fierté,
Des larmes telles que les anges ne peuvent pleurer
Eclatent.»

JOHN MILTON,
Paradis perdu, I.

CHAPITRE V

Du fracas du tonnerre

✣ 1 ✣

Comment se fait-il que les anges aiment tant se déguiser ? On dirait qu'ils adoptent n'importe quelle forme que la personne à qui ils rendent visite est disposée à accepter ; parfois, ils n'ont pas de forme du tout. Un simple rêve, une pensée, une vague de puissance, le sentiment d'être guidé. Ils n'ont jamais l'air d'être bien loin des événements naturels. Cela explique pourquoi il est si facile de se faire une raison quant à leurs apparitions ; voilà pourquoi les sceptiques parviennent si aisément à blinder les couloirs de leur intellect contre ces intrusions inexplicables : les rationalistes posent en effet comme hypothèse que tous les événements, autant qu'ils soient, peuvent et doivent s'expliquer de façon naturelle.

Et voilà précisément ce qu'il y a de plus miraculeux avec les anges ! C'est que les mystères sont présentés aux sceptiques de façon si banale, quotidienne et raisonnable qu'ils ne risquent pas de déranger car, bien évidemment, les sceptiques ne font jamais l'expérience du divin, ni même du mystère. La règle est en effet la suivante : nul ne reçoit davantage d'information qu'il n'en peut supporter. C'est pourquoi les anges transmettent leurs messages sous la forme – et même dans le dialecte – que chaque destinataire peut entendre.

De même, les personnes profondément religieuses ou versées dans les choses spirituelles peuvent avoir des visions ou pas, suivant leur croyance et, peut-être, l'ouverture de leur cœur. Mais même dans ces circonstances, il est frappant de constater le fait extraordinaire suivant : ces apparitions, ces éclairs de compréhension venus d'en haut sont en parfait accord avec l'éducation et les convictions du destinataire. Il est rare qu'un hindou ait une vision du Christ, ou qu'un protestant rêve de Bouddha ; toutefois, aussi étrange que cela puisse paraître, ça arrive.

Une juive de mes amies, à sa grande horreur et à sa grande confusion, persistait à voir Jésus-Christ, entouré de tout le symbolisme chrétien, chaque fois qu'elle fumait de la marijuana ; par l'obscurité d'une fenêtre, elle entrevoyait le visage du Christ, ou une croix éblouissante : cela a changé sa vie. Je connais personnellement une autre dame, élevée dans la religion épiscopalienne, qui eut un jour une vision si bouleversante qu'on la prit pour folle. Elle était en train de rouler sur une autoroute, le New Jersey Turnpike, quand elle fut terrassée par sa révélation, comme Saül jeté à bas de son cheval et rendu aveugle sur le chemin de Damas. La police la récupéra alors qu'elle conduisait sur l'autoroute à contresens. Elle avait vu des mondes inconnus, expliqua-t-elle, et quand elle se remit des résonances de sa transe, elle modifia de façon radicale son vêtement, son régime, ses désirs et ses prières ; elle partit pour l'Inde et devint une prêtresse hindoue. Elle dirige à présent un ashram sur la côte de Coromandel.

Son histoire est d'autant plus intéressante qu'elle est rare. Les anges et les dieux se manifestent habituellement dans le cadre culturel familier aux personnes auxquelles ils apparaissent.

✤

Ils se manifestent à certaines personnes sous forme d'animaux. Elie, dans le désert, fut nourri par des corbeaux : ces oiseaux volaient jusqu'à lui matin et soir pour lui apporter une pitance envoyée par Dieu. S'agissait-il d'anges ?

Chez les Indiens d'Amérique du Nord, de grands oiseaux ailés, aigles ou corbeaux, aident l'humanité d'ici-bas, lui jouent des tours, la soignent, mettent le feu ou apportent des messages divins. En outre, les «familiers», dont certains sont ailés et d'autres pas, circulent en toute bienveillance : ils les protègent du mal et les aident au moyen de pratiques chamaniques.

> Je regardai en direction des nuages : deux hommes descendaient la tête la première comme des flèches ; tout en descendant, ils chantaient un chant sacré et le tonnerre roulait comme un tambour. Je vais chanter ce chant pour vous. Le chant et le roulement de tambour donnaient ceci :
>
> *« Voici qu'une voix sacrée t'appelle ;*
> *dans tout le ciel une voix sacrée appelle.»*
>
> ELAN NOIR PARLE.

Patti Lipman, une ancienne anthropologue, a étudié les Indiens de la côte nord-ouest au Smithsonian. Elle s'est toujours senti une affinité pour les corbeaux : il leur arrive de vous railler, de vous taquiner, affirme-t-elle. Ils éloignent les prédateurs. Ils sont intelligents, et peuvent s'apprivoiser. Le corbeau est le totem de Patti. Quand elle est en difficulté, elle cherche à apercevoir un corbeau et, si elle y parvient, elle sait que tout va s'arranger : ce sont ses anges à elle.

Un hiver, elle eut un accident de ski à Vail : elle s'écrasa contre un arbre, se cassa plusieurs côtes et se blessa gravement des nerfs à la main et au coude droits. Chaque année, trois ou quatre champions de ski se tuent en s'écrasant contre des arbres. Ce genre d'accident, à haute vitesse, est généralement mortel.

Une fois ramenée chez elle, elle resta seule toute la journée à récupérer et la douleur, raconte-t-elle, était intolérable ! Elle était assise sur le sofa, dans son appartement, regardant la télévision avec sa télécommande à la main. Elle ne pouvait tenir debout. Elle se plaignait : «Pourquoi ? Pourquoi, ô Dieu, cela m'arrive-t-il à moi ?» Elle aperçut alors deux corbeaux sur un toit à proximité. Ce fut pour elle une surprise car on n'en voit guère à Vail. Ils vinrent se poser sur la balustrade de son balcon et elle entendit une voix, aussi claire que le cristal :

– Mais, Patti, nous t'avons sauvé la vie !

Plus loin dans ce livre, je vous raconterai ma propre rencontre avec un cygne.

Autre histoire : l'écrivain Hope MacDonald narre l'histoire de la jeune Laurie qui, un soir, aperçut dans le bus un homme d'allure suspecte qui la filait. Elle fut terrifiée et commença à prier. A son arrêt, un gros chien blanc, un berger des Pyrénées, attendait la jeune fille debout au bord du trottoir ; l'animal vint mettre sa tête sous la main de Laurie et marcha à ses côtés jusque chez elle. L'homme n'insista pas et prit le large. A la porte de la jeune fille, le chien disparut.

Les gens qui vivent proches de la terre savent qu'il y a des esprits partout : ils vivent dans les pierres et les rochers, dans les arbres et les rivières, dans les animaux et les buissons du désert. Le divin se manifeste à chaque pas, pourquoi pas des gardiens marchant à nos côtés ? Pourquoi de simples nomades, innocents comme des enfants, ne feraient-ils pas confiance à leurs sens ?

> *« Dans ce monde, nul n'est seul ; par l'effet d'une loi divine, toutes les choses se mêlent les unes aux autres.»*
>
> PERCY BYSSHE SHELLEY,
> *Philosophie de l'amour.*

Les gens qui vivent proches de la nature lui sont attachés. L'idée suivant laquelle toutes les choses sont liées ne peut être écartée. Pas plus que la mort, que l'on croise à chaque instant à la campagne. Vous la rencontrez chaque jour : il meurt des canards, des porcs, des serpents, des poissons, des chats, des chevaux de course et des grands chiens de chasse, il meurt des bébés, des membres de la famille. En vivant dans le silence, en ermite solitaire loin des centres urbains, on acquiert la même vision que les mystiques, on apprend à entendre avec une oreille plus fine, jusqu'à prendre conscience que l'on fait partie de ce miracle simple de la vie et de la mort, de la croissance et du déclin. Cela prend des jours, des mois, des années même. Les moines, les ermites, les chamans, les rishis et tous les saints recherchent cette solitude et ce temps réservé à la prière (intolérable labeur...) car c'est pour eux le seul chemin de l'expérience directe de Dieu.

« Tais-toi, et sache que je suis Dieu !»

Quand vient cette expérience, nous en sommes transformés !

> ***« Le monde est chargé de la grandeur de Dieu, il flamboiera comme une tôle de métal que l'on secoue.»***
>
> GERALD MANLEY HOPKINS,
> *Grandeur de Dieu.*

En 1853, le chef indien Seathl, de la tribu des Souwamiches, écrivit au président des Etats-Unis, Franklin Pierce :

« L'homme blanc doit traiter les animaux sauvages de ce pays comme des frères. Je suis un sauvage et je ne connais pas d'autre façon de faire. J'ai vu des milliers de bisons pourrissant dans la prairie ; c'est l'homme blanc qui les avait laissés là après les avoir abattus d'un train qui passait. Je suis un sauvage et je ne comprends pas pourquoi le cheval

de fer qui fume doit avoir davantage d'importance que le bison que nous ne tuons que pour survivre.
Que devient l'homme sans les animaux sauvages ? Si tous les animaux sauvages disparaissaient, l'homme mourrait en grande solitude spirituelle. Car ce qui arrive aux animaux sauvages bientôt arrivera à l'homme. Toutes les choses se tiennent... Ce qu'il advient de la terre adviendra bientôt aux fils de la terre.»

> ***« Si nous avions une vision, une perception fine de toute vie humaine ordinaire, cela équivaudrait à entendre l'herbe pousser, à entendre battre le cœur de l'écureuil : nous mourrions d'entendre ce rugissement qui résonne de l'autre côté du silence.»***
>
> GEORGE ELIOT,
> *Middle March.*

✤ 2 ✤

Dans la Babylone antique, le peuple adorait tout un panthéon de divinités : des hommes-taureaux ailés, un dieu du nom de Nébo, un autre dieu en forme de lune et un certain nombre de *sukalli* ou anges messagers, fils des dieux. C'est Zoroastre qui introduisit le monothéisme et transforma les anciens dieux babyloniens et assyriens en archanges ; ce concept a ensuite été irrévocablement transmis au judaïsme, puis au christianisme. A l'époque de la déportation des juifs à Babylone, le zoroastrisme avait consolidé son emprise sur l'empire. C'était la religion officielle du roi Darius et toutes les traditions contemporaines concernant les anges remontent peu ou prou à cette influence de Zoroastre.

Ce Zoroastre, ou Zarathoustra (ce qui signifie «riche en chameaux»), vécut entre l'an 1000 et l'an 600 avant notre ère. Il était né en Médie et déploya son activité en Bactriane ; c'était un prophète. Il professait une religion assez proche de l'hindouisme des védas, qui comportait l'adoration du feu, le sacrifice du bétail et, probablement, l'adoration de la grande déesse et de Ba'al, ou Ba'lim. Zarathustra chercha à mener le peuple vers un monothéisme moral. Comme devait le faire le Bouddha un demi-millénaire plus tard, Zarathustra insistait sur les bonnes pensées, les bons mots, les bonnes actions ; il enseignait que le monde est déchiré par une bataille perpétuelle entre le bien et le mal, et que nous sommes censés choisir entre l'un et l'autre.

Dans le zoroastrisme, le bien est le règne d'un dieu suprême, Ahura Mazda, le sage seigneur, la pure lumière suprême. Contre lui se déploie l'esprit du mal, Angra Mainyu, ou Ahaitin (Satan), l'esprit des ténèbres entouré par ses démons ou daevas. Mais Ahura Mazda est aidé par sept amesha spenta, qui sont des archanges ou de saints esprits émanant de lui et représentant les sept idées morales fondamentales. Ces sept anges ont porté successivement différents noms mais, suivant la nomenclature la plus répandue, on peut les traduire par : Bonne Connaissance (ou Sagesse), Vérité (ou Chemin), Piété, Salut, Immortalité (ou Délice dans la beauté), Obéissance, Bonne Chance méritée.

Chacun d'eux protège quelque chose : Sagesse est le protecteur de la terre ; Vérité est le protecteur du feu ; Délice dans la beauté est le protecteur des plantes et ainsi de suite.

Ashi le bon est l'ange des bénédictions ; c'est un être féminin (du mot Asha), il est la vérité, la justice, la vertu, la sainteté et l'ordre cosmique. Ahura Mazda comble de ses abondantes bénédictions (ashi) ceux qui suivent Asha, sa vérité, sa loi divine. Ashi est protégé et dorloté par ***Armaïti***, l'ange de la dévotion ou de l'amour de Dieu dans nos cœurs. Les trois frères et compagnons de jeux de cette jeune personne sont

Sraosha, l'ange de l'intuition divine, ***Rashnu***, l'ange de la justice, qui pèse les bonnes et mauvaises actions des âmes à leur mort, et ***Meher***, l'ange de la lumière et de la merci, qui soutient et réconforte l'âme pendant cette terrible épreuve.

En outre, il existe également un certain nombre d'anges ou *yazatas*, dont ***Psychopompe***, l'escorte céleste, le seigneur du monde matériel ; il y a aussi ***Vata***, qui règne sur l'air et les vents ; ***Mithra*** aux dix mille yeux, qui deviendra plus tard le dieu perse de la lumière, un dieu à part entière. Dans le zoroastrisme, Mithra est le médiateur angélique entre le ciel et la terre, le juge et le protecteur du monde. Il est représenté sur les monuments antiques sous les traits d'un beau jeune homme qui enfonce un poignard dans le cou des taureaux ; son culte était célébré dans des catacombes souterraines avec des cérémonies comportant un baptême, l'ingestion de pain consacré et d'eau, et l'onction avec du miel.

Il semble que, jusqu'à l'époque de Zarathoustra, la divinité suprême – quel qu'ait été son nom – avait toujours contenu en soi à la fois le bien et le mal, indépendamment du concept de juste et de faux. Dieu jetait sur cette terre des événements perçus et nommés par le peuple bons ou mauvais mais qui ne l'étaient pas, ou contenaient en germe autant de bien que de mal. C'est à partir du zoroastrisme que se développa cette dualité qui nous est familière : dualité avec les bons anges d'un côté et les méchants démons de l'autre. Ils se livrent une bataille inégale, car le bien est assuré de la victoire finale.

En 330 avant notre ère, Alexandre le Grand faillit bien éradiquer le zoroastrisme. Mais ce fut la conquête musulmane de l'Asie Mineure, au septième siècle de notre ère, qui en détruisit les derniers restes à l'exception de quelques petites enclaves ; la majorité des Zoroastriens émigra en Inde au Xe siècle ; ils sont connus sous le nom de Parsi, petite secte qui survit jusqu'à aujourd'hui dans une stricte endogamie, et qui est donc en voie d'extinction.

Un être ailé s'agenouille à côté de l'arbre sacré.
Fresque du palais d'Assurnazirpal à Nimrud,
IXe siècle av. J.-C.

De nos jours, les Parsis ont été assimilés par leur environnement hindou dont ils ont adopté le vêtement et les coutumes. Ils sont encore deux cent cinquante mille environ, et vivent pour la plupart autour de Bombay.

Zarathustra écrivit vingt et un hymnes à ses anges. Voici deux chants tirés des *Gathas* de Zarathustra :

> *« Quand je Te garde devant mes yeux, alors je Te comprends dans mon esprit, ô Mazda ; Tu es le premier et le dernier, de toute éternité, le père de Vohu Mana, l'esprit bienveillant ; Tu es le vrai créateur d'Asha, la loi divine et le Seigneur de toutes les actions de la vie.*
>
> *Yasna, 31,8.*

> *« Elle (Armaïti, l'ange de la dévotion à Dieu) nous donnera certes une bonne protection... Elle l'aimée de Vohu Mana (l'esprit bienveillant). Par conséquent, c'est pour elle que Mazda Ahura... a fait fleurir toutes plantes à l'aube primordiale de toute vie.»*
>
> *Yasna, 48,6.*

✤

Il y a quatre ou cinq mille ans, les Aryens, ou Indo-Européens, s'installèrent en Iran et en Inde. Leur dieu suprême était Dyeus (mot devenu par la suite Zeus, Deus, Dieu et tant d'autres mots). Dyeus était l'éblouissant dieu du ciel, le dispensateur de la pluie qui écrase ses ennemis sous la

---

> *« Où est-ce que tu étais quand je fondai la terre ?... tandis que les étoiles du matin chantaient en chœur et tous les fils de Dieu crièrent hourra ?»*
>
> *Jb 38: 4 et 38: 7.*

foudre. Son divin conjoint était la mère Terre ; autour d'eux tournaient les autres dieux : le soleil, la lune et l'aurore. Ces peuples primitifs adoraient le feu ainsi qu'une quantité de *devas* et de divinités naturelles. Le mot *deva* signifie «celui qui brille» : mais à l'époque, ces êtres n'étaient pas exactement pris pour des anges, pas plus qu'on ne les prend pour des anges en Inde aujourd'hui.

Existe-t-il des anges dans la religion hindoue ? Je n'ai jamais pu obtenir une réponse par oui ou par non. En effet, les anges apparaissent le plus souvent dans les religions monothéistes, qui ont besoin d'un intermédiaire entre le monde humain et une divinité distante, lointaine. Dans les religions polythéistes, ce sont les dieux eux-mêmes qui apparaissent. En Inde, les gens ne voient pas d'anges, ils voient Dieu, tout comme les plus grands mystiques chrétiens : sainte Thérèse, saint Jean de la Croix ou Julien de Norwich ne parlent guère des anges mais beaucoup du Christ ; en effet, c'est Dieu lui-même qui leur apparaît et qu'ils adorent. Les anges sont pour eux accessoires.

« Dieu seul suffit. »

SAINTE THÉRÈSE D'AVILA.

Il m'est arrivé de demander à un grand professeur hindou si les anges apparaissaient dans la pensée hindoue. Au lieu de me donner une réponse, il me parla du Dieu tout-puissant, le créateur qui dépasse nos chétives imaginations :

– Dieu est connaissance absolue, sagesse absolue, amour absolu. Il est connu sous des milliers de noms, mais il n'est que l'Unique. Dans la divinité, il n'y a ni juste ni faux, mais seulement pur être. Sans limite et sans forme, Dieu n'en veut pas moins établir une relation avec l'humanité et, comme il ne peut être vu sans adopter une forme, Dieu, dans son infinie compassion, prend un corps pour se manifester à son adorateur.

– Cette concrétisation de Dieu, continua le professeur, nous arrive sous forme d'énergies ou *shaktis*. Souvent, la *shakti* se manifeste sous la forme d'une déesse, ou dévi, telle que Parvati (une dévi, à propos, ne doit pas être confondue avec le masculin déva qui est, en Inde, un esprit naturel secondaire et qui, à partir de Zoroastre et dans tout le folklore perse subséquent, était nommé *daeva*, *div*, *djinn* ou démon). Durga est la plus grande des shaktis mais il y a aussi Kali, qui apparaît nue sous la forme d'une sorcière à visage noir, toute souillée de sang et tirant la langue. Ce n'est pas l'image habituelle que nous avons d'un ange. Dans ses quatre mains, Kali tient respectivement un sabre, un bouclier, la tête d'un géant et un nœud coulant. Elle porte un collier de crânes et danse dans un état de transe mystique si puissante et échevelée qu'elle écrase sous ses pieds la tête de son propre mari ; horrifiée par son impétuosité aveugle, elle le ressuscite tendrement. Elle boit le sang des démons. Elle est l'un des innombrables aspects de Dieu.

Il y a d'autres *dévis* encore : Lakshmi ou l'abondance ; Surasuti, une *shakti* blanche et paisible. Les *shaktis* sont toutes de nature féminine, elles représentent la manifestation de Dieu sous forme féminine et le *yogi*, le saint mystique, obtient la libération et la sagesse en se laissant aimer physiquement et spirituellement par cette *shakti*, ou *dévi*, cette déesse en personne. Je reviendrai plus loin sur ce point de l'union sexuelle, mais nous trouvons un langage analogue dans le christianisme : quand une sainte se jette sous les flèches de l'amour de Dieu, elle appelle le Christ son époux, elle se nomme elle-même l'épouse dont il fait ses délices.

> « *Dans le pèlerinage de l'esprit, c'est la forte et constante aspiration à rencontrer Dieu face à face qui est la clé de tout, le commencement et la fin.* »
>
> DILIP KUMAR ROY,
> *Pèlerin des étoiles.*

Les *dévis* n'ont apparemment pas de rôle de messager mais les hindous reconnaissent l'existence d'êtres ailés, les *kinpuru'sh*, adorateurs qui volettent autour des dieux et pourraient bien, en quelque sorte, être des anges. Ils vivent aux mêmes endroits que les dieux mais sur un autre plan de conscience ; je ne puis vous en dire plus long sur ce que tout cela signifie ni sur ce que font précisément les *kinpuru'sh*.

Et puis, il y a également les *apsaras*, ces belles «geishas» qui ravissent les dieux avec leur musique, leur danse, leur adoration, leur volupté érotique et sexuelle. Les *apsaras* furent créées pour faire l'amour. Elles dispensent à la perfection toutes les délices de l'union charnelle et forniquent interminablement avec leurs amants. Généralement, les *apsaras* résident au paradis. Il arrive néanmoins, à l'occasion, que les dieux les envoient pour séduire et distraire les hommes qui perturbent la paix de l'univers (et nous ne pouvons qu'espérer qu'elles soient envoyées plus fréquemment). Les *apsaras* adorent adorer et adorent que leur adoration soit adorée. Elles adorent donner le plaisir et ces divines amoureuses peuvent exprimer ce pour quoi elles ont été créées sans les limites intempestives que sont les sécrétions naturelles du corps humains, les pertes menstruelles, la souffrance ou encore la grossesse, la naissance ou l'allaitement. Si elles furent autrefois des anges, les *apsaras* n'ont désormais plus droit à ce titre.

– Y a-t-il des anges dans la pensée religieuse hindoue antique ? insistai-je.

– Oui ! finit par répondre le maître.

Mais il ne sut retrouver leurs noms. Il me fit part de quelques réflexions sur le concept persan de feresh'ta, ces conseillers spirituels ailés qui louent Dieu et lui rendent gloire aussi bien dans l'histoire que dans les arts.

– Et pourtant, continua-t-il, les anges abondent dans les pratiques hindoues modernes.

Y furent-ils apportés après la Renaissance par les marchands occidentaux et les missionnaires portugais ?

✤

Comme les anges chrétiens, les anges hindous modernes sont plus proches de Dieu que des hommes, mais ils honorent les saints hommes et les prophètes aussi bien que Dieu. Dans sa magnifique *Autobiographie d'un Yogi*, Paramahansa Yogananda raconte une visite qu'il fit en Inde à une sainte femme dans les années 1920. Celle-ci était la femme et la compagne, depuis leur jeune âge, du maître éclairé Lahiri Mahasaya ; elle raconta à Yogananda, qui était tout jeune à l'époque, le rêve qu'elle fit une nuit : elle avait vu sa chambre pleine d'anges. Ce rêve était encore très net dans sa mémoire bien des années plus tard. Elle s'était éveillée brusquement et avait vu la pièce inondée d'une lumière aveuglante : son mari, en méditation au centre de la pièce, lévitait ! Il ne touchait plus le sol ! Elle fut si stupéfaite qu'elle crut encore rêver ; tout autour de son époux se tenaient des anges, mains jointes, adorant l'extase du grand maître.

Lahiri Mahasaya adressa la parole à sa femme et lui dit qu'elle ne rêvait pas ; elle tomba à genoux, pleine de crainte respectueuse, et demanda humblement pardon à son mari : comment n'avait-elle pas su voir le saint qu'il était ? Il lui demanda d'exprimer également ses respects aux anges présents, qui lui retournèrent son salut avec un chœur unanime de voix célestes. Puis ils disparurent. La pièce retomba dans l'obscurité.

Elle devint disciple de son mari, et plus jamais ils ne couchèrent ensemble.

C'est là la dure conclusion d'une belle histoire. Un peu triste à notre point de vue, ce fait que les anges et la grande force spirituelle du mari aient fini par séparer ce que l'amour conjugal unissait. Voilà qui renforce toutes les raisons que nous avons de nous méfier du monde céleste. La peur...

Peur de perdre.

Peur de perdre quelque chose de bon.

Peur de ce qui n'est pas vraiment de notre monde.

J'ai cru bon de raconter quand même cette anecdote afin de montrer qu'apparemment les anges se manifestent dans les visions des hindous et, comme les anges chrétiens, chantent avec leur voix et vont jusqu'à rendre hommage (oui, je dis bien : «rendre hommage») aux hommes qui abandonnent leur vie à la force universelle. De surcroît, tout comme les anges chrétiens, ils ne sont jamais censés être adorés : il ne faut pas les confondre avec Dieu, mais ils ont néanmoins droit au respect.

> ***« La forme de l'homme est plus élevée que la forme de l'ange ; de toutes les formes c'est la plus élevée. L'homme est l'être le plus élevé de la création car il aspire à la liberté.»***
>
> PARAMAHANSA YOGANANDA,
> *Autobiographie d'un yogi.*

A la fin des années 1890, on demanda au grand saint indien, Sri Ramakrishna :

– Croyez-vous en Dieu, Monsieur ?

– Oui, répondit-il.

– Pouvez-vous prouver son existence, Monsieur ?

– Oui.

– Comment ?

– Parce que je le vois comme je vous vois, mais avec plus d'intensité.

PARAMAHANSA YOGANANDA,
Autobiographie d'un yogi.

✣ 3 ✣

En Malaisie, on appelle «baisers d'ange» les taches de rousseur. Les taoïstes ne donnent pas aux anges une place officielle comme nous mais, si on entend par ange un esprit bienveillant, un être spirituel qui accompagne et adore une divinité suprême, alors les anges représentent un thème récurrent des religions chinoises et japonaises. Ce sont des êtres humains, devenus immortels en atteignant de tels sommets de clarté spirituelle qu'ils ne meurent jamais. Ils sont classés comme des «dieux» (en chinois, *shen*), mais restent subordonnés au véritable Dieu et en relation étroite avec le monde des hommes. Comme les anges, ils ont le pouvoir de voler, de voyager d'un monde à l'autre, d'accomplir des miracles, de soigner, de chasser les démons et d'enseigner. Comme les anges, ils apparaissent sous forme humaine ou animale pour aider et conseiller ; et, comme les anges, ils constituent eux-mêmes un message. Cependant, tout cela a également été fait par des saints...

En fait, plus nous nous éloignons de la Perse en direction de l'Extrême-Orient, plus floue devient la notion de ce que sont, au juste, les anges. Dans le bouddhisme, les *bodhisattvas*, c'est-à-dire les futurs Bouddhas, sont également assimilés aux anges car ils ont eux aussi, comme les immortels, choisi de descendre ici-bas pour nous guider et nous conduire vers l'illumination. Dans chacun de ces êtres réside l'énergie de Dieu, que l'on appelle un *dakini*, ou ange, et qui correspond au *shakti* hindou. Il y a une légère différence entre les *bodhisattvas* du bouddhisme et les immortels du taoïsme. Dans le taoïsme, l'immortalité existe dans notre monde physique : le corps ne meurt pas, et il y a pour ces êtres tout un catalogue de noms puisés dans un méli-mélo de légendes et de folklore où se confondent les traditions bouddhiques authentiques et les pratiques chamaniques locales.

Dans le bouddhisme, par ailleurs, les *bodhisattvas* sont des êtres élevés qui ont accompli leur salut (c'est-à-dire qui ont eu la possibilité de quitter le cycle des réincarnations) et ont choisi, à cause de leur immense amour et de leur grande compassion, de revenir sur terre pour nous enseigner et nous guider, nous les mortels.

Les *bodhisattvas* font l'amour et goûtent les délices du monde spirituel, mais ils sont également les agents du divin. Non seulement ils exécutent des tâches angéliques (apportant guérison, conseils, récompenses et punitions aux êtres humains) mais ils guident également les âmes des mourants jusqu'à la place qui leur revient dans l'au-delà. En revanche, ils ne prétendent pas à l'immortalité physique des immortels du Tao : quand leur temps est achevé, ils meurent, tout comme le Bouddha. Ils s'acheminent paisiblement vers une mort sereine à un âge avancé et meurent comme ils ont vécu, dans la sérénité ; ils échappent totalement à la violence et ne sont jamais (contrairement aux chrétiens) martyrisés ; ils n'ont pas à souffrir pour leur dieu. Parfois, leur dépouille échappe à la putréfaction.

Ceux qui ont rencontré un Bouddha vivant en Chine ou au Tibet parlent d'une aura de paix et d'énergie : ces saints dégagent une impression de chaleur et d'amour. Certains témoins voient une lumière briller à travers la peau du Bouddha.

Y a-t-il des anges pour servir les *bodhisattvas* ? Dans un bronze du Musée Métropolitain d'Art à New York, on voit un bodhisattva entouré de divinités ailées qui volent dans la joie et l'admiration. Aussi bien les immortels que les *bodhisattvas* peuvent quitter leur corps, léviter et intervenir à plusieurs endroits simultanément ; ils peuvent également survivre des semaines entières sans nourriture, comme s'ils n'avaient plus de besoins physiques. Cependant, je dois reconnaître que ces privilèges sont partagés par les saints de toutes les civilisations, par tous ceux qui consacrent leur vie et leur volonté aux soins d'un dieu aimant.

Voici par exemple un récit concernant les ermites chrétiens des IVe et Ve siècles. Un jour, un magistrat se présenta à Péluse pour taxer les moines, comme s'il se fût agi d'un groupe séculier. Sa visite jeta la consternation dans le monastère, car la séparation de l'Église et de l'État existait déjà à l'époque. Les moines songèrent à solliciter une audience auprès de l'empereur pour demander justice mais leur saint abbé, Abba Ammonathas, leur dit de s'enfermer dans leurs cellules et de jeûner pendant deux semaines ; avec la grâce de Dieu, lui-même allait se charger de l'affaire. Ce qui fut dit fut fait. Au bout de cette quinzaine, les frères furent mécontents : le vieillard s'était seulement assis dans sa cellule, et n'avait rien fait concernant l'affaire. Le quinzième jour, les moines se réunirent comme convenu et le vieillard leur remit une lettre portant le sceau de l'empereur. Ce fut la stupéfaction :

– Où as-tu obtenu cela ? demandèrent-ils.

– Croyez-moi, répondit Abba Ammonathas. Je suis allé un soir voir l'empereur, et il a rédigé cette lettre ; ensuite, je me suis rendu à Alexandrie et je l'ai fait contresigner par le magistrat. Puis je suis revenu parmi vous.

> *« Par miracles nous n'entendons pas nécessairement des événements en contradiction avec la nature. Nous voulons simplement que, par nos propres moyens, nous serions incapables de les reproduire.»*
>
> C.S. Lewis,
> *Des miracles.*

4

Certains croient que les anges viennent à nous comme des «mânes», les âmes divinisées des esprits défunts ; dans maintes civilisations, on considère que les âmes des humains finissent par se transformer en anges protecteurs, les anges eux-mêmes étant susceptibles d'évoluer vers des formes de plus en plus élevées. J'ai entendu parler d'une Allemande qui eut un effroyable accident de la route dix jours après la mort de son mari : sa voiture fut écrasée entre un camion et un arbre mais, miraculeusement, elle et sa sœur réussirent à se glisser hors de l'épave : elles n'avaient rien. Cette dame attribue sa survie à la protection de son mari : cela ne faisait que dix jours qu'il était mort, et elle ressentit la présence du défunt de façon très intense sur les lieux de l'accident. Cette idée selon laquelle nos chers défunts veillent sur nous n'est pas neuve ; ils sont susceptibles de se réjouir de nos bonnes fortunes sur terre, quoiqu'il y ait des exceptions :

> *« Les mânes de mon fils souriront aujourd'hui*
> *Tandis que je paie dans le sang mes serments*
> *de vengeance.»*
>
> JOHN DRYDEN.

Je ne connais pas une seule civilisation, à la surface de la terre, où l'on ne croit pas à la survie des âmes après la mort. Selon moi, cette idée a été poussée à l'extrême par le culte des ancêtres dans le cadre du confucianisme. D'après cette croyance, un esprit continue à vivre pendant dix générations mais ses descendants doivent le maintenir en vie en l'honorant et en perpétuant sa mémoire. Et cela n'est pas une mince affaire : au bout de dix générations, vous avez 1024 ancêtres dont il faut vous occuper, auxquels il faut faire des offrandes et à la mémoire desquels vous devez brûler de l'encens. Progressivement, au fur et à mesure que les souvenirs s'estompent dans les mémoires, chaque esprit perd peu à peu sa forme, jusqu'à tout bonnement disparaître. Mais tant qu'il est en bonne santé et «vivant», cet esprit d'ancêtre s'occupe de ses descendants. Il n'est jamais représenté avec des ailes, ou descendant d'une divinité de plus haut rang. D'après ce que je crois comprendre, il est beaucoup plus proche de ses descendants que les «ombres» des Grecs de l'Antiquité, lesquels n'étaient assurés de l'immortalité que si les chants des bardes perpétuaient la mémoire de leurs hauts faits. Le fameux Achille de l'Iliade ne survit que dans la mesure où la mémoire de son héroïsme continue à toucher nos cœurs ; autrement, il ne resterait de lui qu'une triste ombre errant dans la grisaille de l'Hadès, assoiffée du sang des sacrifices.

A la différence des Chinois, les Grecs de l'Antiquité ne pouvaient avoir recours aux ombres d'Achille ou d'Agamemnon pour les secourir au moment des difficultés. La vie des pauvres humains était soumise à l'autorité distraite, voire aux intrusions, de tout un panthéon de dieux qui leur envoyaient des songes ou des visions, ou encore se manifestaient directement en tant que Zeus, Apollon ou Athéna. Les esprits des morts, quant à eux, étaient bel et bien morts.

On m'a raconté que, jusqu'au milieu du XXe siècle, les Esquimaux de la tribu des Copper, dans la partie centrale de l'Arctique canadien, croyaient que chaque enfant est sous la protection d'un esprit gardien individuel. Chaque bébé reçoit le nom de la personne de sa parenté qui est morte le plus récemment, et dont l'esprit est censé avoir pris possession du corps de l'enfant à sa naissance. Si l'esprit est celui de la grand-mère, on s'adresse au bébé sous le nom de grand-mère ; si c'est un oncle, sous le nom de l'oncle, et ainsi de suite ; l'enfant, au début, est en effet trop jeune pour avoir sa propre personnalité. De surcroît, le bébé est traité avec le respect qu'on accorde à un adulte. Il peut faire pratiquement tout ce qu'il veut, y compris par exemple jouer avec un couteau à dépecer ; nul n'y met le holà, car la grand-mère ou l'oncle savent parfaitement comment on se sert d'un couteau. Vers l'âge de six ans, l'enfant est assez grand pour que l'on commence à le punir : car il a désormais acquis sa propre personnalité et son propre nom.

L'esprit de l'ancêtre en question s'écarte sensiblement de l'idée que nous nous faisons d'un ange gardien car l'ancêtre quitte l'enfant quand celui-ci grandit.

Les Esquimaux adorent principalement la corneille et le corbeau, l'ours, la baleine, le phoque et un certain nombre de dieux mythiques qui se manifestent en tant qu'esprits de la nature, aident dans ses soucis la pauvre humanité et luttent contre les démons et esprits mauvais qui parcourent le monde à la recherche de personnes à posséder.

« La question est de savoir si l'homme est un singe ou un ange ; eh bien moi, je me range du côté des anges.»

BENJAMIN DISRAELI,
*dans un discours sur L'*Origine des espèces
de Charles Darwin.

CHAPITRE VI

De la bataille entre le ciel et les princes de l'enfer

« Qu'ils louent le nom du Seigneur,
Car il commanda et ils furent créés.»

Ps 148: 5.

✣ 1 ✣

Après avoir créé les anges, Dieu créa les hommes et ordonna aux anges de s'incliner devant l'humanité, de s'en occuper avec un soin révérencieux. D'après certains, c'est là ce qui entraîna la bataille des cieux et la chute de Satan car, jaloux et piqué dans son amour-propre, il refusa cette tâche. D'après d'autres, la chute des démons est largement antérieure à l'éveil d'Adam et Eve.

Cette histoire n'est pas racontée dans l'Ancien Testament, dont les livres ne citent ni chute des anges ni conflit dans les cieux : le Nouveau Testament, en revanche, comporte le livre de l'Apocalypse de saint Jean, écrit alors que l'évangéliste vivait sur l'île de Patmos (voir chapitre 12, versets 7 à 9) ; il raconte la guerre céleste au cours de laquelle Michel et ses anges combattirent contre le dragon, Satan, et sa horde malfaisante ; il raconte comment le serpent, le séducteur du monde entier, fut chassé sur terre et comment une pluie d'anges s'abattit sur le sol à cette occasion.

Dans l'évangile selon saint Luc, Jésus cite un événement analogue : «je voyais Satan tomber du ciel comme l'éclair».

Cinq cents ans plus tard, cette anecdote fut transformée, sous l'Islam, en une poignante histoire d'amour. Selon les Perses, Dieu avait créé les anges pour le louer et l'adorer. Puis Dieu créa l'homme, homme et femme il fit, et ordonna aux anges de servir cette dernière créature. Mais Satan, ou Iblis, qui était celui des anges qui aimait le plus Dieu, refusa de s'incliner devant les hommes, mais devant Dieu seul, son créateur.

Dieu dit : «Va-t'en hors de ma vue» et, instantanément, l'ange tomba en enfer, car le simple fait d'être hors de la vue de son bien-aimé, le fait d'être chassé, c'est l'enfer. Et comment supporte-t-il la douleur de la séparation d'avec son bien-aimé ? Simplement en se remémorant l'écho de la voix de Dieu qui avait dit : «Va en enfer.»

> « Voilà qui nous permet de comprendre que les anges du bien et du mal habitent à proximité les uns des autres, mais que, en dépit de cette proximité, la plus immense des distances les sépare. En effet, l'enfer est au ciel et le ciel est en enfer et pourtant, l'un ne se manifeste pas à l'autre ; le démon aurait beau parcourir des millions et des millions de kilomètres dans son désir d'entrer au ciel et de le voir, il demeurerait toujours en enfer et ne verrait jamais le ciel.»
>
> JAKOB BÖHME,
> *Mysterium Magnum.*

A partir du IIe siècle, le point de vue catholique s'imposa : chaque homme et chaque femme (et en particulier chaque enfant) a son ange gardien en permanence à ses côtés ; cer-

Saint Michel et la bataille des cieux.
Albrecht Dürer, gravure sur bois de la série de l'Apocalypse, XVe siècle.

tains croyaient même que chacun de nous est accompagné par un bon ange et un mauvais ange, qui se disputent nos actions. C'est une chose que l'on enseigne encore aux petits catholiques : le bon ange est assis sur ton épaule droite et le mauvais sur ton épaule gauche. Et c'est à toi de choisir entre les deux à chaque instant de ta vie. Cependant, l'Église catholique n'a jamais officiellement défini la nature de la faute qui a transformé les anges en démons. L'Église n'a pas érigé en dogme la croyance selon laquelle chaque homme a un ange gardien, ni le fait que les anges sont divisés en différents ordres.

> *« Et Il vous a certes créé, puis Il vous a formé, puis Il a dit aux Anges : «Prosternez-vous devant Adam !» Et ils se prosternèrent sauf Iblis qui ne fut point parmi ceux qui se prosternèrent. Dieu dit alors : «Qu'est-ce qui t'a empêché de te prosterner lorsque je te l'ai ordonné ?» Iblis dit : «Je suis meilleur que ceux que tu as créés. Tu m'as créé de feu, alors que tu l'as créé d'argile.» Allah dit : «Descends d'ici, car tu ne saurais t'y montrer orgueilleux ! Sors ! Car tu es parmi les humiliés.»*
>
> CORAN, VII.

✣ 2 ✣

Toutes les religions ont leurs personnages démoniaques ou sataniques qui mentent, trichent, déforment la vérité et tentent la faiblesse de l'homme au moyen de la vanité, de la peur, du doute, de la concupiscence et de l'avarice. Trois fois, j'ai vu des cas de possession démoniaque ou d'exorcisme ; cela ne me confère nulle autorité pour traiter

Les anges s'inclinent devant Adam et Eve.
Enluminure d'un manuscrit islamique.

de ce sujet mais, en me fondant sur cet échantillon limité (et heureuse qu'il ne soit pas plus étendu), je crois – ou plutôt j'en suis venue à croire – dans le mal : il ne s'agit pas d'une simple absence de Dieu, mais d'une force palpable en soi. Elle s'accompagne d'un certain nombre de signes.

D'abord, le possédé est conscient de son état : il sait qu'il y a «quelque chose qui ne va pas», un peu comme si une force extérieure s'était saisie de lui ; le possédé ne se maîtrise plus ; quelque chose vit sous sa peau.

En second lieu, les possédés souffrent ; leur supplice est intolérable, ils subissent à la fois des douleurs physiques et un terrible sentiment d'isolement.

En troisième lieu, ils ont peur ; et cette peur dépasse largement l'anxiété normale dont nous avons tous fait l'expérience à l'occasion. Ces gens sont saisis par la terreur la plus féroce et parfois par les pires colères auxquelles il m'ait été donné d'assister. Ainsi, je pense que c'est de cette façon que vit le démon lui-même, torturé par la colère et la peur.

Enfin, j'ai gardé le plus intéressant pour la fin ; ces gens, les trois que j'ai vus, étaient beaux : ils étaient si attirants physiquement que je restai bouche bée devant la perfection de leur plastique ; l'un d'entre eux avait des yeux de braise d'une douceur... et pourtant, ils n'étaient pas heureux, tant s'en faut. Leurs âmes hurlaient de rage et de solitude.

Blake estimait que le démoniaque n'est qu'un des aspects du divin, aspect qu'une âme éclairée est capable de reconnaître, dans l'éclat de sa gloire archangélique, comme un message différent venant également de Dieu lui-même.

Je ne dispose d'aucune théorie permettant de faire le départ entre la possession et la folie ; d'ailleurs, le simple fait de s'intéresser à la notion de mal ou de démoniaque peut vous faire passer pour fou dans notre société. Je dirais que le fait de se droguer – et les dommages qui en découlent – est démoniaque ; est-ce exactement la réalité ou une simple métaphore ? Je n'en ai cure.

« Les démons sont des animaux doués de raison, ainsi que d'une âme passive et immortelle.»

APULÉE.

✤

Le moment exact de la création des anges était un grand sujet de préoccupation au Moyen Age. Nul ne parvenait à trancher. Fut-ce quand Dieu avait séparé l'obscurité de la lumière ? Fut-ce quand il avait séparé les océans des cieux ? Saint Epiphane estimait que les anges avaient été créés après le ciel et la terre mais saint Augustin décida que cela avait été en même temps.

« Dieu appela le firmament «Ciel». Il y eut un soir, il y eut un matin : deuxième jour.
Dieu dit :«Que les eaux inférieures au ciel s'amassent dans un seul lieu et que le continent paraisse !» Il en fut ainsi.
Dieu appela «terre» le continent : il appela «mer» l'amas des eaux. Dieu vit que cela était bon.»

Gen, 1: 8-10.

Quand donc le mal apparut-il ? Et comment ? Avec Dieu ? Ou d'ailleurs ? Est-ce que les démons peuvent eux aussi obtenir le salut ? Peuvent-ils jouir de l'amour de Dieu ?

Dans la philosophie hindoue, on estime qu'un démon commet le mal car il est incapable de reconnaître le bien du mal. Dans le dogme chrétien en revanche (dans la religion du Seigneur très aimant), les démons savent d'emblée distinguer le bien du mal, et ils choisissent toujours le mal.

> *« Chérubin tombé, qu'il est misérable d'être faible,*
> *Soit qu'on agisse ou qu'on souffre. Mais sois assuré de ceci :*
> *Faire quoi que ce soit de bien ne sera jamais notre tâche ;*
> *Faire toujours le mal sera notre seul délice,*
> *Comme étant le contraire de la haute volonté*
> *De celui auquel nous résistons.»*
>
> JOHN MILTON,
> *Paradis perdu, I.*

Dans la Bible, Satan n'apparaît en tant qu'adversaire que sous l'influence du zoroastrisme, après la déportation de Babylone. Jusque-là, il fait toujours partie de la cour céleste, il est le serviteur de Dieu. Dans le livre de Job, par exemple, Satan va jusqu'à se comporter en camarade de Dieu : il jette le doute sur le jugement de Dieu et le défie afin de prouver la puissance et la bonté divines. Ce n'est que sous l'influence de Babylone que, plus tard, Satan devient une puissance opposée à celle de Dieu, et presque aussi forte.

Origène, le débonnaire philosophe égyptien, considérait que les démons étaient entraînés par la roue de l'évolution ; tout au long de nombreuses vies, ils s'éloignaient progressivement de la désolation de leur solitude et approchaient peu à peu de Dieu. D'autres auteurs affirment que les anges eux-mêmes ne peuvent pas aider les démons à trouver Dieu, ni les soulager de leurs atroces souffrances. En ce qui me concerne, je suis une indécrottable romantique : je me console avec le fait que, dans l'Islam, les *shaitans* sont une catégorie d'êtres créés pour le mal, mais un *shaitan*, l'arrière-petit-fils d'Iblis, apparut à Mahomet et apprit certaines sourates (ou chapitres) du Coran, faisant ainsi un premier pas vers le bonheur.

Les anges de l'Islam furent déchus après la création de l'homme, alors que les anges chrétiens furent damnés avant la création de l'espèce humaine. Quand exactement ? «Avant le temps», répond Dante dans la Divine Comédie écrite de 1300 à 1320. «Avant les cieux sur lesquels ils règnent» ; et

L'expulsion du Paradis.
Albrecht Dürer, sculpture sur bois, XVIe siècle.

les mauvais anges churent instantanément («Avant que vous ne puissiez compter jusqu'à vingt»), expulsés à cause de l'orgueil de Satan.

Trois cent cinquante ans plus tard, Milton écrivait son *Paradis perdu* ; influencé par les découvertes scientifiques concernant l'espace et le temps, il vit la chute comme la conclusion d'une terrifiante bataille de trois jours dans le ciel : la rébellion ne fut écrasée que par l'intervention personnelle du fils de Dieu lui-même ; sur ordre de son père, il se saisit des dix mille tonnerres. Les anges révoltés «cessèrent toute résistance, perdirent tout courage ; ils laissèrent tomber leurs armes inutiles». Et ils souhaitèrent que les montagnes elles-mêmes s'écroulent sur eux pour les abriter de la colère du fils de Dieu. Ils plongèrent à travers les murs de cristal du paradis,

> *« Précipités en flammes, tête la première, des cieux éthérés*
> *Vers leur ruine hideuse et leur combustion abyssale*
> *Dans une perdition sans fond.»*

Satan emmena derrière lui un tiers des vastes armées célestes : «L'on vit que ces mauvais anges étaient innombrables», une multitude et que l'on comptait parmi eux les plus hauts des plus hauts anges : «les grands seigneurs séraphins et chérubins».

> *« Trônes et Puissances impériales, rejetons du Ciel,*
> *Vertus éthérées, devons-nous maintenant*
> *Renoncer à ces titres et, changeant de style, nous appeler*
> *Princes de l'enfer ?»*

JOHN MILTON,
Paradis perdu, II.

Satan mit neuf jours à se remettre de sa chute avant de se ressaisir et de se mettre sur la piste d'Adam et Eve, dans le paradis terrestre qui venait d'être créé. Le poème de Milton traite en fait de la perte du paradis par Adam et Eve.

Le démon suprême de Milton gît enchaîné sur un lac de feu ; il est de taille gigantesque. Quand il se déplace, il prend pour canne un arbre plus haut que le mât d'un navire. Pour voler, il déploie ses lestes ailes et, comme il est un ancien séraphin, il n'a toujours pas perdu sa lumière d'origine ni sa gloire angélique. Cependant, plus loin dans le poème, quand il sangle ses ailes de chauve-souris et part à la recherche de l'Eden, les autres anges le reconnaissent à «son expression d'obscure et immonde passion» ; quand il est touché par surprise de la pointe angélique du glaive de l'ange Ithuriel, il se retourne par mégarde, et son visage se convulse dans le rictus qui lui est naturel : une grimace haineuse ; il redevient le «Roi effroyable».

> *« Un horrible cachot, cerné de toutes parts*
> *Par une grande fournaise embrasée, dont les flammes pourtant*
> *N'émettent pas de lumière, mais plutôt une visible obscurité*
> *Qui ne permet de découvrir que des visions de malheur,*
> *Des régions de deuils, des ombres dolentes... avec ce soufre,*
> *Qui brûle sans cesse, sans se consumer.»*
>
> JOHN MILTON,
> *Paradis perdu.*

Satan vit dans son palais de pandémonium, entouré par le chaos. Mais qui pourrait dire où se trouve cet endroit ? Il va et vient.

Dans le poème de Milton, les anges déchus constituent une multitude, un tiers des armées célestes et ils proviennent de tous les niveaux de la hiérarchie angélique : principautés, vertus, chérubins, séraphins et trônes.

Pour n'en citer que quelques-uns : *Satan* lui-même, le démon infâme ; *Belzébuth*, qui vient immédiatement derrière Satan ; dans d'autres contextes, c'est lui le seigneur des mouches et des excréments, le grand idolâtre ; *Moloch*, le roi hideux souillé du sang des sacrifices humains ; *Chemoch*, la terreur des fils de Moab, que l'on appelle aussi *Péor* ; *Baalim*, un esprit mâle ; *Ashtaroth,* un esprit femelle ; *Astoreth*, aux cornes en forme de croissant (connue sous le nom d'Astarté, reine du ciel) ; *Azazel*, «un grand chérubin» ; *Mammon* ;

Thammuz ; *Dagon* ; *Rimmon* ; *Bélial,* le plus lubrique, qui apparaît au départ sous une gracieuse forme humaine ; de sa langue tombe la manne.

Ils gisent en enfer avec les dieux païens Osiris, Iris, Horus, le veau d'or et les dieux grecs.

Six autres êtres combattirent aux côtés de Satan, mais ils ne sont pas sur cette liste des démons de l'enfer. Y eut-il des anges tués dans ce terrible affrontement ? Parfaitement : *Adramalec* et *Asmadaï*, deux trônes ; *Ariel* ; *Arioc* ; *Ramiel* ; *Nisroc*, qui était une principauté.

Les bons anges qui ne s'alignèrent pas du côté de Satan sont : *Uriel* ; *Gabriel* : *Michel* ; *Raphaël* ; *Uzziel* ; *Ithuriel* ; *Zephon* ; *Abdiel*, qui fut tenté au départ mais refusa finalement de se joindre à la horde de Satan.

> *« L'esprit est à soi-même sa propre demeure et peut faire en soi*
> *Un Ciel de l'enfer, un enfer du Ciel.»*
>
> JOHN MILTON,
> *Paradis perdu, I.*

Milton nomme l'ennemi suprême Satan ; Dante en revanche l'appelle Lucifer, ou Dis ; il ne le place pas dans une fournaise ardente, mais gelé dans un lac de glace ; car la glace est plus appropriée au cœur glacial de quelqu'un qui ne peut aimer. Comme le Satan de Milton, le Lucifer de Dante est gigantesque, et il est aussi laid qu'il fut autrefois beau. Il a trois visages sur sa tête : celle du devant est rouge, les deux autres lui sont adjacentes, au milieu de chaque épaule : l'une est d'un blanc jaunâtre et l'autre noire.

> *« Sous chacun de ces visages prend naissance une aile puissante d'une taille convenable pour un pareil être volant : je n'ai jamais vu de navire ayant des voiles aussi vastes. Elles n'ont pas de plumes : elles ont la forme et la consistance d'ailes de chauve-souris ; et quand il les fait claquer, trois vents en sortent.»*
>
> DANTE,
> *Enfer, 34.*

Ce sont les vents créés par ces ailes de chauve-souris qui ont congelé le lac dans lequel Lucifer est pris. De ses six yeux coulent des larmes de sang. Dans chacune de ses bouches il mâche un traître, dont Judas Iscariote.

Dans la *Divine Comédie*, Dante répond à toutes les questions métaphysiques qui tracassaient les esprits au Moyen Age. Il parle de la création du monde, il explique comment la douleur peut exister alors que Dieu est bon ; il traite de la naissance des anges, il expose les raisons pour lesquelles certains d'entre eux ont chu ; il décrit de quoi sont faits les anges, il dit s'ils pensent et raisonnent de façon logique ou s'ils ne sont que les instruments aveugles de Dieu : des automates dont on aurait remonté le mécanisme, sans la liberté de choisir d'aimer, cette liberté dont jouit l'humanité.

Les anges pensent-ils ? Selon Dante, les anges voient tout d'un coup, toujours, et ils n'ont donc pas besoin de mémoire, ni de logique, ni de faculté de raisonnement.

Et pourtant ce sont les hommes, qui pensent et ont l'exercice de leur libre arbitre, qui bénéficient de l'amour tout particulier de Dieu. Et c'est cela qui a nourri la colère de Satan contre

> *« ...Le siège bienheureux*
> *De cette nouvelle race appelée humaine, sur le point*
> *D'être créée comme nous, quoique avec*
> *Moins de pouvoir et d'excellence, mais préférée*
> *A nous par celui qui règne au-dessus de nous ; ...»*
>
> JOHN MILTON,
> *Paradis perdu, I.*

✤

Dans la tradition juive, les anges sont de sexe masculin ; dans la tradition chrétienne, ils sont androgynes. Comme le Moyen Age cédait la place à la Renaissance, plus orientée vers les beautés du corps, les anges chrétiens prirent un aspect plus éthéré, plus féminin. Cependant, au XVIIe siècle, l'attention des gens se concentra davantage encore sur les choses de la terre : on était loin des cercles de lumière tourbillonnante décrits par Dante ! Milton décrit chez ses anges une sensualité qu'on lui a reprochée ; les anges sont pour lui totalement masculins, ils mangent, défèquent et font gaiement l'amour, mais à travers une incarnation tellement plus raffinée qu'elle ne peut être observée que par un œil clairvoyant. Ainsi, Raphaël vint s'asseoir avec

Adam et Eve, qui étaient nus car la journée était chaude et qu'ils étaient innocents comme des bébés ; et l'ange mangea de bon cœur ce qu'on lui donna.

Puis il raconta aux hommes comment les anges font l'amour. En effet, écrit Milton, les purs esprits peuvent à leur guise endosser l'un ou l'autre sexe, ou les deux, car leur pure essence n'est pas «mélangée». De surcroît, explique Raphaël, «il n'y a pas de bonheur sans amour» et l'amour demande à être partagé. Techniquement, ils s'unissent en s'interpénétrant réciproquement dans un élan de désir mutuel, et se mêlent comme deux vins.

> *« Pour nous autres esprits, la jouissance du corps est pure*
> *[Dit Raphaël]... Nous jouissons*
> *De façon suprême et ne trouvons nul obstacle*
> *De membrane, d'articulation, ou de membre :*
> *C'est plus facile que de mêler l'air à l'air ; quand des esprits s'embrassent*
> *Ils se mêlent de façon totale, union de la pureté avec le pur*
> *Désir : il n'y a aucune restriction dans l'expression*
> *Contrairement à la chair qui s'unit à la chair, ou l'esprit à l'esprit.*
>
> JOHN MILTON,
> *Paradis perdu, VIII.*

Voilà qui est bien différent de la sexualité des démons, que Milton décrit également, et notamment parce que le masque du mal consiste dans l'abus de la sexualité. Satan, alors qu'il était encore un séraphin devant le trône de Dieu (mais avant qu'il ne prît les armes contre Lui), fut un jour frappé par une épouvantable migraine dont sortit une belle «angette» de sexe féminin. Satan (bien qu'étant un pur séraphin) tomba amoureux d'elle et la posséda dans un élan tumultueux mais partagé d'une répugnante lascivité. Le nom de cette beauté lubrique était Péché, et de leur accouplement incestueux naquit la Mort. Dans le poème de Milton, Péché (dont la beauté défigurée est devenue incroyablement hideuse) et sa fille la Mort gardent la porte de l'enfer. Péché arrête un instant Satan lorsqu'il sort en rampant de la fournaise à la recherche d'Adam et Eve.

Dans les premiers écrits rabbiniques, Satan est lui-même l'ange de la mort, car la mort était à l'époque considérée comme un mal. Mais, la mort et le mal n'étant plus liés, l'ange de la mort, quand il se manifeste aujourd'hui, n'est plus qu'un saint héraut aux ordres de Dieu.

3

Il ne faut pas confondre les démons avec les anges de la mort. Que font les démons, de façon réelle ou en métaphore ? Ils mentent, ils essaient de nous faire croire qu'en dehors de nos souffrances et de nos doutes, il n'existe pas d'ordre dans l'univers. Et si nous les croyons, ne serait-ce qu'une fraction de seconde, nous tombons dans l'enfer du désespoir ; nous ressentons un vide si terrifiant que nous plongeons dans l'abus de drogue, les excès sexuels, le meurtre, la guerre, l'avarice, que sais-je encore... pour endormir notre souffrance. Quant aux ailes éblouissantes de l'ange de la mort, houlà ! c'est une tout autre affaire.

Johnny Cash, un chanteur de country music, a reçu deux fois la visite d'un ange annonçant la mort : la première fois, il avait douze ans ; un ange à l'aura resplendissante se présenta dans sa chambre et lui annonça que son frère aîné, Jack, allait mourir ; des années plus tard, il lui apparut de nouveau, dans la même splendeur, pour prédire la mort de son meilleur ami, Johnny Horton. Le premier ange :

«J'ai du mal à le décrire... Il n'avait pas de visage, mais il était auréolé d'une lumière éblouissante, incandescente. Il n'y avait ni aile, ni auréole. Il parlait d'une voix douce, il me dit :

– Ton frère Jack va mourir.

Puis il disparut.»

Les deux fois, le chanteur se sentit envahi de douceur et de paix : quand le décès annoncé eut lieu, il était prêt.

Parlons maintenant d'une dame qui vit à Washington, Beth Peacock ; son père reçut un jour la visite de plusieurs anges de la mort.

C'était en juillet 1983 ; la grand-mère de Beth allait avoir quatre-vingt-onze ans ; Beth prit l'avion pour Wilmington, en Caroline du Nord, pour aller la chercher et revenir avec elle à Virginia Beach fêter son anniversaire en compagnie de la maman de Beth qui se mourait d'un cancer. Ce drame avait pris tout le monde par surprise : six mois plus tôt, en janvier, Jessiebeth, mère de Beth et fille unique, avait été hospitalisée pour une petite opération, au cours de laquelle on avait découvert un cancer du côlon, avec métastases au foie.

Le papa de Beth vint chercher sa fille et sa belle-mère à l'aéroport et, pendant le trajet jusqu'à leur domicile, il leur raconta ce qui lui était arrivé la veille au soir. Sa narration était tout innocence et simplicité, comme s'il parlait des prix des denrées agricoles ou des cours de la Bourse, sujets de conversation favoris de cet habile homme d'affaires à la retraite :

– Quand j'allais me coucher, ta mère reposait paisiblement. Soudain, je fus réveillé en sursaut : Jessiebeth n'était pas au

---

« Le silence éternel de ces espaces infinis m'effraie.»

BLAISE PASCAL,
Pensées, 206.

lit et je me sentis complètement terrifié. Je courus dans la chambre : la pièce était pleine d'anges.

Cela semblait un rêve mais ce n'en était pas un. Jessiebeth partait avec eux, je ne savais que faire ! Je l'appelai, je les suppliai de ne pas l'emmener. Alors, ils disparurent.

J'allai dans la salle de séjour, espérant les y trouver. Personne ! J'étais effondré. Je revins dans la chambre et y trouvai ta mère, endormie comme précédemment. Quel soulagement !

– De quoi avaient-ils l'air, demanda Beth, curieuse.

– C'étaient des anges. Avec des ailes et des tuniques. Ils ne parlaient pas.

– Quelle taille avaient-ils ?

– Ils étaient immenses, dix à quinze mètres. Comme s'il n'y avait pas de plafond.

Ces événements se passèrent au mois de juillet. Les mois passèrent et Beth commença à se rendre compte que sa mère, bien qu'ayant accepté de mourir, restait en vie «pour eux» Beth resta à Virginia Beach, ne s'absentant que pour de courts voyages d'affaires : «C'est une période dont je dois profiter.»

Finalement, quatre mois après la vision de son père, sa mère mourut. «Elle décida de ne pas mourir tant que nous ne l'avions pas accepté», me confia Beth. Puis elle réfléchit un instant :

– Le dernier cadeau de nos parents, conclut-elle, c'est leur mort. A travers elle, ils peuvent tant nous donner...

> *« Ces âmes avaient la face de flamme vive et les ailes d'or, et le reste d'une telle blancheur, qu'aucune neige n'y pourrait atteindre. Lorsqu'elles descendaient dans la fleur, de degré en degré, elles épandaient, en agitant leurs ailes, la paix et l'ardeur qu'elles venaient d'acquérir.»*
>
> DANTE,
> *Paradis, XXXI.*

✣

Les anges hantent mon esprit. Ils errent dans les couloirs de mon passé, comme des ombres sans âge ; ils apparaissent puis se dissolvent et qui pourrait être sûr qu'ils sont bien réels, et non pas de simples souvenirs ?

A l'époque où je vivais à New York, une femme précipita sa fillette, âgée de cinq ans, sous la rame F du métro à la station de la Quatrième rue ouest. Elle voulait que sa fille soit «avec les anges». C'est dire à quel point elle l'aimait, à quel point elle trouvait horribles ces journées grises et crasseuses sur les trottoirs de New York. La poubelle dans le caniveau contenait davantage de protéines qu'elle ne pouvait en acheter chaque jour : des têtes de laitues en train de pourrir et les moitiés vides de pamplemousses toutes jaunes au bord du trottoir.

Les mains dans l'évier plein d'eau de vaisselle, je ne puis détourner d'elle mes pensées. J'imagine comment elle habilla soigneusement sa fillette, dans sa plus jolie robe du dimanche. Je crois voir la robe blanche amidonnée, avec un ruban rouge en guise de ceinture. Les pauvres chaussures d'occasion sont un peu grandes pour ses petits pieds, et la petite gambade à côté de sa mère qui la tire par la main vers la ligne de métro :

– Où allons-nous, maman ?

Elles s'avancent dans les rues criblées de nids-de-poule et descendent l'escalier vers les entrailles de l'enfer ; elles s'arrêtent au portillon pour introduire dans la fente le jeton qui va leur permettre le passage du Styx. D'autres escaliers à descendre, et voilà le quai, bien loin sous la Quatrième rue ouest, et les oreilles qui s'emplissent du grondement des rames dans les galeries, du grincement des freins et, parfois même (c'en est déconcertant...), du silence : on n'entend plus alors que le frottement d'innombrables semelles sur le ciment, les voyageurs se bousculent vers la sortie ou vers les bancs sur le quai. Plus un bruit, si ce n'est ce raclement discret des pieds des prisonniers. A chaque fois cela ne dure que quelques instants...

Dix secondes ... douze, avant que la rame suivante ne jaillisse du tunnel : elle vous déchire les tympans et tambourine contre vos côtes.

– Où allons-nous, maman ?

– Est-ce que c'est notre métro ?

S'est-elle penchée vers sa fille pour un baiser d'adieu ? L'a-t-elle prise dans ses bras pour l'y serrer une dernière fois, sa petite chérie, encore de taille à tenir au creux de ce bras qui s'étend vers elle comme une aile pour un dernier câlin ? A-t-elle attendu le passage de plusieurs rames avant de se décider ? Pas celle-ci, pas celle-là... Elle est là debout, elle claque nerveusement des doigts et la souffrance dans sa poitrine augmente au tonnerre de chaque rame, la souffrance de la solitude et de la peur, le mal causé par l'homme lorqu'il est un loup pour l'homme.

– Oh, regarde ce que tu as fait ! Tu t'es sali la figure !

La maman crache sur l'ourlet de sa robe et essuie le petit menton de la fillette qui se tortille pour se dégager.

– Tiens-toi tranquille. Tu ne peux pas partir dans cet état. Laisse-moi te nettoyer.

Et voici un autre métro qui fait irruption dans la station, serrant de près le précédent. Le quai frémit sous sa masse. La maman remonte avec sa petite fille vers l'entrée noire de la voûte en ciment, d'où jaillissent les rames à pleine vitesse. Voici deux lumières perçantes dans l'obscurité, deux yeux jaunes brillants qui arrivent droit sur elle.

– Viens, dépêche-toi !

L'enfant trottine sur ses talons, se laisse remorquer par la main de sa mère et tâche de la suivre, trébuchant dans ses chaussures trop grandes et elle s'abandonne à la force de ces deux bras d'adulte, un balancement et elle s'écrase à l'avant de la rame ; il y a un choc mou entre les deux yeux brillants. Elle rebondit contre le métal comme un oiseau contre un pare-brise. Le train est lancé bien trop vite pour que le mécanicien puisse l'arrêter ; il sait simplement qu'il a entendu un choc sourd, comme une claque du plat de la main sur sa poitrine, et l'écart du wagon au moment où la roue passe sur un objet, une canne probablement. Déjà il freine à bloc, le grincement hurle dans les galeries voûtées, couvrant le cri qui jaillit de la gorge de la femme.

On l'a vue.

Des passants la saisissent. La police accourt.

– Je l'ai envoyée rejoindre les anges, explique-t-elle, je voulais qu'elle vive avec eux et non pas ici-bas.

On l'envoie en observation à l'hôpital psychiatrique de Bellevue.

Une pluie de petits corps délicats

Un grand cri s'éleva dans les parcs à bestiaux et
Les abattoirs ; et la mort, lasse de ces plaintes
Et injures incessantes, se retira dans son garage souterrain.
Elle était encore jeune et son travail était un tourment.
Partout, les gens s'arrêtèrent comme des tramways en panne d'électricité.
Privés de gravité, ils commencèrent à flotter.
Sans flottabilité, ils commencèrent à couler. Chacun
Devint une pièce obscure isolée. La petite main
Qui s'appuyait fermement dans leur dos
avait soudain disparu et les gens s'arrêtèrent avec une pirouette
Comme les pétales tombés d'une fleur. Pourquoi se presser ?
Pourquoi se lever ? Les gens descendirent du métro,
Y remontèrent, en redescendirent : tout cela à la même station.
Partout, les pendules languissaient chez les antiquaires

Tandis que leurs mains abandonnées se disposaient pour le sommeil.
Sans le temps, sans la décrépitude, les gens devinrent moins beaux.
Ils cessèrent de se nourrir, commencèrent à étudier leurs pieds.
Ils perdirent le sommeil et passèrent des semaines à suivre des chiens errants.
La première à réagir, ce fut l'Église, ou ce qu'il en restait.
On contrefit des miracles, on exposa des prêtres maquillés
En cadavres ; mais ceux-ci finirent par éternuer ou se lasser d'être seuls.
Le gouvernement organisa des élections spéciales pour désigner ceux
Qui rejoindraient les rangs des morts volontaires : sort peu enviable
Que d'être contraint de rester assis pendant des semaines sur des chaises à dossier droit.
On s'en désintéressa bientôt. Puis l'armée prit le pouvoir
Et des soldats se répandirent dans les rues pour asperger les vivants
De peinture rouge. Tu es mort, disaient-ils. Peut-être
Demain répondit le peuple ; aujourd'hui je respire encore ;
Regarde le ciel, regarde la couleur de l'herbe.
Sans mort, les couleurs étaient devenues plus vives.
Enfin, une commission d'hommes d'affaires se réunit,
Car, sans la mort, l'argent avait perdu toute valeur.
Ils allèrent trouver la mort qui attendait dans une pièce blanche,
Elle était assise par terre et avait l'air d'une petite fille
Avec ses cheveux blond pâle et ses yeux couleur de l'eau claire.

Elle avait sur ses genoux un ballon rouge lourd d'absence de vie.
Les hommes d'affaires la flattèrent. Nous te ferons reine,
Disaient-ils. Je suis déjà reine, répondit la mort. Nous imprimerons
Ton effigie sur toutes les pièces de monnaie du monde.
C'est déjà fait, répondit la mort. Nous t'adorons
Et ne saurions vivre sans toi, continuèrent les hommes d'affaires.
La mort conclut : Je vais réfléchir à votre offre.

Et voici comment la mort fut rendue au peuple :

D'abord les plus petites créatures recommencèrent à mourir
Les bactéries, certains insectes. Nul ne s'en aperçut. Puis des poissons
Commencèrent à flotter à la surface de l'eau. Des lézards, des crapauds
Tombèrent des rochers chauffés par le soleil. Personne ne les vit.
Puis les oiseaux commencèrent à tomber des hauteurs,
Et les rayons du soleil se réfléchissaient sur les plumes bleues
Du geai, les plumes brunes du faucon, les plumes blanches de la colombe,
Les gens levaient la tête et montraient le ciel du doigt
Et des rues assoiffées des cris de bienvenue s'élevèrent
Comme un filet pour recueillir cette pluie de petits corps délicats.

STEPHEN DOBYNS.

4

« Oh ange souverain,
Etranger aux ailes déployées au-dessus de cette terre distraite,
Occupe-toi de moi, prends soin de moi. Garde-moi inconsciente du danger
Et sans regret
Rappelle-moi ma naissance innocente.»

EDNA SAINT VINCENT MILLAY.

Je ne crois pas en l'enfer. Je ne crois pas que nous serons à jamais torturés par le feu ou bloqués dans la glace pour toujours. C'est sur la terre que nous nous créons nos enfers, dans nos esprits et dans les prisons de nos cœurs ; et c'est pour nous faire échapper à ces enfers et à nos démons hurlants que nous viennent les anges : pour nous dire que nous sommes libres, que nous ne sommes pas censés vivre dans la terreur et la haine.

Certains ont découvert cela en frôlant la mort : ce fut par exemple le cas de Hugh Hildesby. Hugh est un Anglais de taille gigantesque qui se meut avec vivacité et a des mains étonnamment expressives. C'est le curé de l'église du Repos Céleste, à l'angle de la Cinquième avenue et de la Quatre-vingt-dixième rue à New York. Avant d'entrer dans les ordres, il était commissaire-priseur chez Sotheby Parke-Bernet, la grande salle internationale de vente aux enchères.

– Mais je n'ai pas vu d'ange, m'expliqua-t-il. Peut-être y a-t-il eu présence d'anges, mais l'esprit de Dieu était tellement là qu'on ne voyait pas d'ange. Pourtant, j'ai senti avec une telle force la puissance des esprits qui s'occupaient de quelqu'un... Pour moi, cela a confirmé l'existence des anges.

Raymond Moody a écrit tout un livre, «Life after life», sur ces expériences extraordinaires ; la signification de l'ensemble demeure obscure car aucun de ses témoins n'a achevé l'expérience : pas un n'est mort ! Ce qu'ils nous disent, c'est que la mort n'existe pas et qu'il n'y a pas lieu de s'effrayer quand on est brutalement jeté dans une autre dimension. Je ne sais pas exactement ce qui se passe alors, mais je sais avec certitude que notre vie continue ; nous ne survivons pas seulement sous la forme d'électricité statique ou de vagues étincelles, mais avec notre personnalité constituée.

Certains disent que nous «sautons le pas» immédiatement, et rencontrons tout de suite des amis et connaissances ; d'autres disent que cela prend quelques semaines ou quelques mois mais, tout le monde est d'accord là-dessus, la vie ne se contente pas de finir purement et simplement.

Euripide estimait que nous sommes morts tant que nous menons cette vie visible sur la terre, et que nous ne naissons à la vie qu'une fois «morts» comme on dit.

> *« Voilà ce qu'il faut que vous vous gardiez coûte que coûte : la sympathie est la proximité des mondes invisibles. Cela ne fait aucun doute : mieux vaut pour l'instant que ceux-ci nous demeurent invisibles. Cela nous permet de faire croître en nous cette perception supérieure que nous appelons la foi. Mais qui peut dire qu'un jour le temps ne viendra pas où ces mondes invisibles se dévoileront même aux yeux de ceux qui vivent sur la terre ?»*
>
> PHILIPS BROOKS.

Voici, en illustration, le récit de Hugh Hildesby. Il gisait sur une table d'opération quand il jaillit de son propre corps. Cela ne l'effraya pas :

– J'étais inondé de lumière. Je ne sentais plus mon poids ; je sentais seulement cette lumière fluide et frémissante, d'une incroyable brillance blanc et or, d'un blanc si pur et scintillant qu'on l'aurait dit vivant. Vague après vague, les vibrations de cette lumière me parvenaient. Autour de la lumière se trouvaient des «anges», mais ce n'étaient pas des anges tels que nous les concevons. C'étaient des esprits sans forme : je savais qu'ils étaient là. C'étaient des gens que je savais morts et que j'aurais eu grand plaisir à revoir. Autre chose : je riais ! Toute l'affaire me semblait amusante. Tous ces gens, en bas, en train de regarder mon corps. «Je ne suis pas là-dedans», pensais-je. «Pourquoi se font-ils tant de soucis avec ce machin ?» Le côté amusant de la situation me frappait vivement. «Heureusement que je ne suis pas obligé d'emporter ce truc avec moi.» Je me sentais empli de force, c'était merveilleux. Dieu m'avait pris dans ses bras. On s'occupait de moi complètement, totalement, d'une façon impossible pendant la vie. Je ne ressentais nulle angoisse, j'étais totalement protégé ; et les anges faisaient partie de tout cela, c'était une communauté tenue ensemble par cet amour parfait ; et vous vous apercevez alors, continua-t-il, que vous êtes devenu l'un des anges. Vous avez trouvé votre identité.

CHAPITRE VII

Des docteurs angéliques

Dans le Nouveau Testament, on ne trouve ni ange de la vengeance, ni ange de la mort ; les anges ne réalisent pas d'actions d'éclat, ne rasent pas de villes sous une tempête de feu, ne massacrent ni Assyriens ni enfants égyptiens, ne donnent pas la lèpre aux rois. Ils se contentent d'apparaître dans les moments de gloire suprême.

Il est vrai que des anges vinrent dans le désert pour réconforter le Christ épuisé par les tentations de Satan ; mais le Nouveau Testament ne raconte aucune véritable action exécutée par des anges avant la mort du Christ. Un ange (l'Évangile selon saint Jean parle de deux anges) est assis seul dans le tombeau du Christ, sur la droite. Il est dépourvu d'ailes. Il a l'air d'un homme, avec «l'aspect de l'éclair» et des vêtements «blancs comme neige».

Ce sont les femmes qui l'ont vu : Marie de Magdala, Marie la mère de Jacques et de Joseph et la mère des fils de Zébédée. Elles s'étaient rendues au tombeau et avaient constaté, à leur grand étonnement, que le corps du Christ avait disparu ; et cet ange qui leur déclare que Jésus est ressuscité des morts ! Elles coururent, hors d'haleine, avertir les hommes ; ces derniers se précipitèrent au tombeau et le trouvèrent vide, sans même un ange. Chacun des évangélistes raconte l'épisode de façon un peu différente, mais c'est ce qui fait la saveur de ces récits.

Dans les Actes des Apôtres, un ange fait évader Pierre de prison ; il apparaît soudain dans la cellule de l'apôtre, brise ses chaînes et le conduit, à la stupéfaction de Pierre, qui sort à sa suite en passant devant les gardes endormis sans que personne ne l'arrête. Un autre ange apparaît au centurion Corneille, «un personnage aux vêtements splendides» qui lui dit d'envoyer chercher Pierre.

Tous ces anges sont de sexe masculin ; ces patriarches aptères ont supplanté les souples déesses qui régnaient en des temps plus reculés. Il faudra encore mille ans avant que l'on ne représente à nouveau des anges féminins ou de sexe ambigu.

On trouve dans les catacombes de Rome un ange peint vers l'an 300 ; d'autres images apparurent sous le règne de Constantin le Grand (306-337). Constantin était empereur de Byzance ; après avoir eu la vision de la Croix dans le ciel, il se convertit au christianisme, et avec lui une foule d'opportunistes. (C'est quand même sa dévote mère qui rapporta de pèlerinage en Terre Sainte des éclats de la vraie croix et même la crèche dans laquelle l'enfant Jésus avait été mis au monde !) On a découvert un sarcophage d'enfant datant du règne de Constantin et comportant des anges sculptés ; ils sont manifestement d'inspiration grecque, et rappellent la Niké volante.

Pendant ce temps, l'église se développait à pas de géant. Pour chaque martyr tué dans les cirques par des lions ou des sadiques, davantage de convertis affluaient pour rejoindre la secte méprisée. Dès la fin du IVe siècle, on commence à pein-

---

> *« Toute chose visible en ce bas monde est confiée à un ange.»*
>
> SAINT AUGUSTIN,
> *Huit questions.*

dre les anges avec des ailes, des auréoles et un halo de lumière, tels que nous les représentons aujourd'hui.

Des polémiques théologiques faisaient rage. Au premier concile œcuménique de Nicée, en 325, la doctrine de la «co-inhérence» fut définie, marquant une division nette entre l'âme et le corps. On déniait toute valeur au monde corporel, physique et matériel : la vie chrétienne authentique devait s'élever à un plan spirituel ; c'est le devoir des humains d'aspirer au ciel, et non pas au royaume de Dieu sur la terre. On ne doit avoir nul attachement pour ce qui fait nos délices physiques ni pour le plaisir que nous partageons sur cette planète jolie.

> *« Loue ce monde devant ton ange...*
> *Montre-lui*
> *Ce quelque chose de simple qui s'est formé au fil des générations,*
> *Qui vit au milieu de nous, près de notre main, sous nos yeux.*
> *Dis-lui...»*
>
> Rainer Maria Rilke,
> *Les Élégies de Duino, 9.*

Ce n'était pas une mince affaire pour l'Église que de résoudre la question : cette vague d'intérêt pour les anges sourdait du petit peuple, des paysans eux-mêmes, et semblait parfois prendre le pas sur l'adoration du Christ. Bien sûr, il fallait définir une hiérarchie avec le fils de Dieu au sommet, et c'est saint Paul qui l'avait fait au départ, avec son zèle vertueux habituel. Il s'en était pris à «l'adoration des anges auxquels certains se livrent sans réserve, aveuglés par l'étroitesse de leur esprit humain». En 325, le premier concile de Nicée déclara que la croyance dans les anges faisait partie du dogme de l'Église ; ce décret dut déclencher un renouveau du culte des anges car, moins de vingt ans plus tard, en 343, un autre concile le condamnait comme idolâtre. Enfin, en 787, le septième synode œcuménique détermina un dogme limité concernant les archanges, précisant leurs noms et leurs tâches spéciales ; ce synode eut un écho particulier au sein de l'Église orientale, tandis que la méfiance régnait encore à l'ouest.

Au cours du haut Moyen Age, on considéra que les anges régnaient sur les quatre éléments : la terre, l'air, l'eau et le feu. C'étaient eux qui guidaient le mouvement des étoiles, qui s'occupaient de la croissance des plantes et bénissaient la procréation de toutes les créatures vivantes, y compris les naissances chez l'homme. Chaque jour de la semaine avait son ange tutélaire, chaque saison, chaque signe astrologique, chaque heure du jour et de la nuit. Tout ce à quoi l'on pouvait penser, tout ce que l'on pouvait faire, écrire ou voir était gouverné par un ange particulier.

Avec la croissance de l'Église catholique se développa toute une angélologie. Celle-ci resta à la mode pendant tout le Moyen Age : les questions concernant les anges faisaient l'objet de vives polémiques, tous les thèmes concernant notre relation avec les anges passionnaient l'opinion.

Nous sommes tentés de nous moquer de ces antiques penseurs : comment des adultes peuvent-ils s'empoigner pour savoir de quoi sont faits les anges ? Pour savoir combien peuvent tenir debout sur la tête d'une épingle (même si cette image précise ne fut jamais débattue) ? Ils se traitaient réciproquement d'hérétiques et se disputaient avec fureur pour imposer leurs idées à partir d'éléments qui – c'est le moins que l'on puisse dire – n'étaient guère vérifiables.

Peut-être qu'un peu de tolérance et de détachement eussent été plus opportuns... Mais il s'agissait à l'époque de questions de la plus haute importance scientifique, aussi essentielles que le sont pour nous les lois de la chimie ou de la gravitation. Ils cherchaient à définir leurs relations avec la nature. Deux choses peuvent-elles occuper simultanément le même espace ? Et si ce sont des objets incorporels ?

✤

Au XIII**e** ***siècle, deux écoles rivales s'opposaient :*** celle du théologien écossais John Duns Scot et celle du philosophe scolastique italien, saint Thomas d'Aquin ; ce dernier fut surnommé le docteur angélique, pas seulement à cause de sa bonté et de son brillant esprit mais aussi à cause de ses travaux sur les anges.

La question était la suivante : de quoi sont faits les anges ? D'après Scot, ils étaient formés de «matière spirituelle», notion vaporeuse s'il en fut ; ils étaient certes incorporels et immatériels, mais denses et physiques par rapport à Dieu. Saint Fulgence, un évêque d'Afrique du Nord, avait suggéré, vers l'an 500, que les bons anges avaient des corps de feu et les mauvais anges des corps d'air ; cela rappelle, avec une légère différence, la tradition islamique qui devait naître plus tard et selon laquelle les anges sont faits de lumière tandis que les démons ou djinns sont de feu.

> ***« De ce fleuve, sortaient des étincelles vives qui, de tous côtés, tombaient entre les fleurs, comme des rubis entourés d'or. Puis, comme enivrés de ces odeurs, elles se replongeaient dans le gouffre merveilleux, et si une entrait, une autre en sortait.»***
>
> DANTE,
> *Paradis, XXX.*

Enfin, en 1259, saint Thomas d'Aquin donna, à l'Université de Paris, une série de cours sur les anges. A l'époque, peu de gens savaient lire ; le spectacle de la pensée, les joutes d'idées constituaient en soi un jeu, un sport attirant de nombreux spectateurs ; les grands professeurs, comme Pierre Abélard ou Thomas d'Aquin, attiraient des foules nombreuses, qui accouraient pour les entendre disserter ; les arguments et contre-arguments se succédaient, les orateurs citaient de mémoire de longs passages des classiques ou de l'Ecriture et faisaient appel à une logique et à des raisonnements complexes. Le public venait assister à ces joutes oratoires comme les supporters d'un match de foot ou les spectateurs d'un tournoi d'échecs, par pure admiration pour l'éloquence des orateurs et la clarté de leur pensée. Les débats pouvaient durer plusieurs jours.

Ainsi, Thomas d'Aquin prononça en une semaine quinze discours sur les anges ; il exposa tout ce que l'on savait à l'époque, cita toutes les questions que l'on se posait et répondit à toutes les demandes de l'auditoire. Des copistes relevaient les textes de ses cours au fur et à mesure qu'il les donnait ; ces procès-verbaux, huit siècles plus tard, représentent toujours la base de ce que nous savons sur les anges.

Les anges, affirme saint Thomas d'Aquin, sont «tout intellect». Or, il était lui-même un des cerveaux les plus féconds qui aient jamais vécu sur notre terre ; par conséquent, on se demande si l'idée que nous nous faisons des anges ne reflète pas tout simplement nos propres points forts et nos propres désirs.

Pur intellect, disait-il, sans matière. Par ailleurs, il croyait également que les anges sont des animaux sans corps (comme les démons), mais qu'ils peuvent à leur guise adopter momentanément un corps, voire même manger : nous connaissons ce détail d'après l'épisode d'Abraham sous les chênes de Mamré. (Tous les arguments thomistes sont issus de la logique et de la lecture de l'Ecriture ; les mystiques au contraire, auxquels les anges apparaissent, ne semblent pas s'intéresser tant à ces questions secondaires qu'au message apporté par les anges, à ce frôlement du divin qui leur communique cet amour éternel, irrésistible et dévorant.)

Il y avait également une autre question : les anges sont-ils éternels ? Naissent-ils comme des étoiles et, comme ces dernières, meurent-ils ? Nous savons à présent que les étoiles meurent : elles éclatent ou s'éteignent en se refroidissant. Bien des Pères de l'Eglise ont débattu de cette question. (La réponse, mais oui, a été donnée par le premier concile du Vatican, en 1870.)

Et puis, il y a toutes les autres questions que chacun se pose : s'ils naissent et meurent, est-ce qu'ils grandissent, est-ce qu'ils croissent ? Existe-t-il des anges à différents degrés de développement ? S'ils sont dotés d'un intellect, ont-ils une pensée ? Jouissent-ils d'aptitudes à la logique et au raisonnement, celles-là mêmes qui nous confèrent notre libre arbitre ? Ce dernier point est important. Les anges ont-ils la liberté de choisir Dieu ? Ont-ils la liberté de choisir le chemin du mal ? Peuvent-ils continuellement «déchoir» ?

Le théologien grec Origène (185?-254) croyait que les anges, comme les hommes, naissent et meurent, et sont soumis aux lois du «kharma» et de l'évolution à travers des cycles de vie répétés ; non seulement ils peuvent ainsi accéder à des niveaux de plus en plus élevés, mais ils peuvent déchoir même après avoir choisi Dieu. Saint Thomas d'Aquin, mille ans plus tard, ne croyait pas que les anges raisonnent. A l'instant où ils surviennent à l'existence, ils exercent leur libre arbitre et leur perfection leur confère de choisir, instantanément

Angelot.
Sculpture sur bois italienne, XVIIIe *siècle.*

et pour toujours, Dieu. Tel était l'accord unanime de l'époque :

> *« Ces êtres, comme ils furent dès l'abord ravis par la face de Dieu... n'ont jamais détourné leur regard de ce visage ; ainsi, leurs yeux n'ont jamais été distraits par un autre spectacle et ils n'ont pas besoin de se remémorer un concept qu'ils auraient cessé d'avoir devant eux.»*
>
> DANTE,
> *Paradis.*

Scot estimait que les anges pensent, raisonnent et forment une espèce comportant des milliers de personnalités individuelles : autrement dit, ils sont un peu comme les hommes. Thomas d'Aquin les place à un tout autre niveau : ils n'appartiennent pas à une espèce comme les humains ou les chiens, affirme-t-il, mais chacun a en soi une substance distincte, en quelque sorte une espèce qui lui est propre.

J'ignore quel est son point de vue sur la mort des anges.

Mais je me pose une autre question : où vont les anges gardiens quand ils ne sont pas près de nous ? Est-ce que l'ange gardien d'une personne donnée est toujours le même ? Un ange donné a-t-il la responsabilité d'un seul homme ou s'occupe-t-il de plusieurs personnes à la fois ? Dans ce cas, lui arrive-t-il d'être débordé quand il ne parvient pas à écarter le mal ? A un autre niveau, est-ce qu'un ange gardien peut appeler des renforts, et puiser au besoin dans une armée de réserve qui attend, oisive, que l'on fasse appel à elle ? En effet, j'ai

---

> *« Je m'enferme dans ma chambre, j'y appelle et j'y invite Dieu et ses anges ; et quand ils sont là, je néglige Dieu et ses anges pour le bruit d'une lime, pour le grondement d'une voiture, pour le grincement d'une porte.»*
>
> JOHN DONNE.

l'idée qu'un ange peut être capable de se multiplier de son propre chef comme du mercure répandu, de s'éparpiller en cent mille aspects différents de lui-même, chacun étant un hologramme vivant, comme un miroir qui éclate en mille morceaux dont chacun reflète les images comme s'il était entier.

C'est ainsi qu'Elie ouvrit les yeux de son serviteur pour lui montrer une armée de chars de feu tirés par des chevaux de feu : des anges rangés en bataille contre l'ennemi assyrien. Une autre fois, la même chose se produisit contre l'armée syrienne : celle-ci avait mis le siège devant Samarie pendant si longtemps que l'inflation obsidionale avait atteint des niveaux ahurissants et que les assiégés en étaient réduits au cannibalisme ; soudain, les Syriens s'enfuirent, abandonnant leurs tentes, leur or, leur argent, leurs chevaux, leurs chariots, leurs armes, leur farine, leurs provisions et leurs vêtements ; tout fut abandonné dans la frénésie de la débandade. Ils avaient entendu le fracas d'une armée angélique qui fondait sur eux avec un bruit de tonnerre. Alors, qui étaient ces anges qui descendaient en foule ? Nulle part on ne trouve de réponse à ces questions. D'ailleurs, qui les pose ?

> *« Tout ange est terrible.»*
>
> Rainer Maria Rilke,
> *Élégies de Duino, 2.*

Depuis saint Thomas d'Aquin, l'étude formalisée de l'angélologie a quitté le domaine de la scolastique pour devenir, en soi, un sujet d'étude théologique. Les seuls textes que l'on trouve aujourd'hui pour parler des anges sont des tracts insipides, généralement catholiques, dont le ton est à la fois affecté et dogmatique. Ils exposent des idées, soulevées et débattues il y a mille ans, comme si nous en avions le moindre commencement de preuve, sans même parler de connaissance réelle ; ainsi, le thème des anges a-t-il été déplacé à un autre niveau : celui de la foi. Nous sommes censés avaler tout cela par pure foi.

✤

Les anges sont innombrables. On parle d'armées, de légions. Leur nombre peut aller de cent mille aux quarante-neuf millions cités par la Kabbale juive. D'après un dénombrement, il y a 496 000 anges classés en sept divisions. L'Évangile selon saint Matthieu cite le Christ, qui pourrait demander à son Père plus de douze légions d'anges ; dans le Livre de Daniel est narrée une vision où le prophète vit «des milliers et des milliers d'anges» qui s'occupaient de lui, et «dix mille fois cent mille» qui étaient debout à proximité. Saint Augustin était d'avis que les anges «se reproduisaient comme des mouches».

Rien d'étonnant donc à ce que les anges soient divisés selon une hiérarchie aussi stricte que la noblesse de l'époque féodale. La seule difficulté réside dans le fait que l'on n'a jamais fait l'unanimité sur la façon dont cette hiérarchie est structurée ; aussi le classement des anges par grades fit-il l'objet de polémiques jusqu'à ce que saint Thomas expose ses travaux et que soixante-dix ans plus tard, vers l'an 1320, Dante Alighieri, poète et homme politique florentin, publie sa *Divine Comédie* : cet ouvrage classe de façon définitive toutes les créatures, bonnes ou mauvaises et, comme la *Somme Théologique*, détermine une fois pour toutes la hiérarchie des anges. Dante, comme saint Thomas d'Aquin, respecte l'ordre proposé vers l'an 500 par Denys le Petit.

(N'oublions pas néanmoins que, trois cents ans après ces deux géants médiévaux, c'est-à-dire en 1664, le poète anglais John Milton fit litière de toute la tradition quand il rédigea son *Paradis perdu*. Selon cet auteur, l'armée de Satan est issue des anges initialement situés le plus haut dans la hiérarchie et Raphaël, un séraphin de haute extraction, délivre des messages comme un simple planton.)

Denys le Petit était syrien. Il est l'auteur de quatre livres abscons traitant de questions mystiques ; son style est plein d'artifices littéraires. L'un de ces livres, *De Hierarchia Celesti*, parle de la nature et des propriétés des anges. Dans ce livre, l'auteur prétend être Denys l'Aréopagite, Grec du premier siècle converti à Athènes par saint Paul (Actes des apôtres, 17: 34). Plus tard, on crut qu'il était le premier évêque d'Athènes, plus tard encore saint Denis de France. Ce n'est que vers 1450 que l'on démasqua cette supercherie. Pour éviter toute confusion, il reçut le nom de Pseudo-Aréopagite, ou Pseudo-Denys par abréviation. Toujours est-il que son influence fut considérable au Moyen Age et que la hiérarchie angélique la plus connue est la sienne.

Selon Denys le Petit, les trois ordres angéliques les plus élevés sont les séraphins, les chérubins et les trônes de l'Ancien Testament. Les deux trios suivants proviennent des différentes listes rédigées par saint Paul au fil de sa plume poétique dans le courant du premier siècle, tandis qu'il écrivait aux nouvelles communautés chrétiennes tout en faisant le tour du bassin méditerranéen pour construire la jeune Eglise ; comme tout écrivain qui a trouvé un bon filon, il se répète dans le cadre de ses différentes lettres aux Ephésiens, aux Romains et à la petite église de Colosses.

> *« Car en (Dieu) tout a été créé, dans les cieux et sur la terre, les êtres visibles comme les invisibles, Trônes et Souverainetés, Autorités et Pouvoirs. Tout a été créé par lui et pour lui.»*
>
> *Col 1: 16.*

> *« ... Bien au-dessus de toute Autorité, Pouvoir, Puissance, Souveraineté et de tout autre nom qui puisse être nommé, non seulement dans ce monde mais encore dans le monde à venir.»*
>
> *Ep 1: 21.*

Je ne suis pas une spécialiste de l'herméneutique sacrée mais je ne suis pas convaincue que Paul parlait nécessairement des anges quand il rédigeait ces lignes.

> *« Qui nous séparera de l'amour du Christ ? », écrivait-il à l'église de Rome. « La détresse, l'angoisse, la persécution, la faim, le dénuement, le danger, le glaive ? [...] Mais en tout cela, nous sommes plus que vainqueurs par Celui qui nous a aimés. Oui, j'en ai l'assurance : ni la mort ni la vie, ni les anges ni les dominations, ni le présent ni l'avenir, ni les puissances, ni les forces des hauteurs ni celles des profondeurs, ni aucune créature, rien ne pourra nous séparer de l'amour de Dieu manifesté en Jésus-Christ, notre Seigneur.»*
>
> *Rom 8: 35 ; 8: 37-39.*

Mais enfin, pourquoi des anges voudraient-ils nous séparer de Dieu ? Et pourquoi les Pères de l'Eglise ont-ils supposé que les souverainetés, les puissances, les pouvoirs, etc., étaient des anges et non pas des mots-force comme hauteur, profondeur, famine, péril et avenir ?

De toute façon, Denys le Petit classa les anges en trois groupes d'après la liste de saint Paul et tout le monde lui emboîta le pas :

1. séraphins, chérubins et trônes ;

2. dominations, vertus et puissances ;

3. principautés, archanges et anges (les plus bas dans la hiérarchie).

Certains remplacent «vertus» par «pouvoirs» et le pape Grégoire le Grand qui vivait au VIe siècle intervertit l'ordre de préséance des principautés et des vertus ; il fut pour cela vivement pris à parti par Dante dans la *Divine Comédie* : dans son ouvrage, le poète oblige le pape à lui présenter ses excuses devant toute la cour céleste, et reconnaître quelle erreur était la sienne !

Denys n'a pas été le seul à tenter de classer les anges. Saint Ambroise, évêque de Milan au IVe siècle, avait proposé une hiérarchie différente : séraphins, chérubins, trônes, principautés, dominations, puissances, vertus, archanges et anges. D'autres classements ont surgi dans différents travaux du judaïsme et dans la littérature apocryphe ; les oracles sibyllins proposent quatre catégories ; le «berger d'Hermès» en propose six ; Clément d'Alexandrie, sept ; et la piété populaire sept également. De tout cela, nous ne pouvons que conclure à notre totale ignorance – sans remède – à propos des anges.

D'après la pensée du haut Moyen Age, les dominations, les vertus et les puissances sont vêtues de longues aubes, sortes de robes qui descendent jusqu'aux pieds, ceintes d'une ceinture d'or et ornées d'une étole verte. Elles portent dans la main droite un bâton de commandement en or et dans la main gauche le sceau de Dieu.

Le groupe inférieur, qui comporte les principautés, les archanges et les anges, est vêtu d'un uniforme militaire avec ceintures dorées, hachettes et javelots ; plus tard, ils furent représentés par les artistes du Moyen Age et de la Renaissance tenant à la main des lis ou des oriflammes flottant au vent avec le texte de leurs messages d'espérance ; ou encore, plus simplement, priant les mains jointes.

Dès le IVe ou le Ve siècle, on avait déjà déterminé le nom de nombreux anges. D'autres noms apparurent régulièrement autant dans la tradition judaïque que dans la tradition chrétienne, jusqu'à se chiffrer à des milliers. Dans la tradition catholique, les noms (et, certes, le nombre) des archanges ont connu quelques fluctuations, ce dernier oscillant entre quatre et sept ; l'Eglise décida finalement que seuls sept anges nous sont connus par leur nom.

Les séraphins constituent l'ordre le plus élevé ; ils portent six ailes et entourent le trône de Dieu en chantant sans cesse : «Saint ! Saint ! Saint !» Ce sont des anges d'amour, de lumière et de feu.

Les chérubins sont les gardiens des étoiles fixes, ils tiennent à jour les archives célestes ; ce sont les dépositaires de la sagesse. Dans le Talmud, les chérubins sont identifiés à l'ordre des roues et également appelés *ophanim*. Leurs souverains en chef sont *Ophaniel, Rikbiel, Zophiel* et, avant sa chute, Satan.

Les trônes sont chargés d'apporter jusqu'à nous la justice de Dieu. On les appelle parfois les roues et, dans la Kabbale juive, les chars ou la merkabah. Un livre d'occultisme, le Zohar, classe les roues au-dessus des séraphins ; d'autres sources les mettent à la place des chérubins : tout cela n'est pas très clair. Le prince régnant des trônes s'appelle *Oriphiel, Zabkiel* ou *Zaphiel*.

Les dominations organisent et dirigent les tâches exécutées par les anges. C'est par les dominations que se manifeste la majesté de Dieu. Comme emblème de leur autorité, ils tiennent un globe ou un sceptre ; d'après la tradition hébraïque, le chef de cet ordre s'appelle *Hashmal ou Zadkiel*.

Les vertus sont chargées de faire sur terre les miracles. Ce sont les dépositaires de la grâce et de la bravoure.

Les puissances tiennent en échec les efforts des démons pour dominer le monde ; ou alors, ils dirigent les démons voire (suivant saint Paul) sont eux-mêmes des démons. Selon la source à laquelle on se réfère, le chef des puissances s'appelle *Ertosi, Sammael* ou *Camael*.

Les principautés sont les protecteurs de la religion. Dans Milton, c'est un certain Nisroc qui est «le premier parmi les principautés» ; d'après d'autres sources, on lui prête le nom de *Requel, d'Anael* ou de *Cerviel*.

Les archanges et les anges sont les gardiens des hommes et des choses physiques.

Dante et Béatrice au milieu des anges.
Gustave Doré, gravure, XIXe siècle.

Cependant, comme il est d'usage dans la tradition, les noms de ces sept anges varient également selon le texte que l'on consulte ; en réalité, seuls les noms des quatre archanges ne changent pas : Raphaël, Michel, Gabriel et Uriel. Les autres, échappés de la tradition judaïque ou populaire, sont : *Simiel, Oriphiel, Zachariel* (parfois nommés *Chamuel, Jophiel* et *Zadkiel*) que le concile de 745 appelle (non sans réprobation) *Uriel, Samiel* et *Raguel*. C'est précisément ce synode du Latran de 745 qui a condamné cette habitude d'attribuer des noms aux anges ; en effet, tous sont d'accord pour dire que seul Dieu peut rendre un vrai culte à Dieu ; le fait de rendre un culte aux anges, c'est comme concentrer son attention sur le doigt qui désigne la lumière, et non pas sur la lumière qu'il désigne. Mon chien a cette habitude : il regarde avec une adoration imbécile la main avec laquelle je lui montre son écuelle et il n'arrive pas à établir de rapport entre mon doigt et la nourriture que celui-ci désigne.

La position de l'Eglise n'a pas changé depuis, elle montre combien, au fil des siècles, les anges ne se sont pas seulement éloignés de l'homme, mais également de Dieu ; elle est loin l'époque où l'on considérait un ange comme l'incarnation de Dieu, la manifestation physique du Verbe de Dieu. Au premier siècle de notre ère, Philon le Juif (20 avant J.-C. – 50 après J.-C.), philosophe d'Alexandrie, écrivait que Dieu se montre au peuple sous la forme d'un ange ; non pas que Dieu lui-même change, mais chaque âme reçoit l'impression de sa présence sous une forme angélique différente. De la même manière, le Brahma hindou, impersonnel et sans forme, prend la forme d'un dieu pour visiter ses adeptes. De la même manière enfin, saint Augustin dit que le mot ange connote l'idée de Dieu : « C'est le nom du locataire et non celui du logis.»

> ***« Les anges sont des esprits, mais ce n'est pas parce qu'ils sont des esprits qu'ils sont des anges. Ils deviennent des anges quand ils sont envoyés en mission. En effet, le nom d'ange fait référence à***

leur fonction et non à leur nature. Si vous voulez savoir le nom de leur nature, ce sont des esprits ; si vous voulez savoir le nom de leur fonction, ce sont des anges, ce qui signifie messager.»

SAINT AUGUSTIN.

A partir du XVIIe siècle, le rôle des anges dans le salut des hommes perd son importance prépondérante ; c'est le Christ qui prend la première place dans cette médiation. Tout ce qu'il reste aux anges, c'est la faculté de nous mouvoir grâce à leur volonté et à leur intellect, d'orienter de façon invisible nos actions et c'est bien là, selon l'Eglise, le rôle auquel ils se cantonnent. Et pourtant, les anges ne cessent de se manifester de façon visible : impossible de les chasser.

✤

LA KABBALE

Pendant tous ces siècles, la population juive, en Europe, vivait côte à côte avec les chrétiens, tout en en étant totalement séparée. Quelle connaissance mystique a bien pu se transmettre entre ces deux populations, alors même que l'un de ces groupes aimants exterminait l'autre comme les anges au milieu des Assyriens, ou les expulsait en bloc : on se rappelle l'expulsion des juifs d'Espagne, puis d'Angleterre ; les massacres isolés en Allemagne et en France ; les lois interdisant aux juifs toute propriété foncière ; les pogroms en Europe de l'Est, où ils furent massacrés tantôt individuellement, tantôt par cités entières. Le simple fait de conserver leur langue, leur culture et leur identité en tant que peuple contraignit les Juifs du Moyen Age à l'isolation religieuse. Il est donc probable que l'enseignement de la Kabbale (que les Anglo-Saxons épellent aussi bien *Kabbalah* que *Kabala, Kabbala, Cabala* ou *Cabalah*) n'atteignit jamais les grands maîtres chrétiens du Moyen Age.

Le mot Kabbale provient de la racine hébraïque *kbl*, qui signifie «recevoir» ; ce terme est employé pour désigner des écrits mystiques tellement secrets (comme doivent l'être tous les enseignements authentiquement mystiques) qu'ils ne sont transmis que par oral d'un maître à son disciple. La Kabbale est tellement sacrée, tellement complexe et difficile à interpréter que nul ne doit se décourager de ne pas la comprendre. En fait, j'ai lu sur ce sujet un livre qui affirmait que, «dans une ville, pas plus de trois personnes ne sont capables de l'interpréter, dont deux de la même famille».

La Kabbale a été écrite il y a des siècles. Elle s'est développée en Palestine au Ier siècle et traitait essentiellement de la contemplation extatique du trône de Dieu ou chariot apparu à Ezéchiel. Les principaux textes n'apparurent pas avant le XIIe ou XIIIe siècle, et notamment en Espagne où fut rédigé le *Zohar*, ou «livre de la lumière».

La Kabbale comporte plusieurs autres livres, au premier chef le «livre de la création» ou *Sefer Yetzira*, écrit entre le IIIe et le VIe siècle ; il fut suivi au XIIIe siècle par le «livre de la splendeur» et par le «livre de l'image».

La Kabbale est un guide décrivant le chemin qui mène à Dieu ; ce chemin passe par toute une série de halls célestes et demande l'aide des anges. La Kabbale est remplie de longues descriptions expliquant comment escalader en toute sécurité une pyramide d'anges. Cette démarche demande de connaître des mots de passe secrets permettant de triompher des démons en chemin.

« Et les gens réfléchis resplendiront comme la splendeur [Zohar] du firmament.»

Dn 12: 3.

La tradition du char-trône de Dieu, que l'on appelle aussi *Merkabah*, a engendré d'autres traditions cabalistiques au sein desquelles les anges jouent un rôle essentiel. Une école allemande du XIIe siècle enseignait la doctrine des quatre mondes (qui émanent tous les quatre de Dieu) et également le fait que, pour l'instant, Dieu dépasse notre compréhension : toute tentative pour comprendre sa grandeur est vaine. Les quatre mondes sont les suivants:

1. Le monde physique, matériel, dans lequel nous vivons.

2. Le monde des dix armées d'anges, dont chacun a un nom et qui sont présidés par l'ange de plus haut rang, Métatron, qui a lui-même 76 noms.

3. Le monde des lumières, qui découle du plus haut monde, celui de Dieu.

4. Le monde où Dieu lui-même s'unit à son homologue féminin, *Shekhinah*, un mot qui n'apparaît pas dans la Bible mais seulement dans la littérature mystique et qui signifie «abri» ou «logement».

Dans la Kabbale, l'ange Métatron est appelé l'ange du Seigneur ; il commença son voyage sous le nom d'*Enoch*, un des prophètes du livre de la Genèse, qui se sanctifia tellement pendant sa vie que Dieu le transporta physiquement au ciel et le mit au premier rang des anges ; il l'appela ensuite Métatron, ce qui signifie «le plus proche du trône».

Enoch est cité dans deux autres livres occultes d'une authenticité douteuse qui décrivent tous les deux le chemin secret vers Dieu révélé à ce saint patriarche. Le premier livre d'Enoch est une traduction éthiopienne d'une traduction grecque faite en Palestine à partir de l'original hébreu ou araméen. C'est une compilation de plusieurs ouvrages. Les fragments les plus anciens furent écrits peu après le soulèvement des Maccabées contre les Romains en 168 avant J.-C. D'autres parties furent écrites beaucoup plus tard, jusqu'au IIe siècle de notre ère.

Le second livre d'Enoch, appelé le livre slavon, date approximativement du VIIe siècle mais il est fondé sur un livre juif plus ancien écrit vers l'an 70. Il décrit des voyages visionnaires, il comporte des calculs astrologiques et une angélologie très poussée, ainsi que la description de rencontres personnelles avec plusieurs divinités sur le chemin qui mène à Dieu.

Dans la Kabbale, il y a dix *sefirots*, ou anges : ce sont les canaux fondamentaux de l'énergie divine. Ce sont les dix attributs divins qui forment et gouvernent l'univers ; chacun s'épanouit comme une rose de lumière dont chaque pétale révèle une silhouette ailée. Comme dans le zoroastrisme, les noms des sefirots sont des abstractions : Fondation, Splendeur, Eternité, Beauté, Puissance, Grâce, Connaissance, Sagesse, Compréhension et Couronne.

Ils sont disposés selon une pyramide renversée. A la base se trouve l'ange ***Sandalphon***, dont l'amplitude dépasse les bornes de l'univers : il est plus grand que les autres par «un voyage de cinq cents ans». Sandalphon est l'esprit gardien. Les autres anges que l'on rencontre en chemin sont ***Samael***, l'ange du mal (également connu sous les noms de Satan et Lucifer), qui rutile de joyaux ; ***Zaphkiel***, l'ange de la contemplation ; ***Raphaël***, le médecin divin ; ***Gabriel***, qui détient la sagesse spirituelle ; et ***Michel***, le commandeur des armées célestes. Un autre ange cabalistique est ***Phanuel*** ou «la Face Divine».

Au sommet siège ***Métatron*** entouré de tempêtes, de tonnerre, de tornades et d'éclairs. Il a 72 ailes et d'innombrables

---

« Quand tel est le bon plaisir du Seigneur, les bons esprits apparaissent aux autres, ainsi qu'à eux-mêmes, comme des étoiles vivement brillantes, qui scintillent en fonction de leur foi et de leur charité ; mais les esprits mauvais apparaissent comme des agglomérats de charbons ardents.»

EMMANUEL SWEDENBORG,
Memorabilia, n° 7.

yeux étincelants. Ses cils sont d'éclair, ses os de charbon ardent, ses tendons et sa chair de flamme.

Au-delà de toutes ces créatures se trouve la contemplation mystique de Dieu, si distant que nul ne peut imaginer ce qu'il est. Mais le chemin de la contemplation induit une capacité d'amour de plus en plus importante, qui permet finalement de voir que toute vie est sainte, toute vie est Dieu et abandon à l'amour : tout ce que nous faisons dans cet état exalté de prière ou de contemplation constitue un acte de création, et cet acte lui-même crée, à partir de Dieu, de nouveaux anges.

L'acte le plus haut de tous est le *mitzvot*, l'étude et la pratique de la *Torah*, la prière, l'amour et le repentir. Tout *mitzvot* fait par un homme n'est pas qu'un acte spirituel, sacré en soi, mais un acte de transformation du monde matériel.

Les grands rabbins de Palestine et d'Europe ont suivi ces sentiers mystiques ; de saints hommes aussi dévots que l'on peut l'être ont parcouru notre terre ; et ils ont exercé une profonde influence sur le mouvement hassidique, un mouvement social du XVIIIe siècle qui existe encore de nos jours, au sein de groupes restreints.

Dans les livres d'histoire, nous n'entendons parler que de grands prophètes et de grands philosophes, ou encore de saints et de mystiques assez célèbres pour que l'on écrive à leur sujet.

Mais combien de personnes ont vu des anges, ont parlé avec eux, et nous ne savons rien d'eux ?

✤

Dans le domaine de l'angélologie, certains siècles sont plus riches que d'autres ; de même, les XIIe et XIIIe siècles sont particulièrement féconds en théologie et littérature, les XIVe et XVe siècles en art européen. Mais, à partir de la fin de la Renaissance, l'intérêt pour les anges décline. Martin Luther (1483 – 1546) fait référence à ses «guides, les saints anges» ; pourtant les protestants, dans leur ensemble, n'accordent guère d'attention aux anges. Jean Calvin (1509 – 1564) déplore toute cette vaine et stérile spéculation à leur propos : l'intérêt pour les choses spirituelles est remplacé par l'excitation qui entoure la découverte du Nouveau Monde et des nouveautés scientifiques. Parmi les gens sérieux, plus personne ne croit que le soleil ou la lune sont des anges, pas plus que nous ne sommes guidés par des forces angéliques. Copernic et Galilée renversent l'ordre de l'univers en démontrant «comme le savaient des populations et des civilisations antérieures» que notre planète, la Terre, tourne autour du Soleil, et que, par conséquent, nous ne sommes pas le centre de l'univers. Pendant ce temps, de nouvelles frontières s'ouvraient en Amérique. Brusquement, le vieux monde de la religion et des anges ne semblait plus aussi passionnant.

Et pourtant, dans leurs coins respectifs, quelques mystiques ou génies continuaient à voir des anges et à décrire ce qu'ils avaient découvert.

✤

L'un d'entre eux se nommait Emmanuel Swedenborg (1688 – 1772), grand théosophe et visionnaire suédois, né à Uppsala. C'était aussi un homme de science, qui eut l'intuition de la théorie du magnétisme et inventa la mitrailleuse. Il fut le premier à utiliser du mercure pour fabriquer une pompe à air. C'est le père de la cristallographie. En 1714, il devint membre de la commission suédoise des Mi-

---

« Islam signifie abandon. Musulman signifie celui qui s'abandonne à Dieu.»

nes. Il démissionna trente-trois ans plus tard pour se consacrer à des études découlant de ses communications avec les anges : c'était un voyant. Pour approfondir ces études, il apprit l'hébreu et écrivit de la façon la plus simple et la plus naturelle ce qu'il voyait. Parmi ses livres, citons *Memorabilia ou le monde de l'esprit grand ouvert* ; *Journal spirituel* ; *Le ciel et ses merveilles et l'enfer*; *Sagesse angélique* ; *A propos de l'amour et de la sagesse divine*. Ces œuvres sont imprimées sur du papier bible d'une extrême finesse en caractères minuscules. Cependant, elles déclenchèrent à l'époque la création d'associations Swedenborg, et elles exercèrent une profonde influence notamment sur le poète William Blake et, plus tard, sur Johann Wolfgang von Goethe.

> «Car il a plu au Seigneur de se manifester à moi. Il a ouvert les entrailles de mon esprit et lui a permis de frayer avec les anges dans le monde spirituel, et en même temps avec les hommes dans le monde naturel et cela depuis vingt-sept ans.»
>
> EMMANUEL SWEDENBORG,
> *Amour conjugal.*

> «De très beaux arcs-en-ciel m'apparurent, comme les fois précédentes, mais plus beaux encore avec une lumière du blanc le plus pur au centre duquel se trouvait quelque chose d'obscur, de terrestre ; mais cet aspect d'un blanc de neige, très éblouissant, était agrémenté par un autre rayonnement, qui était lui-même pointillé de petites lumières jaunes, comme de petites étoiles, ainsi que par d'autres agréables variations ; ainsi que, si mes souvenirs sont exacts, de fleurs de différentes couleurs tout autour, qui pénétraient au cœur de la partie la plus brillante. Cela, je le voyais de l'œil gauche. De l'œil droit, je voyais des spectacles d'une beauté extrême, qui se distinguaient par la beauté de leurs bleus et des couleurs analogues ; en effet, l'œil droit représente

les affections et ce sont d'elles que dérivent les couleurs : non pas du blanc brillant, mais du blanc couleur de flammes.»

EMMANUEL SWEDENBORG,
Grand journal, 21 octobre 1748.

D'après Swedenborg, un esprit ou un ange n'est pas formé de substance matérielle : il ne peut donc pas réfléchir les rayons du soleil afin de se rendre visible. Par conséquent, nous voyons les anges soit parce que l'ange adopte momentanément un corps matériel, soit parce que notre œil intérieur ou spirituel s'ouvre, ce regard dirigé vers l'intérieur grâce auquel nous pouvons voir. Mais les mondes spirituels ne se dévoilent que proportionnellement à la capacité du sujet à les recevoir ; ce qui se manifeste ne peut dépasser la bonté et la vérité détenues par cette personne.

Les anges révélèrent à Swedenborg une foule de choses, y compris le fait que l'âme imprègne le corps non pas comme un oiseau en cage, mais comme l'eau dans une éponge : chaque pore de notre être est totalement saturé d'âme. Après notre mort, nous gardons notre sexe : l'homme devient un esprit masculin, la femme un esprit féminin ; si deux êtres se sont aimés sur terre, ils continuent à s'unir dans l'au-delà. Les anges décrivirent à Swedenborg le ciel, qui est une émanation de l'amour infini. Le divin ne réside pas quelque part dans l'espace mais dans l'amour ; ils lui dirent que « chacun (esprit, ange ou pécheur endurci qui trouve son plaisir dans l'adultère, le vol, le blasphème, le mensonge) peut accéder à ce en quoi il trouve ses délices ; telles sont les délices à nos propres narines... Chacun, bon ou mauvais, a droit à ce en quoi il trouve ses délices : délices du bien ou délices du mal... Et s'il se trouve que c'est le mal dont nous faisons nos délices, nous sommes rejetés, et nous tombons dans les tourments !

Et il décrit longuement les anges.

Les anges, nous dit-il, respirent une atmosphère adaptée à leurs poumons angéliques. Non seulement ils parlent mais ils écrivent ; il faut dire que nous n'avons pas besoin de Swedenborg pour nous révéler cela, car une des sœurs du couvent de sainte Thérèse d'Avila (1515 – 1577) a vu un jour la sainte en méditation devant son bureau : sa plume se trempait d'elle-même dans l'encrier et écrivait ses mémoires sans qu'elle ait besoin de la tenir.

La façon dont les anges parlent est merveilleuse ; ils expriment leur affection avec des voyelles, affirme-t-il, leurs idées avec des consonnes et leurs communications totales avec des mots. Les anges, continue Swedenborg, sont incapables de tenir un langage humain comportant des doutes et des idées, des conflits et des polémiques. La raison en est simple : les anges ne peuvent exprimer que ce qui reflète avec une sincérité parfaite l'amour qui les habite ; donc, leur message est toujours le même : un irrésistible, un inconditionnel amour. Est-ce la raison pour laquelle de simples humains doivent parfois servir de canaux angéliques, quand les anges eux-mêmes sont incapables de le faire ?

> ***« Si le soleil ou la lune doutaient, ils s'éteindraient immédiatement.»***
>
> WILLIAM BLAKE,
> *Chants et ballades.*

Les anges, affirme Swedenborg, n'ont pas de puissance par eux-mêmes. Ils sont les agents de Dieu et, s'il arrivait qu'un ange doute de qui lui vient sa puissance, il deviendrait instantanément si faible qu'il ne pourrait résister à un seul esprit mauvais. (Vous voyez, Swedenborg aussi croyait aux esprits mauvais ; en plusieurs occasions, il fut lui-même attaqué, comme cela arrive à tant de saints, par des diables et des esprits.)

«C'est la raison pour laquelle, écrit Swedenborg dans *Le ciel et ses merveilles et l'enfer,* les anges ne revendiquent pour eux-mêmes aucun mérite, et ils ont en horreur toute louange et toute gloire pour ce qu'ils font ; ils retournent toute louange et toute gloire vers le Seigneur.»

> *« Du fait qu'il est, dans son essence même, amour, c'est-à-dire amour divin, [Dieu] apparaît aux anges dans le ciel comme un soleil ; et de ce soleil irradient chaleur et lumière ; la chaleur... étant dans son essence amour, et la lumière... sagesse ; et pour autant que les anges reçoivent cette chaleur et cette lumière spirituelles, ils sont amour et sagesse ; non pas amour et sagesse par eux-mêmes, mais par le Seigneur.»*
>
> EMMANUEL SWEDENBORG,
> *Sagesse angélique :*
> *à propos de l'amour et de la sagesse divine.*

Les anges de Swedenborg lui tenaient compagnie en permanence, chuchotant à son oreille et lui chantant des hymnes. Il écrit les communications spirituelles qu'ils lui ont adressées : des idées surgissant à son esprit comme l'éclair. Dans l'une de ces instructions, il apprit que les anges considèrent que tous les événements procèdent de Dieu, mais pas de la façon dont le croient les hommes ou les esprits mauvais : ces derniers voudraient que tout se déroule de la façon dont ils le désirent et, quand ce n'est pas le cas, mettent en doute ou même nient l'existence de Dieu ; les anges, eux, acceptent l'événement dans une effusion de foi. Les anges de Swedenborg lui ont répété et répété encore que nous autres, pauvres êtres, ne devons pas nous soucier de l'avenir mais seulement faire confiance à la Providence. Car celle-ci nous comblera de tout ce que nous pouvons désirer, pas nécessairement au moment où nous les souhaiterions, mais plutôt, si tel est notre bien, plus tard, quand nous n'y pensons même plus.

Cela me rappelle les messages de la Vierge Marie à Medjugorje. Est-ce que tous les esprits n'essaieraient pas de nous dire la même chose ? Les écrits de Swedenborg sont d'une lecture ardue, ils sont même un peu loufoques ; on ne les lit plus guère de nos jours, même si leur influence a largement dépassé les frontières de la Suède natale du vivant de leur auteur. Les idées de ce dernier ont eu un impact particulièrement important sur un autre philosophe, Rudolf Steiner.

✤

Steiner naquit en 1861 dans la partie germanophone de la Tchécoslovaquie, qui faisait alors partie de l'Empire austro-hongrois ; dès l'âge de huit ans, il constata qu'il était doté d'un don de clairvoyance et qu'il avait la capacité de voir des mondes et des créatures invisibles aux autres gens. Il ne commença à révéler ses conversations avec ces êtres désincarnés que quand il atteignit la quarantaine ; à partir de ce moment et jusqu'à sa mort, qui le frappa en 1925 à l'âge de 64 ans, il enseigna sans cesse et écrivit abondamment ce qu'il avait vu et compris.

Brillant et inspiré, Steiner avait, comme Swedenborg, une formation pluridisciplinaire ; ses travaux touchent notamment l'histoire naturelle, les mathématiques, la philosophie, les arts, l'architecture, la médecine, la pédagogie et l'agriculture. Sa thèse de doctorat porte le titre de *Vérité et connaissance* ; il a traduit les œuvres de Goethe et, un peu avant la quarantaine, commença à enseigner à Stuttgart, à l'école de la Waldorf Astoria Tobacco Company ; c'est là qu'il mit au point un système d'éducation remarquable, encore suivi aujourd'hui dans le monde entier dans les écoles Waldorf. Il enseigna également dans le cadre de la société théosophique («la sagesse des dieux»), puis rompit avec celle-ci quand sa directrice, Annie Besant, décida qu'un jeune Indien, Krishnamurti, était une réincarnation du Sauveur. Steiner créa alors sa propre école de pensée, nommée l'anthroposophie («la sagesse de l'homme»). C'était un cerveau exceptionnel qui réussit tout ce qu'il étudia mais, aux yeux de beaucoup, c'était un fou.

En tout cas, ce n'était pas un mystique. Un mystique rentre en lui-même, il contemple et médite pour découvrir l'unité fondamentale des choses. La mission de Steiner était au contraire de différencier. Comme les alchimistes médiévaux, sa méthode de recherche consistait à pousser ses investigations dans le monde des substances physiques afin de développer un modèle conscient et délicat du monde spirituel. Il considérait son travail comme une œuvre scientifique et il avait l'intuition que nous sommes au seuil d'un nouvel âge pendant lequel les mystères ne seront plus détenus par des hiérophantes et prêtres de sociétés secrètes, mais divulgués à tout un chacun.

Steiner a décrit sa propre hiérarchie des anges, qui diffère de celle de Denys et de celle de saint Thomas d'Aquin. Il la tire de sources grecques classiques ou judaïques ; pour compliquer un peu les choses, ses anges sont liés à des mondes cosmiques disparus. Dans le système de Steiner, les séraphins, les chérubins et les trônes (dans cet ordre décroissant) forment la première hiérarchie. Les séraphins reçoivent de la Trinité les idées et les buts du système cosmique. Les chérubins transposent ces idées en projets humains réalisables. Les trônes, «figurativement parlant», précise-t-il, travaillent avec les hommes à mettre en pratique les idées reçues de Dieu par les séraphins et méditées par les chérubins.

Après cela viennent les dominations, les puissances et les pouvoirs, suivies par les archaïs, les archanges et les anges. Les anges, ou angeloï, sont tout en bas de l'échelle. Tout être humain, enseigne Steiner, a un ange qui le guide d'incarnation en incarnation (car Steiner croyait en la réincarnation : soit sur notre planète, soit dans d'autres mondes). A un moment donné, vous pouvez demander à votre ange de vous révéler vos incarnations précédentes.

Les anges, tout en bas de la hiérarchie, se tiennent derrière chaque homme ; leur main est posée sur l'épaule de la personne et leur influence se manifeste avec davantage de force pendant l'enfance. Au fur et à mesure que la personne vieillit, l'ange se retire de façon à permettre à l'homme de développer sa liberté et sa personnalité individuelles, entre l'âge de vingt-cinq ans et l'âge de quarante ans, au moment où la fondation d'un foyer et le développement d'une carrière occupent la plus grande partie de la conscience. Plus tard, l'être angélique se rapproche de nouveau de la personne quand celle-ci, entre deux âges, s'intéresse de nouveau de plus près à la dimension spirituelle.

Les anges sont des esprits d'eau ; ils règnent sur une sphère qui va de la Terre à la lune.

Les archanges sont des esprits de feu ; ils ne gouvernent pas des personnes individuelles mais veillent sur l'évolution des races et des peuples. Ils gouvernent les relations qui existent entre les individus et l'ensemble d'un peuple ou d'une race. Leur sphère d'influence s'étend de la Terre à Mercure.

Pour atteindre le sommet de cette triade, nous arrivons aux *archaïs*, ou esprits de personnalité, qui gouvernent les relations de toute l'espèce humaine sur la Terre. Ces anges vivent dans les ondes du temps ; d'âge en âge, ils changent de corps spirituels et représentent «l'esprit d'un temps». Ils règnent jusqu'à Vénus.

Ce sont d'eux que proviennent ces êtres d'exception descendant sur terre pour nous conduire : les *bodhisattvas*, les *yogis*, les prophètes et les saints qui ont les apparences d'êtres humains mais n'en sont pas ; car l'apparence n'est que «*maya*», c'est-à-dire illusion, comme tout sur cette terre, y compris la matière physique qui n'est qu'illusion.

L'œuvre de Steiner, comme la Kabbale, est trop riche pour être décrite en détail mais il vaut la peine de noter que Steiner a fondé son épistémologie sur la pensée : cette méthode n'a rien de commun avec les rencontres liées à l'expérience (la fente dans le rideau) qui abondent dans les écrits mystiques. Steiner s'unissait avec les esprits de la nature, il était entouré d'anges, mais son constructivisme teuton strict et réfléchi diffère complètement des messages des saints ou des descriptions larmoyantes et pleines de sève, de fées, d'elfes et d'anges du folklore. Steiner se cantonnait à une approche scientifique.

Quant à moi, c'est avec soulagement et reconnaissance que je retourne aux mystiques classiques, ces hauts visionnaires intellectuels qui ont eu la grâce de voir Dieu, qui ne manifestent nul intérêt pour les chœurs des anges ou leur hiérarchie mais seulement pour la pureté de leur âme.

> *« Dieu, dans Votre grande bonté, donnez-Vous à moi : Vous me suffisez ; je ne puis rien Vous demander de moins que de Vous adorer pleinement. Et si je Vous demande moins que cela, toujours je reste en manque ; car seulement en Vous, j'ai tout.»*
>
> JULIEN DE NORWICH,
> *Révélations de l'amour divin.*

TROISIÈME PARTIE

Des images et des rêves

CHAPITRE VIII

Des ailes du silence

« Il est un dieu qui façonne nos fins dernières,
Qui ébauche ce que nous deviendrons.»

WILLIAM SHAKESPEARE,
Hamlet, V, 2.

✤ 1 ✤

Quand les dieux étaient jeunes, ils créèrent les hommes pour jouer avec eux. Mais les hommes refusèrent de se prêter au jeu ; ils se rappelaient d'où ils venaient et ne demandaient qu'une chose : pouvoir retourner se jeter dans la félicité de Dieu. Du coup, les dieux détruisirent cette engeance, puis tinrent conseil : où pouvaient-ils se cacher en sorte que les hommes ne puissent les retrouver ni gâcher le jeu ? Ils réfléchirent, réfléchirent. Ils ne parvenaient pas à découvrir une cachette parfaite. S'ils allaient sur la Lune, l'humanité construirait des fusées pour les y suivre. S'ils se cachaient au fond des océans, les hommes plongeraient avec des bathyscaphes. Le sommet du mont Everest ? Le centre de la terre ? Nul endroit n'était à l'abri des investigations humaines.

Puis, la déesse de la sagesse prit la parole :

– Cachons-nous dans le cœur de l'homme, suggéra-t-elle. Jamais ils ne penseront à venir nous y chercher.

C'est ainsi que les dieux créèrent une humanité nouvelle et se cachèrent dans le cœur de chaque homme et de chaque femme ; et ils jouent avec leurs enfants comme avec des poupées qui, comme elles ne parviennent pas à trouver Dieu, se conforment aux règles du jeu.

✤

Hugh Hildesby est curé de l'église du Repos céleste ; il affirme que l'un de ses paroissiens est un ange. Ce paroissien s'appelle Phil, il vit dans la rue : comme on dit, c'est un clochard. D'après Hugh, Phil est également un messager. Phil, non content d'être schizophrène, est sans domicile fixe : il refuse de vivre à l'intérieur, il dort sous les porches et a son petit circuit, ses points de repère dans le quartier. Pendant la journée ou quand il fait froid, il vient s'asseoir dans l'église. Il est sale. Il est vêtu de haillons. Il ne se lave jamais. Il sent mauvais. Il parle tout seul, bafouillant des mots sans suite tandis qu'il chemine ; de temps en temps, il se met en colère et éclate en imprécations contre les passants. Il est repoussant et inquiétant, mais il nous garde honnêtes.

Un beau jour, on enterrait un grand avocat. Phil était assis sur un banc au fond de l'église ; il était si sale qu'il empestait ; le moins que l'on pouvait dire est qu'il n'était guère décoratif. L'avocat associé du défunt vint voir Hugh et lui demanda avec un dédain discret :

– Ne pourriez-vous pas le mettre à la porte ?

– Je vous comprends parfaitement, répondit aimablement Hugh. Bien sûr, je puis le mettre à la porte. Sachez néanmoins que, s'il sort, je sortirai avec lui. Il est chez lui ici. Voilà dix ans qu'il fait partie de cette paroisse.

L'avocat le dévisagea, interloqué :

– Je crois comprendre... Pardonnez-moi de vous avoir demandé.

Ainsi, Phil est le phare qui nous permet de nous situer en vérité.

Le soir de Noël, il y a quelques années, les paroissiens organisèrent un réveillon après la messe de minuit ; tout le monde était réuni dans la salle paroissiale, avec des biscuits et du café ; à ce moment-là, une voix magnifique retentit dans l'église, une voix qui chantait «Sainte nuit». C'était une vraie voix d'opéra, magnifique ; tout le monde tendit l'oreille avec stupéfaction et l'on se précipita dans l'église pour voir qui chantait :

– C'étaient Phil et Dieu, dit Hugh.

> ***« On ne peut d'aucune façon prétendre que le ciel est extérieur à quiconque ; le ciel est en nous... et l'homme lui-même, pour autant qu'il reçoive le ciel, est un bénéficiaire, un ciel, un ange.»***
>
> EMMANUEL SWEDENBORG,
> *Archano Caelestia.*

✤

Il est étrange de constater combien de temps et d'attention les théologiens médiévaux (ou les Steiner contemporains) ont consacré à déterminer l'ordre hiérarchique des anges. Les anges ne vivent pas en un endroit particulier, pas plus que Dieu. Ils vivent dans l'espace de l'éternité, au fond de nos cœurs. Il m'arrive, quant à moi, de penser que chacun de nous sert à l'occasion d'ange ou de canal à Dieu, quand nous sommes touchés par les ailes du silence et poussés à des actes angéliques. J'ai parlé plus haut de ces étrangers qui font irruption dans nos vies pour nous apporter les nouvelles dont nous avons besoin. D'ailleurs, quand quelqu'un nous touche de façon spéciale, nous en sommes conscients. Nous ressentons alors une sorte d'angoisse, une forme d'appel insistant que nous ne pouvons ignorer.

A l'époque où je vivais à New York, je devais un jour me rendre à la plage et j'étais en train de préparer le pique-nique pour mes enfants quand je fus brusquement envahie par une terrible angoisse : il ne fallait pas que j'aille à la plage, il fallait, coûte que coûte, que je déjeune avec mon rédacteur en chef. Je fis donc voler en éclats les projets de quatre personnes, sans compter mes pauvres enfants ; j'annulai toutes nos dispositions pour aller à la plage et me précipitai à Manhattan sans savoir ce qui me poussait ; je m'en voulais d'avoir changé d'avis.

Au restaurant, à la table voisine de la nôtre, je reconnus un monsieur que j'avais perdu de vue depuis dix ans. Or, bien que nous ayons perdu tout contact, il était urgent que nous nous voyions, fût-ce brièvement, pour conclure des affaires laissées en suspens des années auparavant. Si je n'avais pas déjeuné avec mon rédacteur en chef, je n'aurais plus jamais eu l'occasion d'être à New York en même temps que ce monsieur.

Ma fille Molly a eu, naguère, une expérience analogue. Elle avait projeté de passer la nuit à Manhattan avec une amie ; soudain, elle fut prise par la même angoisse : elle sentait qu'il lui fallait rentrer chez elle, à Brooklyn. Il était une heure du matin ; elle se trouva dans le métro juste à temps pour rencontrer et guider chez elle une vieille dame qui, toute seule, aurait eu bien du mal à se mettre en sûreté.

✤

Elizabeth Paige est écrivain. En 1984, elle partit seule pour la Grèce et se rendit dans l'île de Paros. Elle avait l'intention d'y rester deux jours avant de continuer vers la Crète. Cependant, le jour du départ, elle se sentit envahie par de puissantes vagues de doute. Quelque chose en elle insistait pour qu'elle restât. Pourtant, elle n'avait aucune raison de le faire : elle l'avait déjà vue, cette île ! Elle se réprimanda vertement, régla sa note d'hôtel, acheta son billet pour prendre le bateau et embarqua ; elle fut alors saisie d'une telle anxiété que, soudain, elle se précipita vers la coupée et, bousculant les passagers qui montaient, dégringola sur le quai. Immédiatement, elle se sentit soulagée. Perplexe, elle rentra à l'hôtel.

Voilà qu'elle avait devant elle deux jours de plus sur l'île.

Le lendemain matin, décidée à rester à l'ombre, elle prit son carnet à dessin et alla s'installer dans une ruelle ombragée du village où elle resta plusieurs heures à dessiner, sans penser à quoi que ce soit. A l'heure du déjeuner, elle passa successivement devant tous les restaurants du village sans s'y arrêter, puis continua sa marche et emprunta la route au-dessus de la falaise ; c'étaient ses pieds qui la guidaient.

Il faisait une chaleur torride. Elle était seule. Il était midi et voilà qu'elle marchait en plein soleil, exactement ce qu'elle s'était juré d'éviter. Elle marchait avec la mer à sa droite et la garrigue à sa gauche. Elle ne tarda pas à avoir soif. Pas un arbre pour s'abriter de la chaleur réverbérée par la rocaille ; et ses pieds continuaient à la guider.

Au bout de quelques kilomètres, elle aperçut une petite maison sur sa droite, avec un pin planté devant. La maison était fermée, les volets clos ; il y avait un papier sur la porte avec un numéro de téléphone. Elle le considéra un moment,

---

« Dès que vous savez vous faire confiance, vous savez comment vivre.»

JOHANN WOLFGANG VON GOETHE.

se demandant si les mots grecs qu'elle voyait signifiaient «à louer».

Alors, comme elle avait chaud et soif, et qu'elle se sentait fatiguée, elle descendit les cinq ou six marches de pierre qui menaient à la maison et s'allongea, soulagée, à l'ombre du pin.

Elle ne s'était pas reposée cinq minutes qu'un scooter vint s'arrêter sur la route, juste devant la maison. Les deux femmes qui arrivaient la dévisagèrent avec curiosité, puis la plus âgée descendit de son siège et la plus jeune repartit. Brusquement, Elizabeth eut l'intuition qu'il s'agissait de la propriétaire. Elle se leva, confuse de son sans-gêne et hésita un instant : elle était trilingue et se demandait en quelle langue s'adresser à cette dame. Sans raison particulière, elle décida de faire appel à son français scolaire :

– Pardon, Madame ![1]

J'ai vu l'ombre de votre arbre...

La femme la regarda avec surprise : il se trouvait qu'elle était française et ne parlait pas un mot d'anglais. Elle insista pour inviter Elizabeth à l'intérieur : ne voulait-elle pas boire un peu d'eau ? Elizabeth avait soif et fort envie de voir l'intérieur d'une maison grecque ; de surcroît, cette femme avait une physionomie avenante : Elizabeth accepta.

Son hôtesse, Nicole, était à Paros pour rendre visite à sa fille. Elle expliqua à Elizabeth les raisons de sa surprise en la voyant couchée sous l'arbre :

– Nous vous avons vue hier sur la plage avec votre carnet à dessin et j'ai dit à ma fille : «Cette femme est seule, comme moi, mais elle a l'air sereine et satisfaite. J'aimerais lui parler.» Et voilà que je vous trouve chez moi ! C'est un miracle !

Pendant la guerre, Nicole avait fait de la résistance. Elle avait épousé un pasteur protestant, élevé leurs enfants et, au bout de trente ans de mariage, avait été abandonnée par son

1. En français dans le texte. (NdT)

mari qui était parti avec une femme plus jeune. Depuis, elle vivait dans un état de colère permanente ; elle était incapable de pardonner à son mari, ni d'oublier cette femme qui avait été son amie.

Elles bavardèrent. Elizabeth s'étonnait elle-même en constatant l'aisance avec laquelle elle parlait français. Elle ignorait qu'elle connaissait si bien cette langue.

A un moment donné, son hôtesse se tourna vers elle :

– Dites-moi : vous savez qui est Dieu ?

Cette question inattendue n'eut pas le don de surprendre Elizabeth :

– Je ne puis vous dire qui est Dieu, répondit-elle, mais je puis vous dire comment le trouver.

Et elles passèrent l'après-midi à parler avec passion de méditation, de chemin spirituel, de pardon et de prière ; elles échangèrent des propos sur la souffrance et l'amour, sur l'écrivain Kazantzakis, le Bouddha et le Christ. Elizabeth raconte qu'elle parlait avec une fougue qui l'étonnait elle-même. Elle exprimait en français des choses qu'elle aurait eu le plus grand mal à dire en anglais ; avec stupéfaction, elle entendait les mots sortir de sa bouche, elle parlait de Dieu.

Avant qu'elle ne reparte, elles s'agenouillèrent ensemble et prièrent. C'en était gênant de simplicité : deux femmes entre deux âges qui priaient à genoux sur le sol pavé, demandant d'être délivrées de la souffrance et de pouvoir de nouveau aimer et faire confiance. Elles demandèrent de parvenir à la connaissance de Dieu. Puis, Elizabeth retourna à pied à son hôtel, émerveillée par cette rencontre. Etait-ce là la raison pour laquelle elle avait été incapable de repartir la veille ? Elle se sentait pénétrée par un vif sentiment d'humilité en voyant la bonté de Dieu qui lui avait donné – en français – les mots qu'il fallait, qui lui avait fait ce cadeau de servir de canal à ces mots divins. Elle le savait, ce n'était pas Elizabeth qui avait parlé avec une telle éloquence, cet après-midi-là.

Le lendemain, elle partit pour la Crète.

Un an plus tard, elle reçut de Nicole une lettre en anglais dictée sur son lit d'hôpital : elle se mourait d'un cancer, racontait Nicole, et elle voulait qu'Elizabeth sache combien leur rencontre, cet après-midi-là en Grèce, avait changé sa vie. Elle considérait l'événement comme un miracle, affirmait-elle, car, à partir de ce moment-là, elle avait été guérie de sa colère et avait commencé à faire la paix avec Dieu. Elle était mourante mais elle voulait qu'Elizabeth sache.

✤

Une fois, un ange m'est apparu sous la forme d'un cygne. A moins que ce cygne n'ait été un ange. Ou encore, cette anecdote est-elle une simple coïncidence que j'interprète à ma façon ? *Post hoc, ergo propter hoc* : c'est-à-dire que l'on attribue à deux événements un lien de causalité, alors qu'il n'y a qu'une coïncidence chronologique. Voici donc une autre histoire de voile, un incident tout bête celui-là, qui ne risquait pas de faire de victime.

C'était par une froide nuit d'automne, la nuit du 30 septembre au 1er octobre, dans le détroit de Long Island ; la lune dans son dernier quartier était en train de se lever entre des nuages échevelés par la tempête.

David et moi avions laissé les enfants à mes beaux-parents, loué un sloop de neuf mètres et pris la poudre d'escampette pour deux jours de vacances en tête à tête. Ceux qui ont fait de la voile dans le détroit de Long Island reconstitueront aisément notre itinéraire.

Nous mîmes à la voile sur la côte du Connecticut et un fort vent portant nous fit traverser rapidement le détroit ; nous entrâmes dans Port Jefferson exactement à l'heure prévue : c'était la fin de l'après-midi. Nous comptions nous amarrer à quai pour la nuit, dîner au restaurant, peut-être aller au cinéma et rentrer le lendemain. Cependant, quand nous arrivâmes à Port Jefferson, nous vîmes les signaux hissés : avis de coup de vent. On nous interdit de nous amarrer à quai car le vent s'engouffrait droit dans l'entrée du port : nous serions drossés contre le quai. Et de toute façon, il n'y avait plus de place, nous devions aller mouiller dehors.

Nous descendîmes à terre pour acheter notre dîner : un poulet et une bouteille de vin ; et nous ressortîmes au moteur pour trouver un abri pour la nuit.

A l'extrémité ouest de l'avant-port s'ouvre un chenal en forme de L qui conduit à une lagune assez profonde bordée de vasières découvrantes. Le centre de la lagune est occupé par une île de vase encombrée de joncs ; la côte ouest de la lagune est accore, avec de hauts promontoires sur lesquels sont bâties d'imposantes demeures : un site magnifique.

Nous embouquâmes prudemment au moteur ce chenal coudé en suivant avec attention notre progression sur la carte ; nous jetâmes l'ancre pour la nuit. A peine avions-nous mouillé qu'un individu descendit sur le rivage et se mit à nous faire de grands signes :

– Vous ne pouvez pas jeter l'ancre là, cria-t-il. Les courants sont trop violents. Vous allez vous faire jeter à la côte.

– Où pouvons-nous mouiller ? demandâmes-nous.

Il nous fit signe d'avancer d'une centaine de mètres : là, nous serions en sécurité. Fatigués et à bout de patience, nous hissâmes l'ancre ; nous avançâmes au moteur de la distance qui nous semblait convenable, mouillâmes de nouveau et attendîmes que le bateau rappelle sur son câble d'ancre. Le soleil couchant était en train de disparaître derrière les maisons sur la falaise ; la lumière du crépuscule ne tarda pas à s'estomper, puis à disparaître. L'homme était rentré chez lui depuis longtemps ; les seules lumières en vue étaient les yeux jaunes des maisons qui clignotaient sur la colline. Nous restâmes un moment sur le pont, frissonnants de froid ; nous regrettions de ne pas avoir une deuxième ancre à bord pour mouiller par l'arrière. Nous nous serions sentis plus en sécurité sur ce fond de vase. Cependant, notre ancre avait solidement croché : nous pensions que la nuit se passerait sans histoire.

Nous descendîmes dans le carré nous préparer un délicieux dîner à base de poulet, de riz et de salade ; nous mangeâmes à la chaude lumière d'une lampe à pétrole. Après manger, nous nous effondrâmes sur nos couchettes, fatigués comme tous ceux qui ont fourni un dur travail. A minuit, nous fûmes réveillés en sursaut. L'étrave du bateau tanguait violemment comme si celui-ci était amarré trop court de l'arrière. Nous enfilâmes en hâte pantalons, baskets et tricots et nous nous précipitâmes sur le pont ; un fantôme de lune courait entre les nuages déchiquetés et le vent avait fraîchi, il sifflait dans les haubans et faisait claquer les drisses contre le mât.

Nous comprîmes ce qui s'était passé : le bateau, au gré des courants, avait évité en tous sens sur son mouillage tant et si bien que le câble d'ancre s'était engagé dans l'hélice. Il était coincé sous la voûte et le bateau, bridé par l'arrière, rappelait violemment en tanguant sur sa ligne d'ancre. Pire, il avait arraché son mouillage et nous dérivions vers la côte.

Nous ne savions que faire : impossible de mettre le moteur en route et de tirer au large à cause du cordage enroulé autour de l'hélice ; nous risquions de casser les pales. Nous ne pouvions nous mettre à l'eau pour essayer de libérer la ligne d'ancre de l'hélice : l'obscurité était totale. Nous n'avions ni combinaison de plongée ni torche étanche. De plus, l'eau était glaciale. Nous pouvions parfaitement être frappés d'hydrocution avant de réussir à nous glisser à tâtons sous le bateau pour libérer la ligne.

Il était tout aussi vain de couper la ligne d'ancre sur le pont dans l'espoir qu'elle se libère toute seule de l'hélice car alors, qu'aurions-nous pu faire ? Certes, nous aurions pu démarrer le moteur et nous dégager de la côte mais nous n'aurions plus d'ancre. Une fois libérés, il nous aurait fallu sortir en mer ; et comment, dans l'obscurité, suivre cet étroit chenal non balisé avec le vent dans le nez ? Nous n'étions pas équipés pour ce genre de croisière.

Pendant ce temps, le bateau approchait de la rive ; sans doute était-ce un fond de vase, nous ne risquions pas d'avarie grave sauf à heurter un rocher. Sans bien réfléchir à ce que nous faisions, mais démangés par un besoin d'action à tout prix, nous nous mîmes au travail. Nous hissâmes sur le pont le peu de mou qui restait à l'avant et à l'arrière et tournâmes la ligne à un taquet aux deux extrémités. Le cordage était donc amarré à un taquet à l'avant, courait (tendu comme une corde de violon) sous toute la longueur de la flottaison, faisait un (ou plusieurs ?) tour autour de l'hélice sans mou et remontait directement au taquet arrière.

Le résultat de notre travail, c'était que le câble d'ancre était trop tendu pour que le courant puisse dénouer ce qu'il avait emmêlé.

Debout sur le pont, nous regardions l'eau noire qui nous dépalait vers le rivage.

Soudain, j'aperçus un superbe cygne blanc le long du bord. Je ne l'avais pas remarqué jusque-là. Il s'avança jusqu'au bateau : il me surveillait, la tête de profil, avec son petit œil noir et dur comme un bouton de bottine. Il se trouvait que j'avais cuit du pain pour notre voyage. Je descendis dans le carré, coupai une tranche et remontai sur le pont, vers le cygne. Après tout, pourquoi pas ? Avais-je mieux à faire ? Je jetai le pain dans l'eau : le courant était si fort que l'oiseau dut nager à reculons de toutes ses forces pour attraper le morceau. Je me rappelle la nage vigoureuse de ces fortes pattes palmées, la minceur du long cou quand il attrapa le croûton. Et il s'approcha de nouveau du bord.

– O cygne ! implorai-je. Je voudrais que tu plonges sous l'eau pour libérer notre câble d'ancre.

Il me regardait sans ciller de son petit œil rond. Soudain :

– C'est libre ! C'est libre ! cria David.

Immédiatement, je dévalai la descente, coupai une autre tranche et formulai deux nouveaux vœux, beaucoup plus importants, dont l'un était si significatif qu'il constituait un test. Je gardai dans la main le dernier croûton. «Si le cygne vient le saisir dans ma main, c'est que je serai exaucée», songeai-je. Je savais bien que les cygnes sont des oiseaux brutaux et que celui-ci pouvait, en se servant, m'ouvrir profondément la paume. Et le cygne vint cueillir le pain entre mes doigts aussi délicatement qu'un chaton bien élevé. Tout cela ne prit pas plus de cinquante secondes. Je courus aider David à hisser le câble d'ancre à bord et à démarrer le moteur. En l'entendant rugir, notre cœur se réjouit. Nous fîmes un virage serré, juste à temps pour éviter de faire côte. Nous mouillâmes l'ancre de nouveau et donnâmes un bon coup de moteur en marche arrière pour assurer notre mouillage ; nous fîmes encore quelques embardées de droite et de gauche pour être certains que l'ancre avait solidement croché. Tout cela nous prit un bon moment.

Quand nous éteignîmes le moteur, nous fûmes frappés par le silence ; je jetai les yeux autour de nous sur le plan d'eau : le cygne avait disparu, je ne pus l'apercevoir nulle part.

La lune brillait haut sur l'eau, elle illuminait la terre et les vasières. Pas un reflet de cette lumineuse ombre blanche. Nous redescendîmes à l'intérieur en nous demandant ce qui s'était passé. Comment le câble d'ancre avait-il bien pu se défaire de l'hélice alors qu'il n'avait pas de mou ? Evidemment, le cygne n'avait rien à voir avec tout cela ; pas plus que mes jeux avec lui, mes vœux oiseux : j'avais fait cela pour m'amuser.

« Pourquoi dire que, quand nous parlons à Dieu, nous prions et que, quand Dieu nous parle, nous sommes schizophrènes ?»

LILY TOMLIN.

Le lendemain matin, je cherchai longuement une famille de cygnes : on n'avait jamais vu de cygne sur ce plan d'eau.

✤ 2 ✤

Une autre fois, il m'arriva de rêver la même chose que mon mari. Je rêvai qu'un homme montait les escaliers vers moi, je distinguai nettement son visage : un masque hideux avec un sourire grimaçant et des cicatrices sanguinolentes, un rictus tordu, difforme. Je m'éveillai en sursaut, le cœur battant, consciente d'avoir vu la personnification de la peur ! Je trouvai mon mari éveillé dans le lit à mes côtés, les poings serrés, en proie à une crise d'angoisse. Dans mon sommeil, j'avais ressenti son émotion.

✤

Les savants ont prouvé que la matière, stricto sensu, n'existe pas. Une table, un arbre, un camion, dont nous sentons aisément la masse quand elle nous tombe dessus, sont en réalité constitués, disent les chercheurs, d'atomes tourbillonnant les uns autour des autres comme de petites pierres aussi espacées, toutes proportions gardées, que les étoiles dans l'espace. Les protons et les neutrons sont liés ensemble au sein du noyau par quelque force inconnue. Les scientifiques nous apprennent que si cette force était diminuée, ne serait-ce que d'un pourcentage minime, un milliardième de pour cent, la matrice de l'univers volerait en éclats.

Et si l'on envisage l'effet opposé, si la force centripète était plus forte ne serait-ce que d'un pourcentage infinitésimal, tout l'univers s'effondrerait sur lui-même, les protons s'agglutineraient en un seul bloc solide. Dans ce cas, l'univers serait privé des protons libres qui forment le noyau des molécules d'hydrogène. Sans hydrogène, il n'y aurait pas de soleil, pas d'étoiles stables. Au lieu de tout cela, nous voyons les atomes s'entrecroiser en parfait équilibre, attirés par leurs attractions et repoussés par leurs répulsions et la résistance de la gravitation.

C'est un point sur lequel les physiciens et les mystiques sont d'accord : nous aussi, nous sommes formés d'électrons, de neutrons et de protons qui tourbillonnent en parfait équilibre dynamique. A l'occasion, chacun d'entre nous fait l'expérience de voir disparaître certaines barrières : le temps d'un éclair, nous entrevoyons des choses que nous n'avons pas le droit de savoir. Nous lisons dans l'esprit d'autrui, nous recevons un éclair de compréhension, nous parvenons sur les rives du fleuve akachique de la connaissance et nous y trouvons des perles ; et nous ne sommes même pas sûrs que ce que nous voyons et ce que nous pensons provienne de nous : peut-être s'agit-il d'idées «dans l'air du temps», d'un parfum que tous nos contemporains respirent au même moment.

La directrice littéraire d'un théâtre de Seattle me confia un jour que les pièces de théâtre lui parviennent groupées par thème : ce phénomène était trop frappant pour qu'il lui ait échappé. Pendant six semaines, elle ne lisait que des pièces mettant en scène Hitler. Pendant les six semaines suivantes, elle ne lisait que des pièces parlant de grand-mères ou de pères de famille frappés de crise cardiaque, ou de femmes violées ou de soldats partant en guerre ou d'histoires de prison ; un peu comme si nous passions notre temps à tous regarder par-dessus l'épaule de notre voisin et à copier ses pensées.

Au moment où Charles Darwin écrivait *L'origine des espèces*, un chercheur australien travaillait exactement sur le même thème et la même idée. Darwin publia son œuvre le premier. L'Australien le poursuivit pour plagiat, bien que beaucoup fussent convaincus qu'il s'agissait d'une simple coïncidence.

Justement : une coïncidence, qu'est-ce que cela signifie ?

Le célèbre psychanalyste Carl Jung appelle cela le synchronisme.

Certaines personnes affirment que la pensée est, en soi, une énergie puissante ; elles sont convaincues que des pensées négatives provoquent des événements négatifs chez ceux qui les hébergent et les entretiennent ; les pensées positives n'attirent que la chance sur celui qu'elles habitent ainsi que sur son entourage.

Les physiciens se penchent à présent sur les phénomènes de prémonition et de télékinésie. Ils étudient la façon dont les médiums arrivent à déplacer des cigarettes sur une table ou à plier des clous avec la seule force de leur pensée. Des cher-

> *« Nous sommes ce que nous pensons*
> *tout ce qui surgit dans notre pensée*
> *c'est avec nos pensées que nous faisons le monde.*
> *Parlez et agissez avec un esprit impur*
> *et des ennuis s'ensuivront,*
> *aussi sûr que les roues suivent le bœuf qui tire*
> *la charrette.*
>
> *Nous sommes ce que nous pensons,*
> *tout ce qui surgit dans notre pensée,*
> *c'est avec nos pensées que nous faisons le monde.*
> *Parlez ou agissez avec un esprit pur*
> *et le bonheur s'ensuivra,*
> *aussi inséparable de vous-même*
> *que votre ombre.*
>
> *Le Dhammapada.*

cheurs mettent au point des expériences pour valider la véracité des prophéties. La question que je me pose est la suivante : nous est-il possible d'entrer et de sortir du temps ? Ou alors, parvenons-nous à provoquer des événements avec la seule énergie de notre pensée ?

Une de mes amies vint un jour prendre le café chez nous. Nous étions trois assis dans la cuisine : David, moi-même et notre amie Joan. Je ne tenais pas en place. J'aime bien Joan mais elle parlait affaires avec David. Il fallait que je me retire pour aller travailler mais je ne voulais pas me montrer impolie. David était en train de montrer à Joan le faux plafond de notre cuisine, composé de grandes feuilles de plastique translucide qui cachaient les tubes de néon fixés au-dessus ; David monta debout sur la paillasse de la cuisine pour démonter un élément du faux plafond, quand une pensée me vint à l'esprit : la feuille de plastique allait lui échapper et frapper Joan. Je m'écartai de deux pas en arrière, juste à temps pour éviter le carreau de plastique qui traversa la pièce et la frappa en plein front, la blessant jusqu'au sang. Elle fila sans demander son reste.

Du coup, j'éprouvai de terribles remords : avais-je souhaité cet accident ? Ou n'avais-je été qu'une simple spectatrice ? Pour rien au monde je ne lui aurais souhaité d'être blessée...

Les physiciens se sont aussi attachés à expliquer les coïncidences. Dès 1935, on découvrit que deux particules subatomiques qui ont précédemment été en contact l'une avec l'autre réagissent à leurs mouvements respectifs à des années-lumière de distance. Ce phénomène s'appelle la résonance paramagnétique des électrons. Einstein buta toute sa vie sur cette énigme, qui réfute sa théorie selon laquelle rien ne peut aller plus vite que la lumière. D'après Einstein, cette énigme place la science devant deux possibilités aussi inacceptables l'une que l'autre : soit la réalité objective n'est qu'une illusion, soit la mesure de la résonance paramagnétique viole des lois établies en influençant «par télépathie» les mouvements de l'autre particule.

Un jour, je fus touchée par la foudre. J'étais au volant, à Washington, et je descendais Reno Road en plein orage. L'actrice Barbara Callendar était en voiture avec moi. Soudain, je le sus : «je vais être touchée par la foudre». Cette idée était grotesque car nous étions entourées d'arbres. Mais, à cause de la violence de l'orage (les longs coups de tonnerre et les éclairs se succédaient sans interruption), il était parfaitement possible qu'un arbre, touché par la foudre, s'abatte sur la voiture. Ainsi, dès que je le pus, je quittai cette gorge boisée et remontai la pente en direction de Wisconsin Avenue, dans le quartier de la cathédrale. Là, ma voiture fut touchée par la foudre.

L'éclair descendit probablement directement du ciel pour toucher mon véhicule (une Volvo blanche) sans frapper ni les immeubles des deux côtés de la rue ni les clochers de la cathédrale. Nous fûmes enveloppées par l'énergie de la foudre et par une lumière aveuglante. Pendant quelques secondes, j'eus pleinement conscience de la terrifiante puissance des forces de l'univers, puis la foudre se dispersa et nous nous regardâmes, Barbara et moi : nous avions les jambes flageolantes, mais nous étions indemnes.

Heureusement, on ne risque pas grand-chose dans une voiture isolée par quatre pneus de caoutchouc ; un peu plus tard, j'eus l'impression d'être une héroïne de conte de fées, avertie par sa marraine, la bonne fée, qu'elle va se piquer le doigt à l'âge de quinze ans ; en essayant d'échapper à son destin, elle le précipite. Cela signifie-t-il que nous sommes prédestinés ? Dans ce cas, pourquoi recevons-nous cette information inutile ? Est-ce là simplement une façon de nous apprendre que le destin existe ?

Le bon sens populaire refuse d'admettre que nos pensées ont une influence sur notre avenir. La plupart des psychiatres sont formels : les gens qui croient dans la force d'action de la pensée souffrent de névrose obsessionnelle ; les autres symptômes de cette maladie sont le goût maladif de la propreté, la volonté de puissance et une propension à un style de pensée «magique». Le fait de croire que les pensées provoquent les événements relève de la pensée magique.

En 1979, David partit dix jours en voyage sur la côte ouest : je passai une semaine complète dans le silence et la solitude, à méditer par-devers moi. Mes enfants, qui avaient grandi, étaient pensionnaires ; le plus jeune avait douze ans. J'avais donc du temps pour moi et je m'en félicitais. J'avais tant de choses en tête : notre couple battait de l'aile, David était dépressif et je doutais de tout.

La veille de son retour, je fis une longue promenade avec mon chien jusqu'au parc de Rock Creek ; et je m'enfonçai dans la forêt. Je m'en souviens nettement, j'étais si heureuse que j'avais l'impression que mon corps allait éclater ; à d'autres occasions, je m'étais sentie si mal que j'en avais souffert physiquement de la tête aux pieds ; en revanche, j'avais rarement ressenti un bonheur aussi exquis, à m'en faire mal aux os ; cela ne m'était arrivé qu'après des périodes prolongées de méditation silencieuse. Voilà donc dans quel état d'esprit je me trouvais.

Tout en marchant, j'eus une vision. Je vis un petit avion, David était dedans ; soudain, l'aile gauche de l'avion plongea vers le sol. Il allait heurter une colline. Un instant, une pensée me traversa l'esprit : «Ah ! Voilà qui résoudrait tout !» Simultanément, j'avançai mes deux mains en coupe pour soutenir l'aile qui tombait : «Qu'il vive !» songeai-je. «Donne-lui la vie !» Il m'est impossible de rendre la parfaite clarté de cette pensée pure, ni l'importance immense de ce mot «vivre». Instantanément, ma vision disparut.

Je sifflai mon chien et rentrai chez moi en me demandant ce que tout cela signifiait.

Le lendemain, j'allai chercher David à l'aéroport de Dulles.

– Tu sais, me raconta-t-il, il m'est arrivé une chose incroyable. J'ai pris hier un petit avion pour rentrer de Richland à Seattle. Nous allions atterrir quand, soudain, l'aile a plongé vers le sol. Elle a frôlé la piste. Si nous avions touché, nous aurions capoté. J'étais assis juste derrière le pilote, il s'est mis à hurler : «Merde-merde-merde !» Il tirait sur le manche et ça ne répondait pas. Alors, sans raison apparente, l'avion s'est redressé tout seul et nous avons atterri. J'en ai parlé après avec le pilote. Il m'a dit que nous avions été pris dans le remous d'un avion à réaction et que le manche s'était coincé. Il nous avait vus perdus, sans appel.

J'en avais le vertige :

– A quelle heure cela s'est-il produit ?

J'avais eu ma vision plusieurs heures AVANT l'événement réel, même en rattrapant le décalage horaire. Mais que s'était-il donc réellement passé ? Avais-je prévu l'incident ? Ou y avais-je participé de façon active ? Et, pour aller jusqu'au bout de ma pensée : si, dans ma vision, j'avais voulu précipiter la chute de l'appareil, se serait-il écrasé ?

✤

Des rêves et des images... C'est là un chapitre bien difficile à écrire, car nous sommes loin des esprits, des anges, des démons et des saints ; nous sommes dans le domaine du subjectif. A moins que les anges n'aient également une influence sur ce domaine... «Dans ce monde visible, disait saint Grégoire, toutes les dispositions sont exécutées à travers des créatures invisibles.» Nos sens sont-ils guidés par la pensée des anges ? L'important à remarquer, c'est que toutes ces choses représentent des façons de recevoir l'information qui transcendent le niveau banal (analyse, raisonnement, logique) dans lequel on nous a appris à nous fier. Ces moyens extra-sensoriels de recevoir l'information ne nous sont pas accessibles en permanence, et certaines personnes y sont plus réceptives que d'autres ; par l'entraînement ou par hasard, elles deviennent en quelque sorte des canaux à travers lesquels l'information peut passer. Je suis convaincue que l'information est transmise grâce à une énergie électrique et que cette énergie a quelque chose à voir avec l'amour, ainsi qu'avec l'absence, au moins momentanée, de doute.

D'après moi, c'est comme un fleuve, un flux auquel nous nous connectons pour recevoir des informations transcendantales ; nous ne savons d'où nous viennent celles-ci, mais nous savons comment elles surgissent : nous sommes brusquement environnés de lumière et la vérité explose en nous avec une évidence irréfragable ; cela n'a aucun rapport avec nos pensées égoïstes, nos simples désirs ou une quelconque épée de Damoclès. Il faut, bien sûr, vérifier la véracité de ces renseignements par rapport au réel mais, une fois que votre conviction est faite, tirez toujours de ces intuitions toutes les conséquences pratiques possibles, même si d'autres personnes vous affirment que tout cela est faux.

> *« Ne me croyez pas pour la simple raison que j'ai vu l'enfer et le ciel, que j'ai discouru avec les anges... Croyez parce que je vous dis que votre conscience et vos intuitions vous diront tout si vous écoutez leurs voix avec attention.»*
>
> EMMANUEL SWEDENBORG,
> *A propos de l'amour et de la sagesse divine.*

Depuis un siècle, les Occidentaux ont cherché à masquer l'importance véritable des anges et des démons, ils se sont créé de toutes pièces une nouvelle trinité mythique rebaptisée surmoi, moi et ça.

Quant à moi, j'ai vu, de mes yeux, des gens dont les mains et la peau rayonnaient de lumière ; cela peut sembler curieux car j'ai beaucoup écrit à propos de la noirceur de l'âme humaine. Une fois, par exemple, je venais de subir une opération. Cela faisait deux semaines que j'étais à l'hôpital général du Massachusetts, en convalescence. J'eus une illumination ; je me suis souvent demandé si ce phénomène n'avait pas été causé par les médicaments que l'on m'avait administrés. Mais, si c'était le cas, pourquoi tout le monde ne fait-il pas des expériences analogues à l'hôpital ?

Je me suis mise à voir avec une clarté anormale. Je me demandais ce que c'était ; je me suis dit : «C'est ainsi que voient les artistes.» Je me sentais remplie d'humilité au simple spectacle d'un porte-serviettes, d'un pli sur mon drap. Il me suffisait d'apercevoir un arbre devant ma fenêtre, des enfants en train de jouer au foot sur l'herbe et je fondais en larmes. J'étais en train de lire *Les Frères Karamazov* de Dostoïevski : j'en étais tellement transportée que je ne pouvais en absorber que quelques paragraphes à la fois.

Un beau jour, assise à la fenêtre, je regardais les nuages dans le ciel et je fus frappée par l'ordre de l'univers. Et la grave voix de basse des pierres et des rochers ! Je comprenais... tout ! Y compris des choses à propos desquelles il m'était impossible de poser des questions : je n'avais pas les mots pour cela. La beauté de l'ordre des choses me frappait de façon si cinglante que les larmes ruisselaient sur mes joues.

Plus extraordinaire encore, quand je regardais par la fenêtre, je distinguais une étrange lumière intérieure réverbérée par les arbres, l'herbe, les feuilles. La peau de tous les gens que je voyais semblait comme éclairée de l'intérieur : un rayonnement ruisselait des mains, des visages des infirmières et des autres patients (tout le monde à l'exception d'une personne : un malade qui arpentait le couloir de l'hôpital pour faire de l'exercice ; il était enveloppé dans un épais nuage noir : horrifiée, je reculai en le voyant). Mais tous les autres étaient auréolés de lumière. Quand je rentrai chez moi à Washington, je descendis dans mon jardin pour m'incliner devant cette radieuse clarté qui émanait des feuilles, de l'herbe et de tous les êtres vivants. «Regardez, regardez cette lumière», répétais-je. Puis je compris que les autres ne voyaient pas ces gerbes lumineuses qui flamboyaient sur les feuilles de vigne «comme le brillant d'une feuille de papier d'aluminium». Pendant deux semaines, je vis la terre tout illuminée par cette lumière vivante, qui progressivement s'estompa. J'avais l'impression de devenir aveugle. «Je vendrais mon âme», me dis-je, «pour continuer à voir comme ça». Et puis, je me souvins que cette faculté merveilleuse était tout simplement un don qui m'avait été fait. Tout cela m'arriva avant de recevoir la visite du fantôme de ma mère.

Depuis cette période, il m'est rarement arrivé de voir la peau des gens briller de la sorte. Une autre fois, cela m'arriva au Costa Rica. J'étais en train d'attendre dans l'aéroport, assez décati, de San José ; j'attendais comme l'on attend dans tous les aéroports ; et cette fois-là, il n'était pas question d'invoquer l'excuse de tel ou tel médicament (comme cela avait été le cas à l'hôpital), ni de lier ces faits à l'alcool ni même à la fatigue. J'étais assise, tout simplement, et soudain je vis les gens ordinaires qui m'entouraient (des Indiennes avec leurs bébés, des étudiants, des touristes, des hommes d'affaires américains, des soldats, des diplomates...) s'auréoler de lumière. Elle jaillissait de leurs visages, de leurs épaules, de leurs mains : de tout endroit où je voyais leur peau.

J'étais là, assise dans ce minable aéroport sud-américain en plastique, et je me mis à trembler à ce spectacle ; pleine d'humilité et de reconnaissance, je sentais les larmes couler doucement sur mes joues. Je mis mes lunettes de soleil pour que l'on ne me voit pas pleurer. Comme ils étaient bons, tous, comme ils étaient beaux et lumineux : j'en tremblais de tous mes membres.

Ci-contre :
Peri perse,
enluminure d'un manuscrit.

Une autre fois, David fut hospitalisé au Georgetown Hospital. Son voisin de chambre, un certain M. Johnson, se mourait d'un cancer. Un jour, peu après son retour chez nous, David lisait au lit, quand il posa son livre et me dit :

– Je pense que je vais aller rendre visite à M. Johnson aujourd'hui.

A cet instant, une vague de lumière sortit de lui, jaillissant par tous les pores de sa peau.

Qui donc a dit : «La beauté, c'est la réalité vue par les yeux de l'amour» ?

Depuis lors, il ne m'est arrivé qu'une fois de vivre pareil phénomène ; cette fois-là, je n'ai vu la personne s'illuminer qu'un instant, de façon un peu voilée et indistincte, une onde de lumière éphémère, fugace, qui n'a brillé qu'un instant avant de s'éteindre. C'est la lumière de l'amour.

✤

Les choses sacrées, nous n'en parlons que rarement et toujours en tête à tête ou, à la rigueur, à trois ; ce sujet, on ne l'aborde qu'avec des intimes et si les circonstances s'y prêtent : il faut se sentir en sécurité, en confiance. Certaines des choses qui m'ont été révélées ne peuvent être racontées dans le cadre de ce livre, car il arrive à chacun des expériences trop précieuses pour être divulguées. De toute façon, à qui serviraient-elles ?

Faire une de ces expériences, c'est un peu comme être sur une colline, la nuit, en plein orage. L'on est environné par l'obscurité, sous un lourd plafond de nuages noirs ; et soudain, les cieux se déchirent, un éclair zèbre l'obscurité et toute la vallée se révèle un instant au regard : les arbres, les pâturages, les forêts, les cours d'eau, les collines. Quand l'éclair a disparu, l'on est de nouveau dans le noir. Mais la différence, c'est que l'on sait ce qu'il y a autour de soi, et nulle force au monde ne pourrait nous convaincre que ce que nous avons vu est le fruit de notre seule imagination. Supposons qu'un ami soit debout à côté de nous sur la colline pendant cette nuit d'orage. Il nous tourne le dos au moment où la foudre tombe :

– Oh là là ! Regarde un peu !

Lorqu'il se retourne, l'obscurité est revenue. A-t-il tort d'affirmer qu'on n'y voit rien ? Pour lui, la nuit est noire. A ce moment, chacun de nous a une idée différente de la réalité, et nous avons tous les deux raison : chacun ne peut se fier qu'à sa propre expérience.

✤

Quelle est la force qui nous gouverne ? Avec du recul et à la lumière des expériences que j'ai vécues, je comprends que cette question m'ait tourmentée depuis l'enfance. Il m'est arrivé de la formuler de différentes façons, et surtout d'y répondre successivement de façons différentes à chaque époque. A chaque fois, j'affine mon approche. A présent, la réponse qui me vient est la suivante : il existe un monde visible et un monde invisible ; tous les deux s'interpénètrent de façon de plus en plus visible... si nous avons le courage d'ouvrir les yeux. Je commence à être convaincue que les deux niveaux sont mélangés de façon si intime qu'il nous est impossible de séparer le physique du spirituel : comme dans une pâte à crêpe, nous ne pouvons pas séparer le lait de la farine. Tout se tient, dans le cadre des rêves de Brahma assis sur sa fleur de lotus, ces rêves fous, échevelés, somptueux et en perpétuelle évolution. Mais le point à retenir, c'est que nous aussi nous pouvons partager ce rêve, nous pouvons être à la fois le rêveur, le rêvé et l'acteur.

Il semble que l'on puisse développer le lien qui existe entre ces mondes grâce à la pensée ou à des exercices spirituels. Mais parfois, le lien se manifeste tout seul ; il arrive sans qu'on l'ait provoqué, comme le vent.

> *« J'ai été trouvé par ceux qui ne me cherchaient pas,*
> *Je me suis révélé à ceux qui ne me demandaient rien. »*
>
> *Rom 10: 20.*

J'ignore si cette faculté, une fois acquise, peut être perdue ; mais ce qui est sûr, c'est que cette perception, une fois qu'elle nous est donnée, nous apporte une énergie et une connaissance accrues, comme si une force invisible se déversait à travers nous. D'après mon expérience, il y a trois règles à suivre pour pouvoir bénéficier de ces dons, et ce sont les mêmes règles que l'on applique pour prier. Il faut :
– Demander
– Remarquer
– Réagir.

Puis, enfin, y renoncer.

> *« Dans chaque chose que nous appelons une épreuve, un chagrin, ou un devoir, se trouve, croyez-moi, la main de l'ange. »*
>
> FRA ANGELICO.

Les forces de l'univers ont une façon merveilleuse de nous rappeler à l'ordre. Tôt ou tard, chacun finit par être contraint de courber l'échine, de tomber à genoux avec un abandon total. Contraint d'implorer. Telle personne baigne dans la félicité, est satisfaite de sa fortune et de sa carrière, de sa vie conjugale et de ses enfants, de sa vie régulière et assurée ; et puis, aussi sûr que le soleil se lève chaque matin, quelque chose va se passer – un juste retour des choses, cher monsieur

– qui la jettera, terrassée, en pleine rue ; alors, si elle a deux sous de bon sens, elle implorera ; sinon, aussi sûr que le soleil se couche chaque soir, elle sera éprouvée encore et encore par la vie jusqu'à y être contrainte.

Alors, qu'elle s'agenouille, humble et soumise : tant que l'on ne s'incline pas devant cette force de l'univers, tant que la souffrance et le désespoir ne vous mettent pas à genoux, vous continuez à garder quelque réticence et votre prière a moins d'effet.

Et voilà pourquoi nous ne pouvons même pas faire le départ entre ce qui est bon pour nous et ce qui est mauvais. Tel événement que nous avions accueilli comme une bénédiction est tellement hérissé d'épines que nous ne pouvons le tenir en main ; *a contrario*, tel ou tel malheur qui nous avait affligé s'avère à la longue un joyau précieux, un petit trésor.

> « *Tous les anges de Dieu viennent à nous déguisés ; le chagrin et la maladie, la pauvreté et la mort,*
> *Soulèvent un à un leur masque répugnant,*
> *Et nous apercevons dessous un visage de séraphin,*
> *Rayonnant de gloire et de sérénité,*
> *Car il regarde Dieu en face.* »
>
> JAMES RUSSELL LOWELL.

L'univers est si plein d'amour et de gaieté, si déterminé à nous procurer tout ce dont nous avons besoin ! Il cherche à nous aimer, à nous montrer le chemin de la vie. A ces fins, nous sommes jetés à terre, balayés et emportés par les ondes de Dieu, comme si nous jouions dans des vagues déferlantes. On joue avec nous, on nous cogne, on nous bouscule de tous côtés, afin que cette force d'amour puisse nous prendre dans ses bras, nous porter en sécurité sur la plage, nous envelopper dans des serviettes chaudes et nous faire reposer sur son tendre giron maternel. Goethe le savait :

> *« Les dieux, les éternels, donnent tout à leurs enfants chéris. Toutes les joies, toutes les peines. A leurs enfants chéris, ils donnent tout.»*

Beaucoup de gens ne croient pas en la prière. Mais la prière n'est que pensée. C'est un ardent désir du cœur. C'est de la pensée concentrée, tassée et projetée hors de nous ; si, par la pensée ordinaire, nous sommes capables de créer notre monde, alors à plus forte raison le pourrons-nous par cette pensée concentrée qu'est la prière. La difficulté réside dans le fait que l'on ne nous apprend pas à faire une prière susceptible d'être entendue : quand nous demandons, il est impossible que l'on nous réponde et par conséquent nous ne recevons pas de réponse, ou tout au moins pas de la façon et au moment que nous attendons ; nous pensons donc que notre prière n'a pas été entendue, que cela ne sert à rien de prier ou autre sottise de dimension cosmique.

Bien au contraire ! La prière, comme la gravitation, est une des lois de l'univers. Pour implorer, il n'y a même pas besoin de croire en Dieu : il suffit de suivre les règles. Imaginons qu'il y ait quelque part dans l'espace, au-delà des étoiles, une station radio géante, un immense récepteur ; tout ce que nous avons à faire, c'est orienter vers lui le faisceau de nos pensées, la nostalgie que nous pouvons avoir de ce gigantesque écouteur ; alors, si l'on nous reçoit cinq sur cinq, sans parasite, la réponse nous inondera immédiatement, instantanément, dans une abondance de délices ; en effet, c'est précisément le plaisir de l'univers que de nous donner ce dont nous avons besoin.

La question est de savoir comment nous devons envoyer nos pensées en sorte qu'elles soient reçues.

> *« En vérité, je vous le déclare, si un jour vous avez la foi et ne doutez pas... Tout ce que vous demanderez dans la prière avec foi, vous le recevrez.»*
>
> *Mt 21: 21-22.*

D'abord, demander.

1. Premièrement, nous devons parler au présent. L'univers ne comprend ni le futur, ni le passé, il n'a aucune notion du temps : tout arrive simultanément une fois franchies les limites de notre petit monde. («Le temps, c'est la façon qu'a Dieu de voir que tout n'arrive pas en même temps.») Donc, il ne peut traiter ni les pensées exprimées au passé ni les projections dans l'avenir. Il ne connaît que l'instant présent.

2. Ensuite, il faut exprimer sa prière de façon positive. De nouveau, l'univers ne comprend pas le concept de «non». Dans l'univers, il n'y a pas d'absence, pas de négatif ; donc, il occulte tout ce qui n'est pas exprimé à un temps actif et avec des mots positifs. Des tas de gens ignorent cela. Par exemple, une maman tombe à genoux pour supplier dans sa prière, avec toute l'ardeur de son cœur : «Ne laisse pas mourir mon bébé.» Or, sa phrase contient deux négations : celle de «ne laisse pas» et le mot «mourir». Elle ferait mieux d'exprimer ce que désire son cœur («Que mon bébé vive !») ou, mieux encore, d'exprimer une prière de reconnaissance, car l'univers n'a pas la notion du temps : «Merci que mon bébé vive !» Il est obligatoire de conserver le langage dans lequel nos pensées se forment ; si nous disons «Ne laisse pas mourir mon bébé», nous sommes déjà en train, contre notre propre désir, d'imaginer la séparation, le deuil et le désespoir ; en sorte que tous ces négatifs, grâce à nos pensées et notre peur, deviennent de plus en plus probables. C'est cela que voulait dire le Christ quand il parlait d'avoir la foi.

« Sois sans crainte, crois seulement.»

Mc 5: 36.

Et puis, alors même qu'elle prie en disant «Ne laisse pas mourir mon bébé», cette maman a un cœur qui parle dans sa langue silencieuse : que son bébé vive ! Le récepteur spatial reçoit donc, aux limites de l'espace, un salmigondis de parasites : le fracas de la collision entre le cœur et la peur. S'il ne reçoit que des parasites, l'univers ne peut répondre. En revanche, si le désir de cette maman surmonte la tentation du doute, c'est sa prière du fond du cœur qui parvient à la station réceptrice.

3. Certains prient de façon correcte, soumise, à genoux ; ils utilisent les mots qu'il faut, ils font attention à articuler (avec reconnaissance) le désir (déjà comblé) que se réalisent les vœux de leur cœur. Et puis, le doute surgit on ne sait d'où : «Qu'est-ce que je fabrique ?», se demandent-ils soudain. «Je ne crois même pas en Dieu. Les prières ne peuvent être exaucées et, Dieu merci, personne ne peut me voir ici à genoux. Tout cela est absurde.»

> ***« Mettez-moi donc à l'épreuve à ce propos, dit le Seigneur, le tout-puissant, pour voir si je n'ouvre pas pour vous les écluses du ciel et si je ne répands pas sur vous la bénédiction en abondance.»***
>
> *Ml 3: 10.*

Que reçoit la station spatiale dans ce cas ? Des parasites ! Une prière fervente suivie par sa propre négation, cette dernière étant exprimée par les mots : «Je n'y crois pas. Les prières ne peuvent être exaucées.» A quelle pensée doit alors répondre l'univers ? Si la négation et le doute font plus de bruit que la pensée concentrée, l'univers répondra à ce qu'il entend le mieux, pour donner à cette personne précisément ce qu'elle veut. La divinité est si pleine d'amour et si désireuse de donner à chacun ce qu'il veut – fût-ce la souffrance, le doute, le désespoir, l'isolement, l'éloignement et la peur – que, si c'est vraiment ce que désire la personne...

4. Après avoir fixé son attention, ne serait-ce que quelques secondes, sur l'idée de la prière exaucée, adressez-vous en conclusion à l'univers : «Que ta volonté soit faite.» En effet, la Providence sait mieux que nous ce qui est bon pour nous. C'est la raison pour laquelle il est conseillé d'être prudent dans ce que nous demandons, car nous l'obtenons ! Un proverbe arabe dit : «Prends ce que tu veux, dit Dieu, et paie-le.»

> ***« Sois sans crainte, petit troupeau, car votre Père a trouvé bon de vous donner le Royaume.»***
>
> *Lc 12: 32.*

Ensuite, remarquer.

La seconde règle du jeu à respecter quand on prie, c'est de remarquer la réponse lorsque celle-ci nous parvient. De nouveau, il faut dire que bien des gens prient et reçoivent la réponse à leurs prières mais n'en tiennent pas compte ; ou encore, ils en nient l'existence car leurs prières ne sont pas exaucées de la façon dont ils s'y attendaient. Nous sommes comme des enfants qui entendent la cloche du marchand de glaces dont la camionnette descend la rue ; nous nous précipitons dans la maison en criant :

– Maman, maman, est-ce que je peux avoir une glace ?

Et elle de répondre :

– Pas maintenant, c'est presque l'heure de dîner. Tu en auras une au dessert.

– Non ! rétorque l'enfant. J'en veux une maintenant.

Ou encore la maman peut répondre :

– Oui, mais celle du marchand est trop chère. J'en ai un litre dans le congélateur. Sers-toi.

– Non ! s'obstine l'enfant. Je veux de la glace du marchand !

Enfin aussi, il peut arriver que la maman se laisse convaincre :

– D'accord, voilà cinq francs.

« Tout ce que vous demanderez en mon nom, je le ferai... Si vous demandez quelque chose en mon nom, je le ferai.»

Jn 14: 13-14.

Dans les trois cas, l'enfant obtient sa glace, mais il ne se sent réellement satisfait que dans le troisième cas.

Il en est de même pour nos prières. Trop souvent, nous refusons de reconnaître que nous sommes exaucés : je crois que cette simplicité est particulièrement hors de portée des cartésiens purs et durs car ils ne veulent croire en rien hormis notre monde matériel ; peut-être en ont-ils peur, de cette petite voix qui défie notre penchant naturel au scepticisme, au dédain, à la rébellion et à la peur ; comme des noyés tentant désespérément d'échapper à leur destin, nous nous accrochons aux épaves charriées par le flot de ce monde physique. Car enfin, que va-t-il se passer si la maîtrise de notre vie nous échappe ? C'est terrifiant... Avec l'âge, la plupart des gens en viennent à admettre, qui plus tôt, qui plus tard, cette vérité : dans ce bas monde, tout n'est pas explicable. Et je n'ai jamais rencontré d'agnostique qui, au moment du péril, n'ait pas malgré lui crié : «Au secours !»

Enfin, réagir.

Dès que nous parvenons à admettre que notre prière a été exaucée, la troisième étape s'ensuit d'elle-même. Il ne nous reste plus qu'à accepter ses dons avec une crainte révérencielle, émerveillée, et à dire, reconnaissants : «Merci !» Et ensuite à donner à notre tour.

«Tant que l'on ne s'est pas engagé, on éprouve de l'hésitation, on ressent que l'on a une chance de faire marche arrière, et l'on est toujours inefficace. A propos de tout acte d'initiative (création), il existe une vérité élémentaire, dont l'ignorance a condamné d'innombrables idées et des plans magnifiques : dès le moment où l'on s'engage de façon radicale, la providence y met la main. Toutes sortes de choses viennent à votre aide, qui autrement ne se seraient jamais passées. Tout un flux d'éléments découle de la décision, elle se presse sous toutes sortes d'incidents, de rencontres et d'aides matérielles inattendus dont aucun homme n'eût jamais osé rêver.»

W.H. MURRAY,
L'expédition écossaise dans l'Himalaya.

CHAPITRE IX

De mon ange noir et autres esprits bienveillants

✤ 1 ✤

***A** l'âge de vingt-huit ans, j'ai vu un ange.* C'était avant l'apparition du fantôme de Brooklyn, bien longtemps avant que je ne me pose de vraies questions quant à l'existence de Dieu. Jusque-là, mes contacts avec les anges s'étaient limités à entendre ma mère demander à ma sœur :
– Sois un ange : sors la poubelle !

J'avais aussi entendu à l'église (le croiriez-vous ?) d'étranges histoires tirées de la Bible. Dans ces récits, les anges ont l'air de gens tout à fait ordinaires, ainsi que les archanges, les séraphins, les chérubins et autres recrues des armées du Seigneur. Ils soufflent dans des trompettes, ont toujours un lis à la main et apparaissent souvent pour annoncer un heureux événement : le genre d'heureux événement que les femmes ordinaires parviennent à prédire lorsqu'elles ressentent des nausées matinales, qu'elles ont la poitrine sensible ou que leur cycle menstruel est suspendu.

Nous écoutions tous ces récits mais nous n'en parlions jamais : un ange apparaît à Abraham pour lui demander de ne pas tuer son fils ; un autre marque les maisons des juifs en

Egypte, pour sauver leurs premiers-nés ; d'autres encore luttent avec Jacob ou se manifestent à Elie. A Noël, nous écoutions comme des bovins ahuris, les yeux vitreux, le pasteur en train de relire le récit de la naissance du Christ dans l'Évangile selon saint Luc.

J'aimais ces moments : c'était rassurant ; et il ne me vint jamais à l'esprit que ces épisodes pussent être mythiques ; cette partie de ma conscience qui aime les belles histoires est toujours prête à faire taire son incrédulité et à frémir d'horreur quand la méchante belle-mère tend la pomme à Blanche-Neige, ou que Pâris déclenche toute une génération de guerres, de naufrages et de dévastations en donnant la pomme d'or à Aphrodite en échange de l'amour.

Dans les récits de Noël, trois sages remuent ciel et terre pour parvenir à localiser un bébé dans une étable et à l'adorer ; ils auraient peut-être mieux fait de rester chez eux et de s'occuper de leurs femmes et de leurs enfants, cela leur aurait attiré autant de gratitude et de grâce. Ne pourrait-on pas penser aussi que, après leur long voyage, ils étaient bien fatigués et que, arrivés dans cette auberge, ils se sont mis d'accord pour arrêter là leurs pérégrinations ? Quand on leur dit qu'un bébé venait de naître, ils décidèrent :

– En voilà assez ! Donnons-lui nos cadeaux et rentrons chez nous !

Dans la même histoire, on voit des bergers abandonner leurs troupeaux pour se rendre en ville guidés par des anges ; ces derniers leur sont apparus pour une seule raison : leur dire de ne pas avoir peur ! Ensuite, quand ils arrivent dans la grande ville grouillante de vie (il ne restait plus de place dans les

---

« Ne soyez inquiets de rien, mais, en toute occasion, par la prière et la supplication accompagnées d'actions de grâce, faites connaître vos demandes à Dieu.»

Ph 4: 6.

Joachim et l'ange.
Albrecht Dürer,
gravure sur bois, XVIe siècle.

auberges), les bergers, à en croire l'évangéliste, ne furent nullement déçus de ne rien découvrir de plus intéressant qu'un petit nouveau-né rougeaud et encore humide. Et ils ne trouvèrent rien de mieux à faire que de tomber à genoux et d'adorer cet enfant, comme s'ils n'avaient pas eux-mêmes des bébés, des frères et des neveux, des nièces, des petites sœurs et des cousins par douzaines, chez eux.

Nous tournions nos têtes enfarinées vers le pasteur à chaque Noël, nous écoutions ces histoires sans une once d'esprit critique ; dans toute l'église, personne ne s'esclaffait, personne ne haussait les épaules avec étonnement, personne ne jouait à l'esprit fort. Les communiants attendaient la gorgée de vin qui détacherait la fine hostie collée à leur palais ; et nous, les petits, nous tâchions de ne pas nous tortiller, de ne pas donner de coups de pieds dans les bancs, ce qui nous aurait valu un regard courroucé de notre maman. C'était cela qui retenait notre attention.

Pour autant, personne ne s'est jamais étonné devant moi de la panoplie de cadeaux et de gloire déployée ce jour-là, en contraste frappant avec le manque abyssal d'attention dans lequel Il devait mourir misérablement quelques décennies plus tard, suspendu à la croix. Pour assister à sa mort, pas un seul ange en vue. Pour autant que je sache, pas un seul membre de ma famille, pas une seule de mes connaissances, ne s'est interrogé à voix haute à propos de cet étrange absence des anges (ou autre entité céleste) à l'époque contemporaine, alors que ces mêmes anges s'étaient déplacés avec tambours et trompettes sans autre raison que l'annonce d'une naissance.

Ainsi, qui donc sont les anges ? Esquivent-ils les événements désagréables, justement ceux auxquels ils pourraient porter remède ?

C'est maintenant que nous avons besoin d'eux.

✣

Quand je vis mon ange, je ne pratiquais plus et, pour autant qu'il m'en souvienne, je ne priais guère. Mon mari était rédacteur au journal télévisé du soir de Walter Cronkite, sur la chaîne de télévision CBS ; nous habitions un cinquième sans ascenseur à Greenwich Village, et nous tirions le diable par la queue. J'avais interrompu ma carrière pour suivre David à New York. Nous venions d'avoir notre premier enfant, et je me retrouvai soudain piégée dans un appartement avec un nouveau-né qui dépendait totalement de moi ; il ne savait pas parler et était incapable de m'aider, aussi bien au niveau affectif qu'au niveau physique. Comment m'en suis-je sortie ? Certains jours, je m'imaginais attrapant le bébé par les chevilles pour lui faire éclater la tête contre le mur de briques nues... Je pleurais beaucoup. Pendant la journée, je n'osais sortir seule. Le soir, quand David rentrait, je ne pouvais pas non plus aller me promener seule, les rues n'étaient pas sûres. J'étais prisonnière.

Je trouvai un travail à temps partiel. J'écrivais. Le bébé grandit. Je pris de l'assurance. On comprendra que je ne m'intéressais guère aux choses mystérieuses. J'avais suffisamment à faire avec les réalités concrètes, avec mes doutes, mon surmenage, mes souffrances.

Un beau jour, un ami nous téléphona pour nous demander si nous aimerions nous joindre, David et moi, à un groupe de copains qui partaient faire une semaine de ski à Val-d'Isère, en France. Nous acceptâmes. Mon bébé avait huit mois, je le laissai à ma mère et nous prîmes un charter pour la France.

Nous étions tous les deux bons skieurs. Nous avions pris le temps de suivre des leçons, avec la discipline et la concentration qui président à tout ce que nous entreprenons. Le ski me donnait l'occasion d'un contact avec quelque chose de si pur et de si beau que cela me faisait sortir de moi-même. Rien ne pouvait se comparer aux sensations grisantes d'une saison de ski ; je me sentais svelte et musclée ; quand je prenais un télésiège individuel qui se balançait en silence aux quatre vents, que je clignais des yeux en observant les arbres givrés, petits prismes éblouissants bien détachés contre le ciel bleu vif, j'étais bien. Rapide et téméraire, je descendais les pistes à toute vitesse ; je tombais, je me relevais et plongeais de nouveau pour fendre tête baissée l'air glacial. Mais lors d'une de mes descentes, ce fut autre chose.

A l'époque où nous étions jeunes mariés, nous étions allés skier en Autriche. Nous nous étions inscrits à un cours collectif et nous étions en train de monter à grand-peine une pente difficile, une longue traversée ; je levais les yeux et vis le ciel embrasé de couleurs chatoyantes :

– Regardez, regardez le ciel !

Je tendais le doigt, sidérée de voir tous ces roses et ces verts moirés : jamais je n'avais vu un ciel avec des couleurs pareilles. Notre guide, David et toute la classe regardèrent en l'air un instant, sans s'y attarder, comme si tout était normal. Ne voyaient-ils pas ces couleurs ? Etais-je simplement éblouie, surmenée ? Etait-ce un effet de mon imagination ?

– Oui, nous avons souvent des phénomènes intéressants dans nos montagnes, conclut le guide.

Et il poursuivit sa leçon. Sa leçon ! J'étais fascinée par ce ciel embrasé de couleurs.

Je ne me souviens pas d'avoir revu pareil phénomène jusqu'à la fois suivante, à Val-d'Isère.

> *« Un des moments les plus exaltants de la vie, c'est l'instant où les choses familières se transforment soudain avec l'aura éblouissante de choses profondément nouvelles.»*
>
> EDWARD B. LINDAMAN.

A Val-d'Isère, on a le monde entier à ses pieds. Loin au-dessus de la limite des arbres s'étend un immense domaine enneigé. Parfois, on skie dans la brume ; d'autres fois, l'air est aussi clair que dans la stratosphère. On skie sur des pistes : celles-ci sont marquées çà et là par un drapeau rouge fiché dans la neige. Mais en général, on se repère aux traces des skieurs précédents, et on ne s'écarte pas de leur chemin. Cela pour deux raisons : d'abord, on risquerait de sauter d'une falaise ; ensuite, il y a le danger de déclencher une avalanche. A cette époque, il n'y avait pas de patrouille qui ferme les pistes le soir et ramasse les skieurs blessés.

Un beau jour, nous allâmes à ski jusqu'à Tignes. C'est une excursion qui prend la journée : on commence par monter en funiculaire jusqu'à un pic élevé, puis on fait une longue descente qui occupe presque toute la matinée et on arrive dans une petite ville. L'après-midi, on descend à ski jusqu'à Tignes et là, on prend le car pour rentrer.

Il n'avait plus neigé depuis des semaines. Les pistes étaient dures comme des toboggans. Je sortis d'un virage à haute vitesse, mordis sur le bord de la piste et tombai ; je continuai à dévaler la pente sans ralentir, sur le dos, la tête la première. Quand on fait une chute, il faut se retourner de façon à descendre les skis les premiers : on les enfonce dans la neige et on s'arrête. Mais j'eus beau essayer, me tortiller dans tous les sens, je n'arrivais pas à me retourner. Le sol était dur et quelque peu caillouteux : je dévalais la pente comme si je roulais sur des milliards de roulements à bille. Je me rappelle que je me trouvais ridicule à glisser ainsi sur le dos, la tête la première, à me cogner contre de petits cailloux. Je n'avais pas peur, tout en sachant que j'avais quitté la piste. Après deux ou trois tentatives pour retourner mes skis, je renonçai et me dis qu'après tout, cela ne faisait rien : je ne tarderais pas à m'arrêter contre un arbre ou un rocher.

Puis mon attention fut attirée par le ciel. Le ciel ! Ce n'était plus le ciel bleu que j'avais vu toute la journée. Il chatoyait dans tous les tons du bleu, du vert, du jaune et du rose ; j'étais dans un tel état de ravissement, j'avais l'impression que mon cœur allait s'arracher de ma poitrine ; c'était un peu comme si je reconnaissais quelque chose de tellement familier : ma maison, enfin ! J'étais en train de dégringoler la pente à cinquante ou soixante km/h, butant contre des cailloux, et pourtant j'éclatais de joie. Je vis en un éclair la perfection de toute chose, y compris de cette folle glissade la tête la première. Qu'est-ce que cela pouvait faire si je mourais sur place ? songeai-je de la façon la plus irrationnelle. Cela aussi, c'était tant mieux. Et même merveilleux !

Soudain, j'aperçus une ombre noire qui me dépassa comme l'éclair et je m'arrêtai net contre les jambes d'un skieur.

David, du haut de la pente, avait tout vu ; il restait les bras ballants et se demandait que faire. Plus tard, il me raconta qu'un skieur «surgi de nulle part» l'avait dépassé en trombe, dévalant à une vitesse inouïe. Il était descendu tout schuss, m'avait dépassé en flèche puis avait tourné et s'était arrêté net. J'étais tombée contre ses jambes, sans me faire mal. Le choc ne le fit pas tomber ni même vaciller, on se demande comment il avait pu encaisser mes cinquante-quatre kilos à pareille vitesse. Je me relevai. Il était tout de noir vêtu : cagoule noire, anorak noir, pantalon noir, skis noirs. C'était étrange car personne, à l'époque, ne s'habillait en noir dans cette station. Tout le monde mettait du jaune, du rouge, du bleu.

– Merci beaucoup ! dis-je.

Puis je le regardai dans les yeux. Eux aussi étaient noirs, mais pleins d'une lumière telle que j'en fus saisie.

– Merci ! répétai-je.

Je ne me souviens pas de sa réponse : je crois qu'il n'a pas dit mot. Puis il a fait demi-tour et a commencé à remonter la pente en ciseaux, mais à une vitesse incroyable ! Il avait en lui la force des géants. Chacune de ses enjambées valait deux ou trois des miennes ; pourtant, à l'époque, je pouvais me mesurer aux meilleurs. Je me précipitai derrière lui, allongeant la foulée, faisant tous mes efforts. Je voulais revoir ses yeux. Je voulais lui demander qui il était, je voulais entendre sa voix ; toutes ces pensées n'affleuraient pas clairement à ma conscience mais elles me donnaient des ailes. Une fois en haut, il se lança immédiatement dans la descente sans un coup d'œil pour David qui se hâtait à sa rencontre pour le remercier. Il disparut comme l'éclair. Une minute plus tard, j'arrivai en haut. David m'attrapa :

– Ça va ?

Mais je le repoussai :

– Mais oui...

Et je me lançai sur la piste, sur les traces de l'homme en noir qui avait déjà disparu derrière l'épaulement de la colline.

La piste était large et très pentue. Elle descendait à pic, tournait à gauche autour d'un affleurement rocheux et la vue s'étendait ensuite sur toute la vallée en contrebas, sur des kilomètres et des kilomètres. Personne en vue !

Je contournai les rochers, jetai les yeux à droite et à gauche à la recherche d'un creux dans lequel il aurait un instant disparu. Les seuls skieurs en vue étaient de tous petits points noirs, très loin en bas dans la vallée, à Tignes. Il était impensable que mon sauveteur ait pu dévaler la piste à pareille vitesse : pourtant, il avait disparu. Je continuai sur ma lancée.

A mi-pente, j'eus un hoquet de stupeur : une falaise se dressait à ma gauche ; c'est là-haut que j'étais tombée. Si le skieur en noir ne m'avait pas bloquée, j'aurais fait le grand saut du haut de la falaise et me serais écrasée sur les éboulis. L'homme m'avait bel et bien sauvé la vie.

David et moi descendîmes jusqu'au fond de la vallée, nous nous arrêtâmes pour prendre un verre. Nous fîmes quelques allers et retours grâce au remonte-pente, et puis ce fut l'heure de prendre le car pour rentrer à Val-d'Isère. Je regardais partout à la recherche de l'homme en noir, facile à identifier grâce à sa tenue. J'essayais de me convaincre que je voulais simplement le remercier comme il se devait mais, dans le car qui nous ramenait à Val-d'Isère, je regardais l'obscurité à l'extérieur : il faisait nuit, impossible de voir la campagne ; impossible aussi d'oublier ces yeux-là. Pendant une semaine, je le cherchai : je ne le revis jamais.

✤

Au début, je m'interdis d'y penser : l'homme en noir, ce ciel vibrant. Les années ont passé et, depuis, je n'ai plus jamais revu de ciel comme ça ; mais je suis sûre que c'est précisément ce que Tiepolo essayait de rendre dans ses tableaux. C'était plus fort que moi, je me demandais sans cesse ce que cela signifiait. Une idée me terrifiait : la vie est-elle plus sérieuse que ce que j'étais disposée à en penser ? On m'avait sauvé la vie. Etait-ce un homme ou un miracle ? Impossible de le savoir. Mais pourquoi moi ? Je n'avais rien fait de spécial pour mériter pareille faveur. Ma vie était et est toujours parfaitement inutile dans cet ordre des choses. J'étais effrayée par la responsabilité que cela impliquait. J'inventai donc deux prétextes.

D'abord, je décidai que l'on m'avait peut-être sauvé la vie pour mes enfants, dont l'un était encore à naître. Je faisais donc, en quelque sorte, porter le chapeau à ma progéniture. Par ailleurs, je chassai purement et simplement ces pensées : c'était fou ! Comme si nous étions prédestinés... Je n'en croyais pas un mot. Avec une passion rebelle, je m'enfonçai dans l'incrédulité. Je refusais de croire en une force extérieure, un dieu qui se mêlerait de notre vie de tous les jours. Mon sauveur ne pouvait être qu'un homme, un homme ordinaire.

Mais cependant, je ne pouvais oublier ce ciel en fusion, ni mon sentiment de jubilation ! Si un ange était intervenu pour me sauver, pourquoi donc n'y en a-t-il pas toute une troupe pour sauver le monde ? Pourquoi des entités spirituelles ne fondent-elles pas à la rescousse des mamans du Viêt-nam ou de Palestine, pour les protéger des bombes et des brûlures du napalm, ou pour sauver les enfants malades, à l'agonie ? Pourquoi des anges ne viennent-ils pas soutenir les avions abattus en combat aérien ? Pourquoi ne prennent-ils pas entre leurs mains ailées ces aviateurs comme une maman déposant un

L'Annonciation.
Gustave Doré, gravure,
XIXe siècle.

bébé dans son berceau ? Eh bien non : des avions continuent à s'écraser, des soldats ébouillantés sont démembrés sur les champs de bataille, des femmes sont jetées en prison et des bébés lancés sous les roues des voitures. Si les anges sont parmi nous, pourquoi n'interviennent-ils pas pour empêcher les choses graves, au lieu de sauver une femme inutile lors d'une frivole sortie de ski en France ?

Le sang éclabousse la terre.

Le sang est un engrais pour notre terre.

Le sang de l'homme versé par l'homme. Est-ce là la raison pour laquelle les anges ne peuvent pas s'interposer ? Ils n'ont rien fait lors de la Crucifixion. Les anges sont-ils donc impuissants à empêcher les méfaits de l'homme ?

✤

Rien n'avait changé. Je quittai la France et continuai à m'interroger sur la signification de ce skieur en noir. Mais je n'arrivais pas à conclure de façon claire. Il eût été facile d'en finir avec toutes mes questions : doute, colère, dépression, désespoir, solitude, insécurité, peur. Eh bien non, tout cela continuait, et la douleur physique aussi. Les malheurs ont le chic pour vous prendre par derrière ; la main de l'agresseur se referme sur votre gorge trop vite pour que l'on se dégage. La surprise vous garde vulnérable à la souffrance.

A quoi donc servent les anges s'ils ne peuvent chasser les fantômes du passé ou le mauvais esprit de cette voix intérieure toujours en train de juger ? A quoi bon un instant de contact avec le divin si notre esprit retors finit par nous con-

---

> *« C'est dans le cadre de crises aiguës, après avoir déployé une endurance infatigable au service d'un but dont tout préjugé est absolument exclu, que l'ange se manifeste.»*
>
> RALPH WALDO EMERSON.

vaincre que cette anomalie n'est qu'un dysfonctionnement biochimique, une perturbation électrique, un fusible qui saute le temps d'une vision avant que les circuits rentrent dans l'ordre ?

> *« Regarde en direction de ta demeure, Ô ange, maintenant; et confonds-toi avec ton remords.»*
>
> JOHN MILTON,
> *Lycidas.*

✤

Voilà dix jours que j'ai rédigé le récit de mon voyage à Val-d'Isère ; j'ai tout de suite plongé dans un tourbillon dépressif. Pendant plus d'une semaine, j'ai pleuré. J'ai mal partout. Mon âme hurle dans le noir, tel un asticot aveugle rampant sur les rives désolées de l'enfer. Je me sens vide et perdue. Depuis une semaine, je pleure la perte de tous mes proches : mon divorce, la mort de mon père, mes échecs professionnels, ma séparation d'avec l'homme que j'aime ; au firmament de mon âme, tous ces nuages d'orage s'entassent jusqu'à prendre des proportions colossales, jusqu'à m'abandonner sur la grève d'une solitude totale.

Ce ciel... Ces yeux... Le fait de narrer mon aventure de Val-d'Isère m'a rappelé combien j'avais occulté l'événement. Je me sens pleine d'idées noires. J'ai l'impression d'être une ratée. J'ai reçu don sur don, un vrai festin dressé sur ma table : non seulement je n'avais rien fait pour mériter tout cela, mais je n'en ai rien fait tout court. Quiconque a vu les choses qu'il m'a été donné de voir aurait fondé des ordres religieux,

---

> *« Un bon ange l'accompagnera, son voyage réussira et il reviendra sain et sauf.»*
>
> *Tb 5: 21.*

soit contemplatifs, soit caritatifs, aurait construit des hôpitaux, des églises, des abris pour les pauvres et les clochards.

Mes remords me rendent malades.

Je préfère ne plus penser aux anges que d'endurer les affres de pareille responsabilité. Mon sauveur était un homme, un point c'est tout, même s'il avait l'air bizarre dans sa tenue noire. Il venait probablement d'arriver à Val-d'Isère, il ignorait que le noir n'était plus à la mode depuis dix ans. Il est probablement descendu jusqu'à Tignes, est entré dans la première boutique pour s'acheter des vêtements convenables. Voilà pourquoi je ne l'ai plus revu de la semaine. Ou encore, c'était la dernière sortie de ses vacances, il se dépêchait pour ne pas rater son train. Il a juste eu le temps de faire ce petit détour pour arrêter ma glissade et m'empêcher de tomber de la falaise. Il n'avait même pas le temps de s'arrêter pour bavarder quelques instants. Non, il est descendu droit sur la ville, a détaché ses skis et a pris le car pour Paris, pour Lyon ; et il a retrouvé sa cage de caissier.

✤ 2 ✤

Le dernier épisode que je vais raconter est différent des autres : rien ne s'est passé physiquement, il n'y a rien eu de tangible. C'est en quelque sorte un rêve.

Un ami m'avait proposé une expérience originale : revivre mes vies passées. Je ne crois pas en la réincarnation et ne voyais nulle raison de faire confiance à ce genre d'images : ces dernières sont à mon avis formées de l'écume de toute une vie de souvenirs, et non pas la mémoire inscrite dans nos gènes dès avant notre conception. Mais l'aventure m'amusait. Et puis, je ne me sentais pas du tout capable de me dédoubler, de sortir de mon corps comme l'on m'y invitait, de planer à cent cinquante mètres au-dessus de ma maison et, de là-haut, de chercher les petits points lumineux. Enfin, un rien m'amuse.

Je m'étendis sur un divan. Marc s'assit dans un fauteuil à côté de moi. Il commença par passer un très long moment à brancher son magnétophone pour enregistrer la séance puis se mit à parler pour m'amener à un état de méditation paisible. Pendant les deux heures de ce voyage mental, il me guida, me posa des questions et conduisit le déroulement de l'expérience. D'abord, il me demanda de m'imaginer en train de décoller tout droit à travers le toit de la maison.

– Que vois-tu ? demanda-t-il.

Je me mis à décrire les rues et le panorama de Georgetown, mais j'avais envie de rire : je savais que n'importe qui pouvait imaginer la description que j'étais en train de faire de la ville vue d'avion. Le fait que je puisse décrire ce paysage ne me convainquit nullement de la réalité de mon expérience. Puis Marc me dit de décoller dans une direction donnée : je décidai d'aller vers la rivière et je m'y rendis gaiement.

– Si tu vois un petit point lumineux, ordonna-t-il, dirige-toi vers lui.

Il n'avait pas fermé la bouche que je vis une lumière s'allumer.

– Dis-moi quand tu y arrives.

– Oh non ! protestai-je. Tu ne vas tout de même pas me faire descendre dans ce trou, n'est-ce pas ?

La lumière s'avérait être l'ouverture d'un tunnel. Il se mit à rire et m'ordonna d'y descendre.

Les parois étaient lisses. Je tombais rapidement.

– Préviens-moi quand tu touches le fond, me dit-il.

Son conseil était inutile : le choc fut si violent que mes jambes tressautèrent sur le sofa au moment de l'impact (et eux qui disaient qu'on est hors de son corps !).

Une fois relevée, je reçus l'ordre de regarder à mes pieds et de décrire ce que je voyais ; il me fallut ensuite remonter mon regard le long de mes jambes et observer mes vêtements. Une fois que vous avez identifié votre nouvelle identité, vous regardez autour de vous. Une scène se dessine, peuplée de toutes sortes de gens, et vous vous mettez à marcher dans ces rues imaginaires. Peut-être avez-vous changé de sexe, de classe sociale ; peut-être avez-vous une personnalité totalement différente de votre personnalité présente ; des choses vous arrivent, le temps passe. C'est absolument fascinant.

Mon intention n'est pas d'expliquer ici comment l'on fait un voyage imaginaire dans sa vie passée. Après m'avoir guidé à travers un certain nombre de «vies», Marc me demanda :

– Veux-tu voir comment sera la prochaine ?

– Tu veux dire ma vie future ? demandai-je en éclatant de rire.

– Oui, bien sûr.

Et me voilà repartie à voler dans le noir à la recherche d'une lumière. De nouveau, je vis un point lumineux. C'était un tunnel que je dévalai... J'eus des rêves, je vis des images. Je ne prétends nullement que ce qui s'est passé alors est vrai, pas davantage que les prétendues incarnations (comme ils les appellent) précédentes. J'étais couchée sur un sofa et j'ai eu ce rêve. Comme tout cela est censé arriver à un personnage futur, j'emploierai la troisième personne.

– Dis-moi quand tu touches le sol, murmura Marc comme précédemment.

Mais elle ne toucha pas le sol.

– As-tu touché le sol ?

– Euh... Je suis là, répondit-elle, consciente de n'être nulle part, perdue dans des nuages de brume brune.
– Regarde tes pieds, dis-moi ce que tu vois.
– Ah, les pieds... Tu veux des pieds ?

Et elle pouffa de rire : des pieds, voyez-moi ça ! La simple idée d'avoir des pieds semblait totalement absurde ; enfin, il voulait des pieds, elle allait lui en donner : et les pieds apparurent nus et bruns. Docilement, elle exécuta l'instruction suivante : elle remonta son regard vers ses chevilles et ses mollets. Il voulait des vêtements ? Les vêtements apparurent : en tissu grossier, brunâtre, descendant jusqu'aux genoux. C'était absurde. Elle ne pouvait se retenir de glousser. Elle ne savait pas très bien en quoi consistait son état, mais c'était très drôle ; elle se sentait merveilleusement bien ; l'instant d'après, elle se mit à faire des tonneaux en l'air, à l'horizontale les pieds les premiers, vroum ! Tout simplement, elle jouait. Elle pouvait s'arrêter et repartir, ralentir et accélérer. Ce mouvement de spirale tournoyante était merveilleux ; que c'était amusant de foncer dans l'atmosphère ! Elle pouvait aussi se mettre la tête en bas, les éclats de rire jaillissaient de sa gorge. Elle n'arrivait pas à reprendre son sérieux.
– Que fais-tu ? demanda-t-il perplexe.

Elle s'étouffait à lui expliquer mais cela ne servait pas à grand-chose car il était incapable de bouger comme cela, ou d'imaginer comment on faisait.
– Est-ce que tu es un être d'une autre planète ?
– Non, non ! Je suis ici.

De ça, elle en était sûre :
– Simplement, je suis en train d'apprendre à voler.

En effet, elle n'avait pas encore toute la maîtrise de son équilibre, c'était nouveau pour elle. Les autres, eux, savaient ce dont ils étaient capables.
– Est-ce que tu as des ailes ?
– Non !

Des ailes ? Elle n'avait pas pensé que ces appendices lui soient nécessaires mais, puisqu'il voulait des ailes, on allait lui en donner : et des ailes lui poussèrent aux épaules, d'énormes ailes pleines de plumes, passablement disgracieuses et sans la moindre utilité pour l'aider à évoluer de manière fluide dans cet espace hors du temps. D'ailleurs, le mot «fluide» est inadapté, car il implique un contact entre des substances : or, elle pouvait choisir à sa guise d'avoir une substance ou pas.
– Alors, arrête ta vrille, ordonna-t-il fermement. Marche par terre et dis-moi ce que tu vois.

Sa première réaction fut de céder à la panique :
– Mais je vais les écraser si je marche par terre.

En effet, elle était de taille gigantesque : sa stature emplissait tout le ciel et puis elle ne savait pas bien comment rapetisser. Cependant, à peine s'était-elle posé la question qu'elle trouva la réponse :
– Oh, je vois ! répondit-elle rassurée.

Elle avait instantanément compris comment augmenter ou diminuer de taille ; l'instant d'après, elle se métamorphosa donc comme il le désirait et se retrouva debout sur le sol, au milieu d'un grouillement de petits êtres qui ne la voyaient pas, mais passaient près d'elle et à travers elle comme si elle n'était pas là. Ce faisant, elle continuait de glousser de plus belle, la cassette est pleine de petits rires. Elle riait à en perdre ses forces. Quand il posa sa question suivante, elle le sentit un peu désorienté :
– Qu'est-ce qui se passe ?
– Je marche sur la plante de mes pieds, s'esclaffa-t-elle. Incroyable ! Ils marchent tous sur le plat de leurs pieds !

Elle ne put poursuivre sa phrase, elle se tordait de rire. Elle sentait le sol sous la plante de ses pieds ; elle commença à s'entraîner à utiliser ses pieds pour la propulser vers l'avant ; elle sentait le sol toucher ses talons, la partie charnue de la plante, les orteils. Elle avait du mal à garder au sol son corps qui avait tendance à s'envoler, à rebondir en l'air ; mais elle s'obligea fermement à rester en contact avec le sol, sur ses pieds ; puis elle se lança en l'air et commença à voleter à une certaine hauteur.

Voilà qui lui donnait l'occasion d'observer ces petits êtres et de voir comment ils vivaient. Et cela lui donna une nouvelle crise de fou rire : comme ils étaient mignons, comme ils étaient chou ! Ils trottinaient partout, il y en avait des milliers, ils arpentaient les rues entre les structures qui les bordaient. Et tout aussi drôle était le fait qu'ils vivaient à l'intérieur de structures sombres percées de petits trous dont les êtres se servaient pour entrer et sortir ; elles avaient aussi d'autres petits trous un peu plus haut, dont ils se servaient pour laisser entrer l'air et la lumière dont ils cherchaient à s'abriter. Cette contradiction la frappa : ce système était absurde. Mais tout ce qui concernait ces petites créatures était attendrissant : elles se souciaient de problèmes qui n'en étaient nullement. Ils passaient leur temps à des choses qui n'en valaient pas la peine, ils pullulaient partout, ils discutaient avec passion de ragots sans importance ; ils se mettaient en colère les uns contre les autres, ils perdaient patience, se jalousaient, se faisaient de la peine ou s'aimaient tendrement mais de façon momentanée ; puis leur brève capacité d'attention était balayée par la prochaine émotion, le prochain souci. Elle sentit une vague d'émotion l'attendrir : comme ils étaient adorables, comme c'était mignon cette incapacité à distinguer le réel de l'imaginaire ! Comme ils étaient voraces et dégoulinants de bonnes intentions ! Mais ces dernières ne menaient à rien, ils étaient incapables de concentrer longtemps leur attention sur la même chose mais se contentaient (et même avec délices !) de recevoir claque sur claque à chaque peur, à chaque perte. Comme elle les aimait !

Il lui était difficile de décrire tout cela à l'homme dont la voix lui parvenait comme de loin ; d'ailleurs, il y avait tant à voir et à comprendre : la plupart des choses, elle n'essaya même pas de les décrire. Elle avait conscience d'être une

Saturne.
Gustave Doré,
gravure, XIXe siècle.

Jeune ; elle savait que, une fois qu'elle aurait maîtrisé pleinement ses pouvoirs, elle serait chargée d'aider ces petites créatures, «eux» comme elle les appelait car elle ne connaissait pas leur nom. Sa tâche consisterait à être présente là et à essayer de se rendre utile. Cependant, elle ne pouvait rien faire tant que l'un d'eux ne demandait pas d'aide. Par exemple, si deux d'entre eux se lançaient dans une dispute ou une guerre, elle ne pouvait rien y faire puisque c'était là leur libre décision. Dans ce cas, tout ce qu'elle pouvait faire, c'était d'attendre à proximité, pleine de joie, et d'observer leurs futiles manœuvres.

– Y a-t-il d'autres gens comme vous sur place ? demanda la voix de l'homme.

– Oui, répondit-elle. Les Grands sont là-bas.

Elle voulait dire à quelque distance, à l'écart des logements des petites créatures. Les Grands (elle n'en était pas encore une mais ça viendrait avec le temps) étaient un peu effrayants à cause de leur supériorité. Elle ignorait à quoi ils servaient.

– Dirige-toi vers eux, dit la voix. Va les rejoindre.

Pour ce faire, il fallait qu'elle devienne un Grand car, autrement, elle n'avait rien à faire en leur compagnie ; elle se rendit donc auprès d'eux (si l'on peut dire, quand on est à la fois hors de l'espace et hors du temps) et, du coup, perdit son hilarité, ses crises de fou rire et ses gloussements juvéniles ; jouer ne l'intéressait plus ; elle se sentit envahie par une paisible sérénité. Les Grands avaient des tâches plus importantes à exécuter.

A peine avait-elle recouvré son sérieux (mieux, sa sérénité) que la voix, sans lui laisser le temps d'arriver à côté des Grands, lui demanda de poursuivre vers l'étape finale. Elle fit donc un virage et s'écarta des adultes pour aller plus loin. Elle désirait en savoir davantage sur les Sages ; tout en voyageant, elle sentit une immobilité, une profondeur impressionnante s'installer en elle. Une paix retentissante. Elle changeait de forme ; elle n'avait plus de forme. Elle était assise dans la solitude.

La voix continuait à l'interroger. Mais il était malaisé de trouver des mots pour répondre ; elle faisait de longues, longues pauses en essayant de formuler ses réponses ; elle cherchait à tâtons le langage approprié pour lui expliquer les choses telles qu'il puisse les comprendre. Certaines questions ne pouvaient être traduites dans ses mots à lui ; le concept d'«être» était lui-même différent, et il ne fallait même pas parler de distinction ou de différenciation en sexe ou en individu.

Elle était seule, mais elle savait que d'autres existaient au même niveau qu'elle ; ils étaient séparés d'elle mais sur le même plan. Elle répondait lentement avec de longues pauses mûrement réfléchies ; elle essayait de faire les choses bien, elle s'appliquait en dépit du fait que le temps avait perdu toute signification.

Le travail d'un Compatissant est de rester immobile dans un lieu qui n'est ni lumière ni obscurité, mais pur être. Et le Compatissant irradie un son silencieux, une vibration qui pénètre tout, un harmonieux bourdonnement de pur être. Le temps n'existe pas. L'espace n'existe pas. Pour le Sage, il n'existe pas d'êtres inférieurs, toutefois il sait que, quelque part, il y a des êtres qui se croient de grande importance. Mais cela ne cause pas de souci au Sage. Son néant est plus exquis que l'on ne saurait le décrire ; elle est absorbée dans l'harmonie, elle vibre d'amour pur, sans tâche et sans filtre ; et le Sage émet cette vibration qui maintient l'univers dans l'existence alors même qu'elle s'attache à répondre aux questions posées par la voix de l'homme, des questions révélant toute son ignorance, des questions hors propos, hors sujet...

La compassion du Sage s'étend également à l'homme qui pose les questions et, dans son indulgence, le Sage tente de répondre. Mais les réponses sont longues à venir ; qu'il est difficile de parler lorsque l'on ne l'a pas fait depuis des éternités... Qu'il est difficile de traduire la petitesse de ces questions dans les termes propres au Sage ; et, en retour, qu'il est difficile de rendre l'immensité de ce qu'elle connaît, à travers l'exiguïté de son langage, qui ne possède même pas les mots pour saisir la nécessaire vérité.

Et ce dialogue est surtout difficile parce qu'il est vain : que le Sage réponde ou pas, c'est sans importance. C'est l'amour qui compte, ce son qui émane de lui en silence !

– Es-tu Dieu ? demande l'homme.

Pour le Sage, cette question n'a pas de sens. Il la médite pendant si longtemps que l'homme répète sa question :

– Es-tu Dieu ?

Et la réponse se fait enfin entendre, d'une voix grave, basse :

– Non !

Mais ce n'est pas tout à fait vrai : dans un moment, le Sage sera capable d'informer la voix qu'il aurait tout aussi facilement pu répondre oui. Il (ou elle) répond non pour se mettre à la portée de celui qui l'a posée ; il répond en fonction du niveau auquel la voix interprète l'existence de Dieu. De ce point de vue, il est sûr qu'il n'est pas Dieu ; mais Dieu n'existe pas en tant qu'entité dans laquelle croit l'homme ; il est beaucoup plus complexe qu'un dieu unique. Mais oui, car toutes choses sont faites par Dieu. Il y a de la divinité en tout. Il y a un centre unique, total ; et aussi, oui, il y a Dieu dans la source qui façonna tout cela. On peut parvenir à expliquer, si l'homme est patient... On a tout son temps puisqu'il n'y a pas de commencement et qu'il n'y aura jamais de fin.

– Non ! répond-elle, car il y a quelque chose de plus grand encore, quelque chose qu'il aurait appelé la Source.

Cependant, c'est vrai, il y a du divin partout, y compris en lui-même ; la tâche de ce divin consiste à émettre ce son silencieux, cette compassion (qui est Dieu) dans toutes les sphères de Dieu afin qu'il rejaillisse, en tant que Dieu, sur tout ce qui est également Dieu, en se transmutant en Dieu.

– Non, je ne suis pas Dieu... commence le Sage, puis il fait une pause pour expirer en harmonie pendant une éternité. Mais la voix de l'homme ne peut attendre plus longtemps :

– Que va-t-il se passer après cette vie ? Vas-tu mourir ?

Voici des éternités que le Sage est là et des éternités passeront avant qu'il ne dérive plus loin, laissant place à d'autres qui feront le travail. Dans sa parfaite connaissance, elle se vit elle-même glisser vers le bord de l'obscurité totale à la fin ultime de tout. Cela aussi, c'était parfait dans son néant. Il prit ce mot au vol :

– Après cette vie, il n'y a rien.

Et il commença à bien peser la façon de décrire cette absence de forme qui se lance dans le vide ; et cela était juste, n'avait pas d'importance, ne pouvait faire l'objet de réjouissance ni de regrets, mais tout simplement, c'était ainsi : à jamais... De toute façon, tout ce qu'il connaissait, c'était cette vibration harmonieuse, cosmique.

– Tu dois revenir, déclara la voix de l'homme. Il est temps de revenir. Avance jusqu'à ce que tu voies le trou.

Lentement, impassible au-delà de tous les univers, le Sage réfléchit :

– Pour revenir, il faut que je repasse par toutes les formes précédentes. Je ne puis aller de l'avant pour pénétrer dans cette sphère.

– Eh bien, repasse par toutes les formes précédentes, indiqua l'homme.

Et lentement, avec regret, le Sage quitta son état de silence aimant. Il redevint un Grand, il prenait de la vitesse tandis qu'elle passait d'éternité en éternité ; elle recommença à se tordre de rire, à faire des galipettes dans l'espace, convulsée d'hilarité ; elle s'exclamait de ravissement en voyant la lumière radieuse, ces gens dont elle s'occupait et dont l'ignorance l'enchantait.

– Qu'ils sont adorables ! s'exclamait-elle, débordant d'amour pour cette engeance.

Ils détalaient en tous sens, ils se précipitaient dans leurs petits trous et en ressortaient en toute hâte. Puis elle fut aspirée vers le haut, à reculons dans le même tunnel, désorientée par le tourbillon de la vitesse... Et elle atterrit sur le sofa.

Cela lui prit un petit moment pour se remettre, pour ouvrir les yeux et se réveiller tout étourdie.

✤

Voilà tout ce que je sais des anges. Je n'affirmerais pas y comprendre goutte. D'autres personnes ont fait des expériences différentes qui peuvent fort bien contredire la mienne.

Et puis, cela me gêne d'avoir écrit tout cela. Et si les gens se moquaient de moi ? Avec Yeats, je puis dire :

> ***« J'ai étalé mes rêves à vos pieds ;***
> ***Marchez sur la pointe des pieds car ce sont sur mes rêves que vous marchez. »***

Quatrième Partie

Témoignages contemporains

Pendant la préparation de ce livre, j'ai reçu un abondant courrier de personnes qui avaient rencontré des anges ou avaient eu un contact avec le divin ; certains anges se manifestent sous forme de voix, d'autres à travers des rêves, des chuchotements, d'autres encore comme des boules d'énergie ou de lumière. Quelques anges enfin apparaissent, si j'ose dire, en chair et en os pour transmettre des messages ou sauver des vies humaines. Je vous présente ces récits dans l'espoir qu'ils seront pour vous, comme ils l'ont été pour moi, source d'inspiration.

✤

Mon fils aîné, né dans le Minnesota, est venu au monde avec une malformation cardiaque. Celle-ci était due à un excès de médicaments pris par sa mère ; le bébé naquit bleu, son cœur fuyait. Nous étions très inquiets. Sur le moment, ni le médecin ni nous-mêmes ne savions quelle était la cause de ce trou dans la paroi cardiaque. Le cœur pompait du sang dans la mauvaise direction, nous pensions que le bébé allait mourir.

Le même soir, mon père se réveilla dans son appartement de Buffalo, dans l'État de New York : le store frappait contre la fenêtre de sa chambre ; il entendit une voix :

– Ne t'inquiète pas. John va aller bien.

Il ne savait pas ce que cela signifiait. Le seul John qu'il connaissait, c'était son frère défunt. Mon père resta éveillé un moment à réfléchir à la chose.

Je ne puis raconter tout cela sans en avoir les larmes aux yeux. Il ne dormait toujours pas quand je l'appelai au téléphone :

– Je t'annonce la naissance de John, lui dis-je, mais il a une malformation cardiaque. Il est sous tente à oxygène.

– Ne t'inquiète pas, répondit mon père, tout va bien se passer.

Il était stupéfait et me dit qu'il ne pouvait m'expliquer d'où lui venait cette certitude ; mais il ne fallait pas que je m'en fasse. Puis il décrocha de nouveau son téléphone et appela un docteur qui convainquit le plus grand cardiologue de l'université du Minnesota de passer à l'hôpital dès le petit matin ; nous le vîmes arriver avec ses chaussures de golf. Il examina John, étudia le dossier médical de sa mère et tomba sur la double dose de calmant qu'on lui avait administrée pendant le travail.

– Ne vous inquiétez pas, nous rassura le médecin. Votre fils va se rétablir.

En effet, il y a dans le cœur des bébés un petit clapet spécial qui sert justement à les garder en vie dans ces cas-là et qui, au bout de six semaines, se résorbe. Ainsi, le sang continua à irriguer le cœur et le cerveau, même si le reste de l'organisme ne recevait pas grand-chose.

Et le bébé était en bonne santé.

MARSH WARD,
Washington.

✤

Girouette en forme d'ange. Américain, XIXe siècle.

L'histoire qui suit est arrivée à mon arrière-grand-oncle Calvin Jones et a contribué à me faire entrer dans les ordres : j'ai toujours été très proche de lui et je crois être la seule personne à qui il a raconté ces événements.

Calvin aura quatre-vingt-seize ans cette année, 1989. Il a vécu toute sa vie à Boswell, dans le comté d'Izard. C'est la région habitée la plus reculée des Etats-Unis, dans les monts Ozark du Nord, au fin fond de l'Arkansas ; il n'y a même pas un chemin menant à sa ferme. Celle-ci est desservie par la rivière mais pas par la route. Il a donc vécu dans un isolement total et dans une grande stabilité, sans radio ni télévision, sans être empoisonné par ce qui se passe dans le pays ; par conséquent, il se fie à ce qu'il voit et à ce qu'il entend. Son expérience se limite à ce qu'il a lui-même vécu. Depuis la mort de sa femme, il y a dix ans, il vit seul. Ils s'étaient mariés en 1912. Cet isolement affecte tous les aspects de sa vie. Il a toujours été un bon chrétien ; mais les montagnards ne se rassemblent jamais pour les cérémonies : c'est une religion qui est tout sauf communautaire.

Les voix se sont manifestées de la fin de l'automne 1984 au début du printemps 1985, pendant la période d'oisiveté forcée qui va des premières gelées au dégel. Calvin m'en parla dès l'été 1985 ; il commença par entendre des chants, de la musique. Des voix de femmes, d'hommes et d'enfants chantaient des chants, aussi bien sacrés que profanes. Quand il tenta d'en dresser la liste, Calvin ne se remémora que quelques titres : il y avait le «Petit cercueil de palissandre» et puis «Après le bal», des chansons anciennes et quelques gospels. Les chants se répétaient tous les matins à l'aube, toujours avec les mêmes choristes dont il en vint à reconnaître les voix.

– Un des hommes, raconte-t-il, avait la voix la plus enrouée que j'aie jamais entendue.

Il ne vit jamais rien mais pour ce qui est d'entendre, il entendit : c'était une procession dont le chant s'étendait dans le ciel, à trente-cinq degrés environ au-dessus de l'horizon, et se déplaçait du sud à l'ouest ; ce n'étaient pas les voix elles-mêmes qui se déplaçaient, mais plutôt le son qui s'étendait, comme le mercure dans un thermomètre, jusqu'à emplir tout l'horizon sud-ouest.

Calvin vit dans une cuvette entourée de hauteurs. La procession semblait suivre la ligne de crête devant la maison, fenêtre après fenêtre, parallèlement au cours de la White River.

Le fait qu'il pût s'agir d'anges ne gênait pas Calvin car cela ne lui vint jamais à l'idée. Il ne se dit pas une fois : «Oh là là ! Voilà que j'entends des anges à présent !» Il chercha en revanche à trouver des explications naturelles et, sans révéler ce qu'il avait entendu, il demandait aux gens sans avoir l'air d'y toucher :

– Qu'est-ce qu'il fait froid ! Est-ce qu'il y a des campeurs dans la région avec des radios ?

Il se demanda aussi s'il n'entendait pas le bruit d'une chute d'eau. Mais il ne soupçonna jamais un phénomène surnaturel.

Un beau jour, il reçut la visite d'un professeur d'université qui, avec son magnétophone, travaillait sur un sujet de recherche concernant la tradition orale. Calvin, qui était plein de respect pour les universitaires, se dit : «Je tiens ma chance !» Les Voix se mirent à chanter et Calvin demanda :

– Vous entendez ?

– Non, répondit l'historien.

– Mettez en route votre magnétophone, alors, suggéra Calvin.

– Chantez avec eux, proposa le professeur.

Et Calvin se mit à chanter «Après le bal».

Puis le chœur s'estompa et disparut et ils écoutèrent l'enregistrement : Calvin, stupéfait, n'entendit que sa propre voix. Cela le laissa perplexe : à ses oreilles, toute la création chantait et sur la cassette, on n'entendait qu'un vieillard.

En fait, il aimait bien chanter avec eux.

Il ne sortit jamais pour essayer de voir ces gens ou de leur parler. Il ne lui vint pas davantage à l'esprit qu'il était devenu fou. Les gens qui ont échappé au XXe siècle ne se croient jamais fous. Pour Calvin, la nature est quelque chose de si merveilleux que ce n'est pas un miracle de l'entendre chanter.

Un matin, le temps s'était suffisamment réchauffé pour que l'on puisse ouvrir une fenêtre ; il faisait encore noir et, pour la toute première fois, Calvin prit la parole :

– Qui êtes-vous ? demanda-t-il.

Il n'avait jamais pensé à poser la question avant.

L'homme à la voix enrouée lui répondit, précisément dans le dialecte ozark familier à Calvin :

– On est du ciel, mon gars. C'est pas tout le monde qui peut entendre ça.

Et cela lui suffit. Les Voix continuèrent à chanter de temps en temps, mais moins souvent. A présent qu'il a une explication satisfaisante, Calvin trouve cela tout naturel. Il les remarque de temps à autre, mais il n'en fait pas une histoire.

Moi, en revanche, ça a changé ma vie.

– Il y a sept pays au ciel, me confia Calvin. Nous savons toutes sortes d'histoires : nous connaissons l'histoire de l'Amérique et celle de l'Arkansas. Et ces anges-là, ils vous racontent l'histoire du ciel.

Puis, il me dit adieu :

– Si je ne te revois pas en ce monde, j'essaierai de te voir dans le suivant.

MARK LEWIS,
Washington.

✤

Un soir, en Hollande, il fallait que je sois chez mon frère à 18h30. J'étais à pied, je n'avais pas de montre et je me demandais quelle heure il pouvait bien être. Soudain, je levai les yeux et je vis une énorme horloge suspendue en plein ciel ; elle marquait 18h20. Il n'y avait pas la moindre horloge dans tout le quartier.

Un autre soir, pendant la guerre (toujours en Hollande), il faisait déjà noir et je roulais en bicyclette. J'allais à toute vitesse quand, soudain, j'entendis dans le ciel une voix très forte : «Stop !» Je m'arrêtai net : si je m'étais avancée d'un mètre de plus, je me serais tuée, c'est certain. J'allais m'engager sur un pont que les Allemands avaient fait sauter et je ne le savais pas. J'aurais fait une chute d'au moins dix mètres sur une dalle en béton.

MADAME S. VAN DER ELST,
Nelspruit, Afrique du Sud.

✤

C'était un vendredi, dans la deuxième quinzaine d'avril 1981 ; je finissais ma deuxième année à l'université de l'Indiana à Bloomington et décidai d'aller voir ma mère chez elle à Indianapolis, à 80 kilomètres de là. Avec ma meilleure amie, j'entassai dans ma Dodge Charger de 1972 autant d'affaires qu'elle pouvait en contenir. Quand nous arrivâmes à Indianapolis, l'après-midi tirait à sa fin. Nous vidâmes l'intérieur de la voiture et décidâmes de nous occuper du coffre plus tard. Après dîner, je raccompagnai mon amie chez elle. Le lundi matin, je saluai ma mère qui partait travailler. Une heure plus tard, je repris ma voiture ; en général, je traverse en quelques pas la pelouse pour m'installer directement au volant. Cette fois, j'ignore pourquoi, je fis le tour de la voiture, passai à côté du siège du passager et contournai le véhicule par l'arrière. En y regardant de près, je crus voir le coffre s'entrouvrir légèrement, de quelques centimètres. Je m'arrêtai net pour regarder, puis ouvris lentement le coffre et y trouvai tout ce que j'y avais empilé le vendredi après-midi : mes affaires étaient toujours là.

J'avais failli retourner à l'université avec mon coffre plein mais, heureusement, quelque bonne âme qui m'observait m'avait fait faire le tour de la voiture pour que je constate mon étourderie.

J'avais souvent entendu une petite voix me dire : «Regarde, la portière est ouverte. Vas-y !» Mais je n'avais jamais vu, jusqu'à ce fameux lundi matin, une porte s'ouvrir toute seule sous mes yeux. Je suis convaincue que nous sommes tous protégés par des anges, des esprits bienveillants qui sont nos enseignants et nos guides ; si nous réagissons de façon appropriée quand nous entendons des voix, quand nous avons des pressentiments étranges ou que nous recevons des signes prémonitoires, bref si nous nous arrêtons un instant pour réfléchir à la signification de ces messages, nous pouvons déterminer par nous-même s'il s'agit d'une aide précieuse provenant d'une source positive : nous pouvons nous servir de ces signes pour nous rendre la vie un petit peu plus facile.

BETSY KENNEDY,
Indianapolis, Indiana.

✤

J'ai trente-deux ans. Quand j'étais petite, ma mère et mon père nous emmenaient, mes trois frères et moi-même, à Sacramento pour voir la sœur de ma maman, la tante Marie. Marie et son époux, l'oncle Johnny, avaient une famille nombreuse et ils étaient très pauvres. Quand nous étions enfants, nous ne comprenions pas les conditions dans lesquelles ils vivaient. Mes frères et moi-même rencontrions volontiers les enfants de John et Marie ; nous courions à travers champs, nous allions chercher les œufs des poules, nous pourchassions les chèvres. Quand j'eus douze ans, mes parents divorcèrent. Un an ou deux plus tard, la tante Marie mourut d'alcoolisme. Jusque-là, nous avions toujours gardé le contact avec Marie et ses enfants. L'aîné s'appelait Cliff et, dès le début de son adolescence, il commença à avoir maille à partir avec la justice. Il nous arrivait de lui rendre visite dans la maison de correction de Whittier, en Californie : il était trop jeune pour aller en prison. Mais, une fois majeur, il échoua bel et bien en prison. Je lui écrivais de temps en temps à l'époque où il était incarcéré à Soledad, puis à Folsom, en Californie. Il avait émis des chèques sans provision, commis des vols, etc. Mais, après la mort de Marie, nous perdîmes le contact avec toute la famille.

Les années passèrent. En 1978, je trouvai du travail dans une radio libre confessionnelle à Pomona, en Californie. Cela faisait dix ans que je n'avais plus eu le moindre contact avec mes cousins. Je partis en vacances à Sacramento et j'étais en visite chez une tante quand, brusquement, je décidai d'aller faire un tour en voiture ; je lui dis que je serais de retour avant la tombée de la nuit. C'était l'été, j'avais une longue journée devant moi. Je pris l'autoroute et décidai de partir à l'aventure. Comme j'approchais des montagnes, je vis un panneau de sortie vers le barrage de Folsom ; je me disais que j'allais faire le tour du lac artificiel quand j'entendis une voix sortie de nulle part, aussi claire que si quelqu'un était assis à côté de moi dans la voiture :

– Tu as un cousin en prison.

Soudain, je me rappelai mon cousin Cliff. Depuis des années, je n'avais plus entendu parler de lui, je ne lui avais plus écrit... Je n'arrivais même plus à me souvenir de son nom de famille. Et la voix me répéta :

– Tu as un cousin en prison.

Bon, me dis-je en moi-même, j'ai un cousin en prison. Se pourrait-il que ce soit justement cette prison ? Certainement pas ! Il me fallut réfléchir un bon moment pour me remémorer le nom de famille de Cliff. Je le savais : il fallait que je m'assure de sa présence dans cette prison de Folsom ; je ne savais pas pourquoi, cela semblait complètement fou. Si j'allais jusqu'à la prison et que je demandais mon cousin, on me croirait folle. Il était absolument exclu qu'il fût là. Mais la voix ne me laisserait pas tranquille et, je le savais, il fallait que j'en aie le cœur net. Puis le nom de famille de Cliff me revint.

Je pris la première bretelle de sortie de l'autoroute et suivis le fléchage qui indiquait la prison de Folsom. Ce n'était pas bien loin mais je me souviens que, au moment d'arriver devant la prison, je sentis mon cœur se serrer. Quand j'aperçus les tours de garde et les murs de pierre couronnés de barbelés, je fis demi-tour et filai ! J'allai jusqu'à la cabine téléphonique la plus proche, juste à côté d'une station-service. C'était le début de l'après-midi ; je décidai d'appeler la prison pour demander si Cliff y était. Cela a l'air vraiment idiot, tout à fait ridicule. Même si, par quelque excès d'imagination, il se trouvait incarcéré là, on ne peut pas téléphoner tout bonnement à une maison d'arrêt et demander sans préambule :

– Puis-je parler à Untel ?

Une prison, ce n'est pas le domicile d'un particulier. Mais il me fallait obéir à la voix que j'avais entendue ; je ne pouvais me débarrasser de cette pensée et je ne me posais plus de questions quant à la façon dont j'allais passer ma journée.

Je descendis de voiture et entrai dans la cabine téléphonique. C'était l'été, je me souviens qu'il y faisait une chaleur torride.

Je demandai les renseignements pour obtenir le numéro de la maison d'arrêt, puis j'appelai ; quand la standardiste décrocha, je lui expliquai ma situation. Je lui racontai que j'étais en voyage et que j'avais vu les panneaux indiquant la direction de la prison ; je me souvenais que j'avais peut-être un cousin incarcéré là : y était-il ? Je donnai le nom de Cliff et, juste ciel ! il était effectivement détenu à Folsom !

Je demandai à la standardiste si je pouvais parler à mon cousin, elle me répondit qu'elle allait me passer un éducateur. Je tombai alors sur un homme charmant et expliquai de nouveau ma situation. L'éducateur m'expliqua que cet après-midi là, Cliff travaillait en cuisine ; il me proposa d'essayer de le trouver et de me rappeler à la cabine. Il me prévint que cela risquait de prendre une heure ou davantage. Je lui répondis que, s'il y avait vraiment une chance que je puisse parler à mon cousin après tant d'années, j'étais prête à attendre le temps qu'il fallait.

Je lui donnai le numéro de la cabine et retournai m'asseoir dans la voiture, un peu ahurie. Au bout de tant de temps, j'avais retrouvé Cliff... J'avais ma Bible avec moi dans la voiture et, comme l'attente promettait d'être longue, je décidai de lire un peu. Au bout de dix minutes au maximum, le téléphone sonna ! Je bondis de la voiture et courus jusqu'à la cabine : quand je décrochai, c'était Cliff ! Quelles retrouvailles ! Parler avec mon cousin au bout de tant de temps : comment décrire les sentiments qui m'agitaient ? Lui-même ne parvenait pas à comprendre comment j'avais bien pu le dénicher ! Moins de deux heures plus tôt, j'étais en visite chez ma tante, et voilà que j'avais conduit ma voiture jusqu'au bout du monde, dans un trou perdu dont personne ne connaissait l'existence. J'étais dépassée par les événements. Nous eûmes une brève mais merveilleuse conversation téléphonique et nous échangeâmes nos adresses. Ma mère, je le savais, serait enchantée de savoir que j'avais retrouvé Cliff. Elle s'était toujours sentie très proche des enfants de Marie et, depuis la mort de celle-ci, elle s'inquiétait pour ses neveux.

Je pris congé de mon cousin, lui demandai de remercier l'éducateur avec lequel j'avais parlé et lui promis d'écrire.

Comme je me tournais pour sortir de la cabine téléphonique, j'aperçus du coin de l'œil quelque chose qui attira mon regard. On aurait dit un morceau de papier, un papillon qui tapotait l'extérieur de la vitre. C'était drôle parce qu'il n'était pas là les deux premières fois où j'étais entrée dans la cabine. Je sortis, et essayai de lire ce papier que la brise de l'après-midi faisait légèrement flotter. Quand je déchiffrai l'inscription, je fus pétrifiée, couverte de chair de poule. Sur le papier était marqué : «En panne.»

Mais pour moi, cette cabine n'était pas du tout en panne ! Ce papillon n'était pas là au moment où je m'étais arrêtée : s'il y avait été, pourquoi serais-je entrée dans la cabine pour téléphoner ? Nul n'essaie d'utiliser une cabine en panne. J'avais téléphoné deux fois et, les deux fois, pas de papier. Personne ne s'était approché de ce téléphone, donc personne n'avait pu y coller le papier depuis mon arrivée. Si ce papillon était là à mon arrivée, quelqu'un ou quelque chose m'avait empêchée de le voir, afin que je puisse faire ce miraculeux appel.

JILLAYNE BREWER,
Azusa, Californie.

✣

Il est rare que je parle aux gens de l'incident que je raconte ci-dessous et cela pour deux raisons : d'abord, le souvenir m'en est si précieux que je le garde serré dans un coin de mon esprit, un peu comme un enfant cache son jouet favori sous son lit ; ensuite, l'intensité dramatique de ce moment et la puissance que j'ai perçue à cette occasion étaient si fortes qu'il m'est difficile d'en transmettre la force à des tiers. En général, je finis sans voix, bafouillant et radotant :

– Vous ne pouvez pas vous rendre compte ! Vous ne pouvez pas vous rendre compte !

Cela ne m'empêche pas de chérir ce souvenir, de le tourner et le retourner dans mon esprit de crainte que, à la longue, je n'en oublie quelque infime détail : le côté merveilleux de cette expérience serait alors perdu à jamais. Et puis, au soir d'une dure journée, ce souvenir me redonne beaucoup de sérénité, par exemple lors d'une promenade tranquille dans mon jardin fleuri...

C'était il y a six ans ; ma fille Jenny avait sept ans. Il devait être à peu près 14 heures. Jenny était avec moi en voiture, nous allions en ville, à la banque. Nous étions arrêtées à un feu rouge, dans une rue que nous connaissions bien. C'était une rue à sens unique, à quatre voies et nous étions sur la troisième. Il n'y avait personne à ma droite mais une Cadillac blanche était à ma gauche sur la deuxième ligne et un camion de déménagement sur la première, à l'extrême gauche. Nous étions tous les trois alignés au feu, sans véhicule derrière nous.

Quand le feu orange commença à clignoter[1], une sorte de lourd nuage «débrancha» brusquement mon cerveau. Il s'agit bien sûr d'une métaphore : il n'était pas lourd par son poids physique ni noir par sa couleur ; mais c'était comme un pressentiment, un avertissement direct et le message était clair : attention ! Puis un message plus précis me vint à l'esprit et, bien que je n'entendis pas physiquement les mots, je compris : «ne bouge pas !» Deux ou trois secondes s'écoulèrent avant que je ne reçoive un troisième et dernier message : je vis mentalement une voiture venant de ma droite s'engager dans le carrefour, brûler le feu rouge (mon feu était déjà passé au vert) et poursuivre sa route.

Je suis sans doute restée à l'arrêt un moment après tout cela car ma fille, qui n'avait pas l'air d'avoir reçu d'avertissement, me dit :

– Maman, c'est vert. Pourquoi ne démarres-tu pas ?

– Oh, répondis-je, je crois que je vais attendre.

A cet instant, une Volkswagen venant de ma droite traversa le carrefour en trombe ; elle était conduite par une mère de famille avec ses deux fils à l'arrière, elle avait dépassé toutes les voitures arrêtées au feu rouge. Elle traversa sans ralentir, sans tenir le moindre compte du feu ni des véhicules à l'arrêt. Si elle nous avait percutés, elle aurait touché ma voiture la première et notamment ma fille assise à ma droite.

Vu la vitesse effrayante à laquelle elle roulait, l'accident aurait été un carnage. Je remarquai que les deux voitures arrêtées à ma gauche avaient, elles aussi, attendu. Avaient-elles reçu le même avertissement que moi ? Je ne puis m'empêcher de croire que oui, sinon elles se seraient engagées dans le carrefour au moment où le feu passait au vert. Au lieu de

1. Le feu orange clignotant annonce le feu vert. (NdT)

cela, nous restâmes tous les trois à l'arrêt pendant dix ou quinze bonnes secondes, avant de nous mettre en route. J'aimerais bien connaître leurs noms pour pouvoir leur demander.

Je sens que je fais partie des rares privilégiés à avoir vécu des expériences analogues, non seulement parce que cela a sauvé la vie de ma fille et la mienne, mais aussi parce que, à mon avis, des choses aussi merveilleuses n'arrivent pas bien souvent aux gens. Je ne me fais pas d'illusion : je ne m'imagine pas que ce genre de choses m'est arrivé à moi parce que je fais partie des «élus» qui vivent de façon pure et sainte. Au contraire, ma vie est active, pleine de mouvement : je n'ai pas le loisir de consacrer du temps à une pratique religieuse traditionnelle. Non, je pense que si j'ai été choisie, c'est parce que, comme le disait tout simplement l'avertissement que j'ai reçu : «Pas encore : il n'est pas encore temps !» Ce message m'amène à croire que les principaux tournants de notre vie sont prévus à l'avance et que, si quelqu'un lance dans la mare un pavé susceptible de bouleverser l'ordre des choses, il doit être neutralisé dans toute la mesure du possible.

CARLENE ANDERSON,
Rockford, Illinois.

✤

Je rentrais de faire des courses en voiture. A deux ou trois rues de chez moi, j'entendis dans ma tête une voix qui disait : «sens unique... sens unique !»

«Mais enfin, songeai-je, c'est idiot, je sais bien que cette rue est à sens unique.» Je m'engageai dans ma rue (une vaste boucle en forme de fer à cheval, à flanc de colline), juste derrière une autre voiture mais, à cause de la voix, je tins soigneusement mes distances. A ce moment-là, une troisième voiture surgit à toute vitesse à contresens et faillit bien percuter de plein fouet la voiture qui me précédait ; si je n'avais pas tenu mes distances, je l'aurais emboutie par l'arrière au moment où elle freina pour éviter le chauffard qui venait en face. Je suis sûre que la petite «voix» m'a avertie du danger et m'a ainsi évité un accident.

SHANA-ELAINE BREWER,
Oak Ridge, Tennessee.

✤

Il y a à peu près un an, j'ai «rêvé» que j'étais soudain transportée à un certain endroit : je regardais une foule qui sortait d'un passage, un peu comme un groupe de personnes en train de sortir d'un cinéma ou quelque chose comme cela. Je levai les yeux et vis un homme, un quadragénaire barbu assez corpulent qui ne ressemblait à personne de ma connaissance. Je le serrai dans mes bras et lui déclarai :

– S'il te plaît, ne m'oblige pas à partir, tu m'as tant manqué !

Il éclata de rire et je sentis mon esprit revenir brusquement à l'intérieur de mon corps. Je m'éveillai en sursaut. Depuis, je m'attends toujours à retourner à cet endroit mais, si j'y suis effectivement retournée, je ne m'en souviens pas.

MARY E. FREEMAN,
Albuquerque, Nouveau-Mexique.

✤

Je me souviens d'une époque où j'étais particulièrement éprouvée. Je venais de divorcer, mes enfants étaient partis vivre avec leur père ; mes parents me reprochaient certains événements survenus dans ma vie et qui leur avaient fait honte. Désespérée, j'étais debout devant l'évier de ma cuisine, un couteau à la main. Quelque chose en moi (je dirais une idée, une pensée orale qui se manifestait dans mon esprit) me disait :

– Vas-y ! Tranche-toi les veines, c'est mieux de l'autre côté... Mais impossible de bouger ma main ! Je n'arrivais pas à obéir à cette idée. Puis, une autre voix se fit entendre en moi, qui disait :

– Ne fais pas ça. Tu risques de te rater... Alors, on t'enverra à l'hôpital, tu auras d'autres factures à payer, d'autres problèmes ; tu seras ridiculisée à jamais et, crois-moi, si tu te tues, tu n'auras ni la paix ni la liberté ; tu n'auras que souffrances, précisément ce à quoi tu essaies de te soustraire.

Je déposai le couteau et fondis en larmes. C'était en 1979. J'avais trente-six ans. Trois mois plus tard, je déménageai en Israël pour y vivre. J'écris cela dans l'espoir que quelque désespéré comprenne que le suicide ne résout rien.

Peu après, j'eus une autre expérience, bien plus incroyable. J'étais triste et en recherche ; un après-midi, vers 17 heures, je sortis de mon appartement. J'étais furieuse. J'avais docilement suivi tous les conseils que l'on m'avait prodigués dans mon église. Je pensais être «quelqu'un de bien» mais pourquoi, pourquoi donc étais-je accablée par des problèmes pareils ? En quittant mon appartement, j'entendis de la musique qui sortait d'une autre pièce. C'était une chanson qui disait notamment : «Tes rêves brisés, ... tes projets... donne-les tous à Jésus...»

J'étais hors de moi en me disant que j'avais suivi ce rêve, j'avais essayé d'être une «bonne chrétienne» ; et je m'en mordais les doigts ! J'étais si échauffée que je déclarai à haute voix :

– Non, c'est faux. Jésus ne peut rien faire, il n'est pas Dieu.

Je me sentis alors poussée par une force à la fois intérieure et extérieure, et je réintégrai mon appartement. De nouveau, je fondis en larmes debout ; j'étais désespérée, je sanglotais fort, tout était perdu.

Ange-sirène balinais.
Bois polychrome moderne.

C'est alors que je reçus un don absolument incroyable : le mot qui me vient à l'esprit, c'est que je fus «guérie». Ce fut comme une tape sur la tête, mais j'étais seule. Instantanément, la paix fut en moi ; j'étais aussi douce que de la laine d'agneau, tout n'était que douceur en moi. Un grand flux de paix chaleureuse m'envahit. En un éclair, je vis mes motivations et celles des gens qui m'entouraient. Je me vis en train de mendier leur approbation, en train d'écouter les autres et de ne jamais me faire confiance. Je mettais tout sur la faute de Dieu : c'était parfaitement clair à présent.

Puis une voix, aussi claire que le cristal, me dit :

– Sens-moi. Je suis aussi doux qu'un agneau, je ne fais pas mal.

Je me revis avec cette image d'un Dieu qui châtie ; tout ce qui n'allait pas dans ma vie, je le lui reprochais.

Et alors, j'ai vu quelque chose, je crois que c'était le ciel. Il était, il est et sera toujours IMMENSE. C'était plus haut que le firmament et plus large que quoi que ce soit de visible. On m'a montré que cet esprit, cet être immense et créatif, était littéralement présent en tout. En tout, il y avait tellement d'amour et de bonté que cela ne peut s'exprimer avec des mots. Cela dépasse les frontières des villes, des pays, des nations ; c'est plus vaste que tous les rabbins, tous les prêtres, tous les saints. Chacun voudrait que les autres se conforment à sa propre interprétation, mais cet esprit d'amour ne connaît absolument pas de limites. Il aime les bouddhistes, les taoïstes, les chrétiens, les juifs, les musulmans, encore et encore et toujours avec un amour incroyable. Il n'a pas de fin. Il n'a pas de commencement. Il n'a pas de limites. L'homme limite l'amour et il appelle cela la «volonté de Dieu». L'homme veut «posséder Dieu», il dit que Dieu a des préférences : tel groupe serait bien et tous les autres seraient dans l'erreur. L'esprit que j'ai rencontré ce soir-là ne connaît pas de limites dans son amour... J'ai vu ce que voit cet esprit : la façon dont les gens se droguent, se maltraitent eux-mêmes. Si seulement ils savaient avec quel amour réel, profond, pénétrant on prend soin d'eux, ils n'éprouveraient pas le besoin de se maltraiter. Inutiles, la concurrence, la destruction, les déceptions. Chacun serait pleinement satisfait, content de soi, des autres, de son environnement...

Je pourrais continuer ainsi, mais qu'il me suffise de dire que c'est une réalité. C'est gratuit. C'est un état d'esprit et cela ne coûte rien.

Ce fantôme ou cet esprit que j'ai rencontré est honnête, fiable ; chaque fois que nécessaire, il punit ; il stimule la réflexion, il écoute, il est miséricordieux, créatif, source d'inspiration... Et j'en passe. Ce que je puis dire de plus important à ce sujet, c'est que notre chemin dans la vie s'oriente suivant la façon dont nous pensons ; et notre chemin dans la vie nous oriente pour toujours ; certes, on peut changer de direction, mais il ne faut pas repousser indéfiniment cette décision : et c'est cela que nous ne savons pas.

SUSAN CALLAS,
Reno, Nevada.

✤

Le 1er novembre 1971, un de mes amis intimes, un ami de très longue date, quitta notre monde pour entrer dans ces dimensions de l'au-delà dont tant de personnes mettent l'existence en doute. J'étais effondré : je ne parvenais pas à comprendre la logique sous-jacente à cette catastrophe. Mon ami venait juste de rentrer de l'étranger après son service militaire ; le campus de son université était en effervescence pour des raisons qui ne le regardaient en rien et il fut tué par balle.

Je me rendis à son enterrement et les contacts spirituels avec lui commencèrent. Je sentais sa présence dans toute ma maison ; je n'arrêtais pas de regarder par-dessus mon épaule. Puis j'entendis mon nom : il m'avait appelé d'une voix douce. J'allai dans la pièce où se trouvaient sa mère et sa sœur pour voir si elles m'avaient appelé : non, personne ne m'avait appelé. Je supposai que j'avais été victime de mon imagination.

Une semaine après les obsèques, j'avais mis un de ses disques favoris et j'étais couché sur mon lit. Je le vis en rêve venir vers moi : il me dit de ne pas me lamenter de son départ, car il était désormais heureux, en paix. Il me dit que nous nous reverrions dans ce monde où il était maintenant, je n'avais qu'à être patient, notre amitié ne mourrait jamais. La dernière chose dont je me souviens, c'est qu'il voulait que j'écoute sur ce disque un chant qui avait pour nous une signification particulière et que j'avais mis avant de m'étendre. Quand je m'éveillai, je me sentis en paix. Puis je remarquai que le disque jouait toujours, mais la face opposée à celle que j'avais installée : c'était cette deuxième face qui comportait ce chant si particulier. Je fondis en larmes, je compris qu'il était réellement venu me voir. Cet épisode provoqua chez moi un éveil mental et spirituel ; depuis, j'en ai eu deux autres. Deux fois, je me suis éveillé en plein sommeil et j'ai vu des choses mystiques. Je me suis même assis dans mon lit pour bien me convaincre que ce n'était pas un rêve.

A ma droite, à environ un mètre cinquante au-dessus du sol, se trouvait une masse brillante d'énergie, une boule jaune orangé d'environ quinze centimètres de diamètre. Je fermai les yeux et les rouvris, j'allai jusqu'à me pincer pour être bien sûr que je voyais cela de mes propres yeux ; cet objet resta là jusqu'à ce que je me rendorme.

J'avais eu peur. Un an plus tard environ, la même chose arriva dans les mêmes circonstances. Mais, cette fois, je posai intérieurement des questions auxquelles je reçus réponse. Toutes mes questions concernaient cet ami qui avait quitté notre monde. Toutes les réponses disaient, en résumé, qu'il ne me fallait pas avoir peur ni m'inquiéter, car on veillait sur moi. Physiquement, il était parti mais il continuait à m'entourer de sa protection, de ses soins et de son amour.

La dernière fois, c'était en juillet 1984 : je participais à une réunion de famille et l'on prit de nombreuses photos. Sur l'une d'elles, je remarquai une masse circulaire de particules au-dessus de mon épaule. Cela commença par me faire sursauter parce que je me demandais s'il ne s'agissait pas d'une erreur de développement. A présent, je reconnais le fait que j'ai bénéficié d'une bénédiction particulière car j'ai pu voir des manifestations de l'au-delà.

TERRI L. BEELER,
Louisville, Kentucky.

✤

Le 1er novembre 1977, je reçus un appel téléphonique de ma mère. Elle me disait que des collègues de travail de mon papa l'avaient appelée pour la prévenir qu'il avait eu une sorte d'attaque et qu'on l'avait emmené en ambulance. Je quittai immédiatement mon travail et sautai en voiture pour aller conduire ma mère à l'hôpital. Avant d'arriver chez elle, j'avais le pressentiment que c'était très grave ; si mon père était toujours vivant quand nous arriverions à l'hôpital, il ne survivrait probablement pas longtemps. Cependant, je n'avais pas le temps de m'abîmer dans mes réflexions, il fallait que je me concentre sur ma conduite. Je devais emprunter successivement deux autoroutes importantes et, pour tout arranger, le temps était déplorable : il faisait froid et il pleuvait. Je n'étais plus qu'à un kilomètre de la maison de ma mère et je tremblais de froid et de peur quand j'arrivai à un tournant de la route. Je sentis physiquement quelque chose (de l'énergie ?) autour de mes épaules, puis je fus envahie par un merveilleux et profond sentiment de paix. Je sus qu'à cet instant, mon père était mort et qu'il n'y avait pas de raison de se désoler car il était libre et heureux. Je n'ai pas de témoin à citer et, d'ailleurs, je n'ai rien vu. A notre arrivée à l'hôpital, on nous dit qu'il était mort dans l'ambulance. Depuis lors, j'ai repensé bien souvent à ce moment. Quelle était donc cette sensation ? Un ange essayait-il de me préparer à ce qui allait m'arriver ? Ou peut-être était-ce mon père qui me disait «au revoir» et essayait de me communiquer ce qu'il avait lui-même ressenti à l'instant de sa mort : paix, calme.

Je voudrais pouvoir affirmer que je puis à ma guise retrouver cette sensation mais c'est faux. Cependant, son simple souvenir me donne de la force. C'est un peu comme si j'avais jeté un coup d'œil furtif, comme par le trou d'une serrure, sur l'autre monde.

JOYCE SLATER,
Dallas, Texas.

✣

J'ai toujours pensé que la vie continuait après la mort mais, depuis un an et demi, je n'ai plus l'ombre d'un doute sur la question. Tout a commencé quand je me suis mise à m'intéresser à la réincarnation. J'ai lu un livre là-dessus et, grâce à lui, j'ai commencé à prendre contact non seulement avec ma propre âme mais aussi avec mes esprits guides (quel que soit le nom que vous choisiriez de leur donner). Ils m'ont prouvé qu'ils existent vraiment. Ils se manifestent sous la forme d'électricité en mouvement continuel, presque comme des ombres. Ils ne sont visibles à mes yeux que dans l'obscurité mais je ressens leur présence chaque jour et chaque nuit. Quand ils m'apparaissent, ce n'est pas seulement par la vue, mais à cause de la quantité incroyable d'électricité qu'il y a dans l'air. Leur rapport avec moi est tout amour, soutien et sécurité. A trois occasions différentes, je les ai réellement sentis me serrer tous dans leurs bras ; non pas à la façon dont nous le faisons, avec nos bras de chair et d'os, mais dans une étreinte de tout leur être. J'ai ressenti des picotements, une onde de pur amour électrique qui a couru à travers tout mon corps.

Mon expérience la plus récente est survenue le 10 mai 1985, à 2 heures du matin. J'étais allongée dans mon lit, toutes lumières éteintes. Je venais de me coucher, et j'étais parfaitement éveillée. J'ai vu à l'autre bout de ma chambre une forme grise qui n'avait pas de silhouette particulière mais semblait constituée de millions de particules en mouvement permanent. J'ai tout de suite ressenti sa présence. Puis, il a commencé à s'approcher de moi ; au fur et à mesure qu'il avançait, il devenait plus clair. Comme il traversait la pièce à ma rencontre, on aurait dit qu'il dansait joyeusement en l'air, qu'il progressait dans ma direction avec beaucoup de gaieté. Je le regardai attentivement, il y avait quelque chose de presque familier dans cette présence si gaie que je n'avais encore jamais vue. Il grossissait, grossissait et finit par devenir d'un blanc brillant que je sentis tout contre mon visage. Non seulement je voyais qu'il était à moins de trois centimètres de ma figure mais je le sentais même sur ma peau. Je commençais à me sentir un petit peu gênée car, même pour des humains, c'est un peu embarrassant de se trouver si près. J'ai passé ma main devant mon visage et dit «assez». Une seconde après, j'ai senti pendant juste une seconde une charge électrique sur mes lèvres. Je ne l'ai pas sentie ailleurs, seulement sur les lèvres. Ensuite, cette vive blancheur s'est écartée et est redevenue gris clair pour retrouver sa couleur initiale et sa petite taille jusqu'à disparaître. Cette expérience ne m'a en rien effrayée. Je me suis sentie tout excitée qu'il m'arrive une aventure pareille.

TERRI PAGE,
Ramona, Californie.

✤

Bonjour, je m'appelle Vicki Israel. Ma maman a vu ta lettre et m'a suggéré de t'écrire. Voilà ce qui s'est passé. L'été de mes six ans, nous avons invité une enfant pauvre à venir vivre chez nous pendant deux semaines. C'était une nuit, quand moi et Shonta étions en train de dormir. Je me suis réveillée et j'ai vu deux anges debout devant mon placard. Vraiment, je n'ai pas eu peur mais, pour autant que je m'en souvienne, ils n'avaient pas d'ailes, contrairement à ce que l'on pense des anges. C'étaient deux hommes, grands, et ils parlaient d'une voix douce. Je me souviendrai toujours de cette belle nuit.

VICKI ISRAEL,
Somerset, New Jersey.

✤

Je suis incapable de donner beaucoup de précisions quant à des dates ou à des témoins, mais je me souviens encore parfaitement des détails. Cela ne fait pas longtemps que j'arrive à en parler. En 1947, j'avais à peine trois ans et j'ai attrapé la rougeole. Ma température avait monté de façon dangereuse et approchait 41,5° ; mes parents m'ont alors fait hospitaliser. Je me rappelle les infirmières et les docteurs qui se dépêchaient, qui m'enveloppaient dans des draps humides et glacés sur mon lit d'hôpital. Ma mère m'a dit que, avant cela, j'avais déliré, mais que soudain, j'ai recommencé à parler de façon claire. Je récitai le «Je crois en Dieu», et je répétai le texte de la liturgie de notre culte luthérien. Elle me dit qu'elle avait eu peur car elle ne savait pas que je connaissais ces textes et je les récitais à la perfection. Puis, je commençai à parler des anges, et à dire combien ils étaient beaux. Je me souviens très nettement que je flottais en l'air dans l'angle de ma chambre d'hôpital, un ange de chaque côté de moi ; je regardais les infirmières et les docteurs travailler sur le corps (le mien...) qui gisait sur le lit. Aujourd'hui encore, quand je ferme les yeux, je puis entendre cette musique, impossible à décrire, et voir ces deux êtres tout de blanc vêtus avec une aura dorée autour d'eux. Je vis un trou dans le plafond avec un long chemin éclairé, tout doré ; la musique était de plus en plus forte. Ils m'ont demandé si je préférais venir avec eux ou rester. Je me souviens nettement leur avoir répondu que je voulais ma maman et je fus de retour sur mon lit d'hôpital : ils étaient partis.

Je crois que l'effet le plus profond qu'eut sur moi cette expérience, ce fut de m'ôter toute crainte de la mort. Je sais qu'il y a une vie après la mort parce que je l'ai vue.

Ma maman me raconta que, après avoir commencé à parler des anges, je perdis conscience et ils furent très inquiets car tous mes paramètres physiologiques dégringolaient rapidement. Cliniquement, je ne mourus pas, mais il s'en fallut de très peu ; et puis soudain, la fièvre commença à tomber, et moi à aller mieux. Quand je fus presque guérie, elle m'interrogea à propos de «ces beaux anges» que j'avais cités, mais je refusai d'en parler. Pour autant, je n'ai jamais oublié. Cela m'a fait un immense plaisir de lire votre lettre et vos demandes de renseignements. Il y a fort peu de gens à qui j'ai raconté tout cela, et la plupart se sont montrés sceptiques.

MARY L. HUEMOELLER BURNS,
Waterloo, Iowa.

✤

Quand ma mère Sally était petite, elle vivait en Géorgie, dans le comté de Calquit ; en 1905, un ange lui apparut dans une vive lumière et lui dit : «Il y en aura quatre-vingt-deux en tout.» Toute sa vie, elle se demanda ce que cela signifiait. C'était une femme très occupée, avec une famille nombreuse et des activités bénévoles à n'en plus finir. Mais elle n'oublia jamais ce contact, et d'ailleurs elle en parlait souvent. Elle le décrivit de façon détaillée à l'une de ses petites-filles : celle-ci en fit un tableau que j'ai accroché chez moi.

Quand elle fut avancée en âge, nous commençâmes à supposer qu'il s'agissait du nombre des années qu'elle avait à vivre ; quand elle fêta ses quatre-vingt-trois ans, elle se mit à tout compter, y compris ses descendants. Mais hélas, il y en avait déjà quatre-vingt-trois, et deux de plus en route. Peu avant son quatre-vingt-troisième anniversaire, nous parlions de son ange quand elle me dit :

– Je pense qu'il attend de me dire quand le rejoindre.

Deux semaines avant son quatre-vingt-troisième anniversaire naquit ma première petite-fille : on la présenta à Maman le dimanche suivant son quatre-vingt-troisième anniversaire. Le mardi d'après, Maman mourut. Comme c'est moi qui conserve les archives de la famille, je dressai pour le journal la liste des personnes devant figurer sur le faire-part ; et soudain, l'évidence me tomba dessus comme une tonne de briques : deux de ses petits-enfants étaient adoptés ! Ma petite-fille était la quatre-vingt-deuxième et la dernière que Maman avait vue !

Je dis à ma sœur que j'espérais que Maman était au courant :

– Et qui donc, à ton avis, te l'a fait comprendre ? répondit-elle.

Effectivement, c'est Maman qui le lui avait révélé à elle et qui me l'a dit à moi, mais elle me manque. Papa mourut dix-sept mois plus tard et ses derniers mots furent :

– Je vois Sally.

Merci de m'avoir donné l'occasion de vous partager cela. Son nom était Sally Tayler, épouse de Thomas Gandy.

JANE OGLESBY,
Sylvester, Géorgie.

✤

Je m'appelle Bozena Kalinic, j'ai vingt-sept ans. Je suis blanche et je vis en Afrique du Sud, mais je suis yougoslave de naissance. A l'époque, j'avais treize ans ; je vivais avec mon frère et ma jeune sœur ; ma sœur et moi-même dormions dans la même chambre. Cela s'est passé une nuit vers 23 heures. Je fus réveillée par une force et je m'assis dans mon lit : il y avait une silhouette sur ma coiffeuse. C'était vraiment ravissant à voir mais, sur le moment, j'ai eu peur. J'ai vu un homme en chair et en os. Il était debout sur la table, auréolé d'une lumière splendide. Il mesurait à peu près 1,80 m.

Il avait une chevelure brune et ondulée qui descendait plus bas que ses épaules. Il était vêtu d'une ample tunique bleue et blanche. Il y avait quelque chose de bizarre au-dessus de sa tête : ça ressemblait peut-être à une sorte de caillou doré suspendu en l'air. Il avait le visage souriant et les bras étendus. Je le voyais en pleine couleur, en pleine lumière, «suspendu» au-dessus de ma table. Simplement, je n'ai jamais vu ses pieds. J'étais totalement abasourdie par cette vision et, comme l'aurait fait n'importe quel enfant à ma place, je me cachai sous mes draps ; quelques secondes plus tard, je risquai un œil au-dessus des draps et, à mon soulagement, il s'en était allé. Ma sœur n'a pas bougé de toute la nuit. J'ai parlé à tous mes proches de mon «ange» mais pas un ne m'a crue. Ma famille a déclaré qu'il s'agissait de mon imagination d'enfant. Mais je me le demande encore : que signifiait cette visite et pourquoi à moi ?

B. KALINIC,
Boksburg, Afrique du Sud.

✤

Moi aussi, j'ai eu quelques expériences extraordinaires. Naturellement, on hésite à raconter des histoires pareilles, de crainte d'être pris pour un cinglé ; bien peu de gens ont entendu parler de mon ange à moi, de cet inhabituel parfum de roses (comme un petit bouquet de violettes), ou de la façon dont j'ai eu, à l'âge de dix-sept ans, la prescience certaine de la mort subite de mon père.

J'ai grandi dans un pensionnat catholique avec ce que cela comporte (pour moi) de terreur du péché mortel. J'ai lu des livres sur les apparitions des saints et de la Vierge Marie, et j'étais en général terrifiée par la façon dont ces visionnaires ont été soumis à des interrogatoires, des châtiments, voire des tortures. Quant au spiritisme ou tout ce qui concerne la vie après la mort, houlà ! c'était démoniaque...

Mon premier mariage a été une catastrophe : j'ai su ce que signifie vivre avec un alcoolique mais, fidèle à mes serments, je l'ai supporté jusqu'à ce que la mort nous sépare, seize ans plus tard. Vers la fin de cette période, je suis devenue, faute d'un nom mieux choisi, une «libre penseuse».

Huit ans environ après mon mariage, j'étais très malheureuse et je me mis à prier pour recevoir de l'aide et des conseils ; je commençai à songer à un saint particulièrement exquis dont, par une belle après-midi, je demandai l'intercession. J'entendis grincer la porte du jardin et vis arriver mon mari qui titubait vers la maison. J'arrêtai là ma méditation, sortis de ma chambre et me précipitai dans le couloir dans l'intention d'aller à la cuisine pour mettre une bouilloire sur le feu. Soudain, je m'arrêtai net : derrière moi, je sentais quelqu'un ! Je le savais : si je me retournais, j'allais assurément «la voir». Et soudain, je me sentis enveloppée, drapée dans un puissant parfum de roses. Il me brûlait les narines, c'était si fort que je me bouchais le nez afin d'en atténuer la violence. J'avais l'impression que le temps avait suspendu son vol. Puis on sonna à la porte, et ce fut fini. Combien de temps dura ce phénomène ? Je l'ignore. Pendant des mois, il m'est arrivé d'enfouir mon visage dans un bouquet de roses, mais je n'ai jamais pu retrouver cette odeur incomparable d'essence de rose. Quand j'ai cité cette anecdote à un prêtre catholique, il m'a déclaré avec condescendance :

– Vous avez été bénie de façon particulière.

Et c'est tout, fin de la conversation ! Une fois de plus, j'étais «dingue», j'avais l'impression que personne ne me croyait.

Mon expérience la plus merveilleuse arriva des années plus tard, après mon remariage. Jusqu'à ce jour, je n'ai aucune idée de ce qui a bien pu la déclencher, et je ne puis pas non plus dire que je la méritais. C'était sans doute en 1978, un

Danseurs bugaku (détail).
Hanabusa Itcho. XVIIIe siècle.

mardi soir de novembre ; ici, en Afrique du Sud, c'est le début de l'été. C'était une chaude et calme nuit sans lune.

Ma mère, qui vivait avec nous, était allée se coucher ainsi que mon mari. J'avais fait du courrier, puis m'étais également couchée et endormie. Je fus réveillée par les doux mouvements du drap que la brise agitait contre ma joue ; comme je m'éveillais progressivement, je reconnus – quelle émotion ! – cette essence, cette présence de quelqu'un dans la pièce.

Je fis tout mon possible pour éviter de regarder dans cette direction ! Je tournai la tête de côté et distinguai clairement ma lampe de chevet, un cendrier et même quelques fentes sur la peinture blanche du guéridon. Je tournai la tête de l'autre côté et vis nettement le corps étendu de mon mari qui dormait paisiblement en me tournant le dos. La pièce était éclairée par une jolie lumière, diffuse en quelque sorte. Rappelez-vous, c'était par une nuit sans lune et sans vent.

Puis, n'y tenant plus, je laissai mes yeux s'égarer et mon regard fut, en fin de compte, attiré devant ma grande coiffeuse blanche. «Elle» était là ! Une personne bien réelle, en chair et en os, comme votre propre corps à vous qui me lisez.

Elle resta debout, parfaitement immobile, tandis que j'examinais chaque détail de sa physionomie et de son vêtement. Le nom de Bernadette me vint à l'esprit. J'eus l'impression qu'elle était (ou avait été) sourde-muette !

Elle était petite et toute jeune, dix-sept ans peut-être. Elle avait un visage ravissant et une chevelure d'un blond cuivré, épaisse, coupée à la garçonne avec un large bandeau vert : pas une mèche de travers !

Elle portait une robe-chasuble évasée de couleur brune sur un chemisier crème, apparemment en soie ; un large col rond, avec de tout petits boutons de nacre, des manches bouffantes et une autre rangée de boutons de nacre sur ses larges manchettes. Ses bas étaient bruns, j'eus l'impression que c'était de la laine ; elle était chaussée d'une adorable paire de petits richelieus marron bien cirés, avec de gentils petits lacets bien noués sur le dessus.

Son expression était douce mais elle ne souriait pas.

Je la regardai un long moment de mon lit et, à ma grande stupéfaction, elle s'approcha, s'agenouilla à côté de moi et me demanda (comme par télépathie) de lui donner ma main !

Mon cœur me cognait les côtes : je crois surtout que j'avais peur d'une situation aussi inhabituelle. Je sortis mon bras de sous les couvertures et le posai au bord du lit. Toujours à genoux, elle posa ses deux mains sur mon bras ; baissant les yeux, je vis une paire de mains admirables avec des ongles parfaitement manucurés. Elle leva la tête comme si elle était en prière et cela me permit, de tout près, d'admirer la beauté de son visage rond.

Sa peau était sans défaut, à l'exception de quelques taches de rousseur sur son petit nez ; elle avait des yeux noisette sous des sourcils châtain clair bien nets ; je distinguai dans ses iris quelques petites taches noires, comme en ont parfois les personnes aux yeux clairs. Sa bouche était admirable, ses lèvres d'un rouge vif naturel, charnues, presque en arc de Cupidon mais pas tout à fait.

Je n'osais parler ; elle se leva et s'écarta de moi pour se rapprocher du mur, en deçà (cette fois) de la coiffeuse ; d'une certaine façon, je sus qu'elle était sur le départ.

– Est-ce que je vous reverrai ? demandai-je.

Je l'aurais presque suppliée de ne pas partir.

– Non, répondit-elle avec cette ravissante expression angélique. Mais je suis venue vous dire qu'un jour, je viendrai chercher votre mère.

Puis j'eus l'impression qu'elle se tenait derrière une vitre sur laquelle coulerait un film d'eau. Elle devint un peu floue et disparut. Et la pièce, que vous le croyiez ou non, fut de nouveau plongée dans une totale obscurité. Et je restai là les yeux grands ouverts, bien éveillée, incapable de me rendormir. Je ne pus me résoudre à parler de cela à ma famille, mais j'étais obsédée par ce visage. Le lendemain, je fis de multiples tentatives pour dessiner son portrait. Mais rien ne pouvait égaler sa radieuse beauté. Aujourd'hui encore, ma description est limitée par l'usage du vocabulaire humain.

Il y a une suite à cette histoire. Le jeudi de cette même semaine, je fus invitée à une séance de spiritisme. A peine avions-nous dit les prières habituelles que l'un des médiums m'adressa la parole. (Souvenez-vous, je n'avais à l'époque parlé à personne de cette apparition ; je pensais qu'il s'était agi d'un simple rêve.)

– Patricia, me dit le guide, vous avez eu une belle peur, l'autre soir ?

Prise de court, je répondis :

– Oh oui, j'ai eu peur.
– Ne vous en faites pas, se hâta-t-il d'ajouter, seules de bonnes gens viennent vous voir !
– Mais qui était-ce ? demandai-je.
– Une Française, affirma-t-il. Bernadette, un des anges de travail de Dieu.

Peu après, nous quittâmes Pretoria pour nous installer à Jeffrey's Bay et mon mari mourut. Mais je n'ai toujours pas eu confirmation de la promesse de Bernadette : j'ignore si elle est vraiment venue chercher ma mère qui a suivi mon mari de quelques mois.

PATRICIA STEPHENSON,
Jeffrey's Bay, Afrique du Sud.

✤

Je ne suis plus qu'une grand-mère percluse d'arthrose mais, si cela vous intéresse, j'aimerais vous parler de quelques-uns des anges ou esprits que j'ai rencontrés.

Quand j'avais huit ans, j'ai rappelé ma mère du séjour des morts. Nous étions ensemble dans une maison de repos, moi à la suite d'une ablation des amygdales, elle à la suite d'une grosse opération. Elle mourut et, comme nous étions ensemble dans une chambre particulière, j'entendis le docteur prononcer son verdict. Ils remontèrent le drap sur sa figure et se détournèrent. Je hurlai :
– Maman ! Reviens !

Les infirmières me recouchèrent de force et... ma mère s'assit ! Elle déclara qu'elle avait quitté son corps, mais qu'elle s'était sentie tenue de revenir quand j'avais crié.

Quand j'avais vingt-trois ans, mon jeune mari adoré mourut en Libye ; c'était en 1941 et la nouvelle ne nous parvint pas. Deux jours après sa mort, son esprit vint à la fenêtre de la pièce dans laquelle je bavardais avec ma sœur ; il tapota la vitre et m'adressa un baiser. Nous nous précipitâmes dehors en l'appelant, toutes joyeuses, mais il n'était pas là. Par la suite, il m'apparut un bon nombre de fois quand j'étais en détresse, et m'apporta un grand réconfort ; ses visites me prouvèrent que la vie continue après la mort.

Ma mère mourut à l'âge de quatre-vingt-six ans chez ma sœur Lucy ; nous l'avons soignée toutes les deux, avec l'aide de mon merveilleux beau-frère. Lucy était très triste ; elle espérait que Maman guérirait mais son mari et moi-même savions que ce ne serait pas le cas. Un soir, il y eut dans sa chambre un tel pullulement d'êtres spirituels que j'avais presque du mal à me frayer un chemin au milieu d'eux. Je ne soufflai mot mais quand B., le mari de Lucy, entra, il dit :

– Est-ce que vous sentez la présence de tous ces esprits ici ce soir ?

Lucy ne sentait rien, mais moi si. Ma mère resta encore paisiblement allongée deux jours, puis un gigantesque ange aux vêtements fulgurants de couleur vermillon, orange et or arriva avec des cohortes d'anges plus petits. Ils se moquaient complètement des murs de brique et des rideaux. Ils étaient si grands qu'ils montaient jusqu'au ciel, B. et moi les voyions. C'était la nuit. Ma mère était «partie» mais son corps continua à «vivre» trois ou quatre jours, puis il mourut à son tour. Ces anges étaient venus chercher son âme. Elle ne souffrait pas, elle n'était pas malade, elle mourut dans la douceur et la beauté, comme une feuille tombe d'un arbre à l'automne.

ELIZABETH ROWLAND,
East London, Afrique du Sud.

✤

En décembre 1918, la dernière semaine avant Noël, mon grand-père mourut. J'avais cinq ans, j'étais la plus jeune de six enfants. On préparait les obsèques. Je ne comprenais pas bien la véritable signification de la mort. J'insistai pour que ma mère me conduise voir Grand-Père ou alors qu'elle amène Grand-Père à la maison.

La veille de l'enterrement, dans la soirée, je me souviens avoir pris mon cousin par la main :

– Allons dans la chambre de Grand-Père, peut-être qu'il y est.

Nous ouvrîmes la porte. Un ange était debout au milieu de la pièce, auréolé d'une lumière éblouissante. Il avait de longs cheveux dorés qui lui descendaient dans le dos et une ample tunique blanche qui touchait le sol. Il avait de jolies ailes un peu étendues, légères comme de la gaze. Il ne bougea pas, il ne se tourna pas vers nous tandis que nous le regardions avec ahurissement et une crainte révérencielle. Sa beauté était indescriptible.

Nous courûmes dire à ma mère de venir voir l'ange qui était dans la chambre de Grand-Père. Elle arriva, probablement incrédule, je ne sais pas. Mais il n'y avait plus rien : ni elle ni nous ne vîmes quoi que ce soit.

HELEN RUFF,
La Moure, Dakota du Nord.

✤

Pendant ma vie, j'ai eu beaucoup d'expériences. L'une des plus récentes a pour moi une importance particulière. Le 3 août 1985, j'essayais de finir de planter des fleurs des champs dans le fossé, le long de la route devant mon terrain ; une amie arriva en voiture et me proposa de me déposer. Je me hâtai d'accepter et, dans ma précipitation, j'oubliai d'enlever deux petits bijoux en or auxquels je tenais énormément et que je portais suspendus à une fine chaîne. Nous allâmes jusqu'au champ où poussaient les fleurs et je commençai à les ramasser. Il faisait très chaud, il y avait un grand soleil. Quand j'en eus fini avec le ramassage des jeunes plants, nous revînmes chez moi, je les déchargeai et entrepris de les replanter avant qu'ils ne se fanent sous l'effet de la chaleur. Fatiguée, j'allai rouler la feuille de plastique que nous avions installée pour ne pas salir la voiture et je constatai alors que j'avais perdu mes deux précieux bijoux en or ; la chaîne, cassée en deux endroits, était restée collée à mon cou en sueur. Cette perte m'affectait de façon cuisante. Je cherchai en vain dans l'allée, sur la pelouse, dans la zone de plantation et dans toute la voiture... Effondrée, tout en larmes, j'annonçai à mon amie que je les avais perdus ; en silence, je priai de toutes mes forces pour pouvoir les retrouver.

En proie à une complète désolation, je m'assis en sanglotant et abandonnai mes recherches. Puis, je me mis à prier à voix haute. C'est alors qu'arriva un nouvel «ami» de l'au-delà et je le vis ; il me fit signe de rester tranquille et imprima dans mon esprit, avec une énorme puissance, la phrase suivante : «Retourne là où tu as pris les plants. Retourne dans le champ. Crois seulement. Je t'aiderai.»

Je le dis à mon amie et elle accepta de bon cœur de retourner au champ. Fidèle à sa parole (comme toujours), «l'ami» nous accompagna. Quand nous descendîmes de voiture, il marqua dans mon esprit le chemin exact que je devais suivre et me dit : «Crois, Joretta.» Puis il me dit de faire cinq enjambées sur ma gauche. Je m'exécutai. Alors, il cessa de m'adresser des messages. Je restai debout une minute puis regardai à mes pieds.

Ma petite étoile de David avec ses moulures bleu roi était là ! Quelques centimètres plus loin, ma minuscule croix égyptienne en or, travaillée à la main. Je me mis à trembler et je sentis que l'esprit qui me guidait était parti. J'étais incapable de bouger. Ces deux bijoux représentaient pour moi une sorte de diplôme, obtenu après des années d'études spirituelles. Je retournai à la voiture et m'assis. Je ne pouvais dire mot. Une joie indescriptible était en moi, trop énorme pour provoquer des larmes.

– Alors ? demanda mon amie.

La tête baissée, avec un respect infini comme je n'en ai jamais ressenti, je ne pus qu'ouvrir la main. Elle rougit et ne put que dire :

– Ooooh !

Nous retournâmes chez moi en silence. Je me précipitai dans ma chambre et rangeai les bijoux dans leur petite boîte, jurant que je ne me risquerais plus à les mettre pour travailler.

Soudain, mon puissant esprit protecteur m'apparut et me dit avec la plus grande douceur :

– Les symboles, c'est très bien. Ce qui compte vraiment, c'est ton amour. Retiens cela, Joretta, et tu n'en resteras pas là.

Il me fit un signe de la main.

Très tard, ce soir-là, j'eus une vision. De nouveau, sa main passa devant mon visage et il dit :

– Ce qui compte, c'est de vivre.

Et sur mon cœur, dessiné en bleu roi, il y avait une énorme étoile de David, gravée dans mes cellules, à l'intérieur, là où cela compte vraiment.

Les anges sont lumière et amour. J'en ai rencontré de deux sortes. Il y a ceux qui ont grandi dans la perfection grâce à leurs propres efforts ; quand je les vois, ils ont une forme en quelque sorte, et ils ont des aides avec eux. Et puis... il y a les grands esprits du passé, ils ne sont qu'esprit, pure lumière sans forme particulière...

Quand un ange intervient au moment du danger, toute sensation physique est totalement suspendue mais le subconscient continue à enregistrer toutes les horreurs ; ensuite, après le départ de l'ange, il y a une «décharge», une réaction physique qui secoue tout le corps et parfois l'esprit. Pour les recevoir, il faut avoir un corps bien nourri, en bonne santé : ce détail est d'une importance extrême ! Il faut aussi un subconscient heureux, prêt à jouir des petits plaisirs de la vie... Et puis, il faut être comme un enfant pour voir les anges et leur parler. Comme un enfant, cela veut dire confiant, croyant. La plupart des adultes ont été détruits, programmés par leur école, leur famille, leur église, leurs amis et leur vie. Il faut que l'on soit «ouvert» sur les au-delàs ; moi-même, cela me tue quand un cynique grogne :

– De qui crois-tu te moquer ?

Ou pire :

– Tu es folle.

La seule fois où je me souviens avoir perdu mes anges, c'est quand mon amour pour les gens m'a poussé à m'amollir, j'ai commencé à anticiper sur les sentiments des autres, à extrapoler en allant plus loin qu'eux-mêmes ne l'eussent désiré. Alors mes anges sont partis : je suis sûre que je serais morte s'ils n'avaient pas abrégé la leçon et ne m'avaient pas laissé retourner au sein de l'amour mutuel et de la paix.

JORETTA,
Grayslate, Illinois.

L'auteur

Sophy Burnham est la maman de deux filles, à présent adultes. Elle a grandi dans le Maryland et, après de nombreuses aventures, vit à présent à Washington. Elle trouve son plaisir à cultiver ses amitiés, à faire de l'art et à éviter la politique. Elle est écrivain et guérisseuse, et participe à l'Office à la Cathédrale Nationale.

Lauréate de plusieurs prix, elle a écrit des œuvres dans des styles très différents : romans, pièces de théâtre, scénarios de films, émissions de radio, discours politiques, articles, essais et un peu de reportage. Ses essais ont été réimprimés dans de nombreux pays. Elle a beaucoup voyagé en Europe et aux Etats-Unis, a été envoyée comme correspondante au Cameroun, au Costa Rica et au Pérou ; deux fois, elle s'est rendue en Inde pour étudier sous la conduite de son maître spirituel.

Parmi ses romans, il faut citer *The Dogwalker* et, plus récemment, *Revelations*.

Au catalogue Marabout

SCIENCES PARALLÈLES

• *Astrologie, arts divinatoires, ésotérisme, parapsychologie...*

• *Des livres explicatifs pour mieux comprendre l'influence des astres, pour prédire l'avenir et pour vous initier à l'occultisme.*

ASTROLOGIE

• de Caumon Paoli D.
ABC de l'astrologie
2314 40-4026-7 M4

• de Gravelaine J.
Connaissez-vous par votre signe astral
2301 40-1396-7 M7

• Gentile S.
Astro-enfant
2312 40-1337-1 M7

• Julien N.
Horoscopes 1995

• Julien N.
Ces planètes qui vous gouvernent
2310 40-0971-8 M7

• Teissier E.
Vos étoiles jusqu'en l'an 2001
2318 40-1361-1 M9

ARTS DIVINATOIRES

• Blau D.
Le livre des oracles
MS1435 40-0639-1 M7

• Fermier J.-D.
ABC de la numérologie
4127 40-0571-6 M7

• Deckers L.
Votre avenir par les runes
2320 40-1426-2 M9

• Maisonblanche F.
Le guide Marabout de la cartomancie
2313 40-4019-2 M7

• Sciuto G.
Votre avenir par les tarots
2302 40-0565-8 M6

• Silvestre C.-H.
ABC des tarots
2315 40-0142-6 M6

■ *ÉSOTÉRISME*

- Burnham S.
  Le livre des anges
  2319 40-1402-3 M9
- Julien N.
  Le dictionnaire des mythes
  2303 40-0676-3 M12
- Julien N.
  Le dictionnaire des symboles
  2304 40-0015-4 M12
- Pacout N.
  La franc-maçonnerie Initiation
  2308 40-0630-0 M7
- Garibal G.
  Etre franc-maçon aujourd'hui
  2311 40-1205-0 M7

■ *PARAPSYCHOLOGIE*

- Diagram
  Qui étiez-vous ?
  MS6 40-0262-2 M12
- Aurive M.
  Vous êtes médium
  MS1431 40-0197-0 M7
- Curcio M.
  L'auto-hypnose
  2306 40-0274-7 M7
- Mandorla J.
  ABC du magnétisme
  4126 40-0570-8 M7

PSYCHOLOGIE

- *Un large éventail de livres qui couvrent tous les aspects de la psychologie.*
- *Des grands classiques, des ouvrages de référence pour une bonne initiation à la psychologie et à la psychanalyse.*
- *Des tests pour mieux se connaître et connaître les autres.*
- *Des livres pratiques pour développer sa personnalité et enrichir ses capacités mentales.*
- *Une nouvelle série,* **"Voie positive"**, *qui vous aide à mieux vivre.*

■ *PSYCHOLOGIE - PSYCHANALYSE*

- Daco P.
  Les prodigieuses victoires de la psychologie
  3504 40-0145-9 M9
- Daco P.
  Les voies étonnantes de la nouvelle psychologie
  3502 40-2044-2 M9
- Daco P.
  Psychologie et liberté intérieure
  3503 40-0298-6 M9
- Azouri Ch.
  La psychanalyse
  3522 40-1149-0 M7
- Daco P.
  Les triomphes de la psychanalyse
  3505 40-0144-2 M9
- Moscovitz J.-J. - Grancher P.
  Une psychanalyse pour quoi faire ?
  MS8 40-0562-5 M6
- Destrube L.-F.
  Est-ce fou de voir un psy ?
  3508 40-1018-7 M9
- Hannot H.
  Le guide marabout des psychothérapies
  3521 40-1136-7 M7
- Dr Renaud J.
  Quand ça ne tourne pas rond
  3618 40-1191-1 M7
- Daco P.
  L'interprétation des rêves
  3501 40-1430-4 M7
- Julien N.
  Vos rêves sont des messages
  3622 40-1290-2 M7
- Uyttenhove L.
  Le dictionnaire des rêves
  3542 40-4046-5 M6

- Daco P.
Comprendre les femmes
3500 40-0170-7 M9

- Marson P.
25 grands livres de psychanalyse
8519 40-1073-2 M9

- Marson P.
25 mots clés de la psychologie et de la psychanalyse
3519 40-0922-1 M9

■ *VOIE POSITIVE*

- de Lassus R.
A la découverte de soi
3614 40-1127-6 M9

- de Lassus R.
Oser être soi-même
3603 40-0663-1 M7

- de Lassus R.
Oser être gagnant
3520 40-1243-1 M7

- Branden N.
Ayez confiance en vous
3609 40-0918-9 M6

- Clifton D. - Nelson P.
Jouez à fond vos points forts
3616 40-1154-0 M7

- Anderson K.
J'y tiens, je l'obtiens
3612 40-1153-2 M9

- Diagram
La force de l'esprit
3602 40-0263-0 M12

- Hopkins T.
Partez gagnant
3604 40-0865-2 M7

- Peale N. Vincent
La puissance de la pensée positive
3607 40-0905-6 M7

- Dr Jampolsky G.
Le pouvoir de l'amour
3625 40-1408-0 N

- Guilane E.
Vous n'aimez pas ce que vous vivez ? Alors changez-le !
3626 40-11449-4 M9

- Hendlin J. S.
Les pièges de la perfection
3628 40-1393-4 M9

- Storr A.
Solitude
3613 40-0964-3 M9

- Wassmer A.
Se faire des amis
MS2005 40-0888-4 M7

- Tietze H.
Votre corps vous parle, écoutez-le
3617 40-1058-3 M7

- Bury J.
Je vis ma vie comme je vis mon corps
3611 40-0990-8 M7

- Fanning P.
Se guérir par la visualisation
3610 40-0944-5 M9

- Alexandre R.
Votre maison, vous-même
3621 40-0975-9 M9

PSYCHOLOGIE ET PERSONNALITÉ

- Diagram
  Qui êtes-vous ?
  MS5 40-0261-4 M12
- Guttmann B. - Juès J.-P.
  Se connaître par la morpho-psychologie
  3525 40-1263-9 N
- Pacout N.
  Le langage des gestes
  4124 40-0499-0 M7
- Juès J.-P.
  Les 10 piliers de la caractérologie
  3619 40-1190-4 M9
- Boone M.-A. - Kestemont F.
  Les secrets de votre écriture
  4150 40-0951-0 M7
- Juès J.-P.
  Les techniques modernes du développement personnel
  3540 40-1346-2 M9
- de Lassus R.
  L'analyse transactionnelle
  3516 40-0561-7 M9
- de Lassus R.
  La communication efficace par la PNL
  3510 40-0664-9 M9
- de Lassus R.
  Oser être gagnant par l'Analyse transactionnelle
  3620 40-1243-1 M7
- Blinster Ph.
  La thérapie cognitive
  3549 40-1449-4 N
- Coué E.
  La méthode Coué
  3514 40-0208-5 M7
- Brand Hetzel C.
  Training autogène
  3511 40-0945-2 M7
- Helmstetter S.
  Choisir !
  3623 40-1352-0 N
- Azzopardi G.
  Développez votre intelligence
  3513 40-0114-5 M9
- Bacus A. - Romain C.
  Développez votre créativité
  MS43 40-0670-6 M7
- Diagram
  Le cerveau, mode d'emploi
  3520 40-1124-3 M12
- Dr Renaud J.
  Training cerveau
  4149 40-0894-2 M9
- Picard A.
  Décuplez votre mémoire par la méthode Memori
  3523 40-1152-4 M9
- Dr Renaud J.
  Comment acquérir une super-mémoire
  3536 40-4091-1 M7
- Dr Renaud J.
  Une super-mémoire en 10 points clés
  3541 40-1342-1 M7
- Werneck T. - Ullmann F.
  Comment acquérir une super-concentration
  4161 40-1064-1 M7
- Dr Renaud J.
  Avoir de l'assurance en 10 points clés
  3550 40-1390-0 N
- Picardat J.-F.
  Le grand guide du timide
  3547 40-1424-7 M9
- Dr Cowan C. - Dr Kinder M.
  Les femmes qu'ils aiment, les femmes qu'ils quittent
  3515 40-0290-3 M7

SANTÉ - FORME - SEXUALITÉ

Indispensables dans tous les foyers !
- *Des livres-conseils pour comprendre.*
- *Des guides pratiques pour agir.*

■ *MÉDECINE - SANTÉ*

- Pacout N.
  Guide des premiers soins
  GM106 40-0217-6 M4
- Pacaud G. - Gaillard A.
  Guide santé du voyageur
  2750 40-1353-8 M12
- Delahaye M.-C.
  Le livre de bord de la future maman
  2717 40-1604-4 M9
- Delahaye M.-C.
  Le livre de bord de la future maman (édition cartonnée)
  HC 40-0524-5 140FF
- Guérin S.
  Questions de futures mamans
  2760 40-1506-1 N
- Delahaye M.-C.
  Le livre de bord de la femme
  2721 40-0414-9 M9
- Cornic A.
  La médecine prédictive
  2710 40-0976-7 M9
- Dr Fieve R.R.
  Prozac : questions et réponses
  2752 40-1403-1 M7

■ *MÉDECINES DOUCES*

- Dr Maury E.A.
  Dictionnaire familial d'homéopathie
  2703 40-0508-8 M7
- Dr Pacaud G.
  Se soigner seul par l'homéopathie
  2727 40-1212-6 M9
- Dr Bourgarit R.
  Soignez votre enfant par l'homéopathie
  2716 40-0812-4 M6
- Dr Pacaud G.
  L'homéopathie et les oligo-éléments pour les enfants
  2728 40-1224-1 M7
- Dr Gary-Villet C.
  Vaincre l'anxiété et le stress par l'homéopathie
  2713 40-1061-7 M6
- Dr Moatti R.
  Les oligo-éléments
  GM35 40-4035-8 M6

FORME - MIEUX-ÊTRE

- Laty D.
  La gym au quotidien
  4119 40-0395-0 M7
- Klatzmann
  La marche pour être en forme
  4154 40-1059-1 M7
- Bury J.
  Je vis ma vie comme je vis mon corps
  3611 40-0990-8 M7
- Raisin L.
  Remodelez votre corps
  2730 40-1291-0 M7
- Raisin L.
  Remodelez votre corps au masculin
  2756 40-1560-8 N
- Corvo J.
  Le lifting au naturel
  2731 40-1292-8 M6
- Dr Pacaud G. - Fromond G.
  La colonne a bon dos : la méthode Mézières
  2753 40-1481-7 N
- Jouy A.
  Devenez l'artisan de votre santé
  2735 40-1340-5 M7
- Tietze H.
  Votre corps vous parle, écoutez-le
  3617 40-0907-2 M6
- Vasey Ch.
  Manuel de détoxication
  2725 40-1192-0 M7
- Dr Moatti R.
  Découvrez les bienfaits de la nutrithérapie
  2726 40-1193-8 M9
- Moatti R. - Musarella P.
  Vitalité à tout âge
  2724 40-1076-5 M12
- Dr Renaud J.
  Guide anti-stress
  4121 40-0400-8 M7
- Brockert S.
  Managez votre stress
  2729 40-1067-4 M7
- Dr Abrezol R.
  Vaincre par la sophrologie
  2754 40-1407-2 M7
- Dr Renaud J.
  Training cerveau
  4149 40-0894-2 M9
- Fanning P.
  Se guérir par la visualisation
  3610 40-0944-5 M9

SEXUALITÉ

- Diagram
  Le sexe. Manuel pratique illustré
  4017 40-4017-6 M9
- Morgenstern M.
  Comment faire l'amour à une femme
  2738 40-4081-2 M6
- Penney A.
  Comment faire l'amour à un homme
  2737 40-4079-6 M6
- Penney A.
  Comment bien faire l'amour ensemble
  4136 40-0641-7 M6
- "J"
  La femme sensuelle
  2733 40-1296-5 M6
- "M"
  L'homme sensuel
  2732 40-1295-1 M6
- Love P. et Robinson J.
  Hot fidélité
  2759 40-1489-0 N
- Vatsyayana
  Le Kama Soutra
  2722 40-0879-3 M6
- J. Thomas
  Préservatif, mode d'emploi
  2723 40-1134-2 M9

PARASCOLAIRE - CULTURE GÉNÉRALE

- *Une bibliothèque idéale pour se cultiver.*
- *Une aide précieuse pour préparer examens et concours.*

■ *PHILOSOPHIE*

- Chatelet F.
  La philosophie
  De Platon à St Thomas
  MU311 40-1719-0 M9
- Chatelet F.
  De Galilée à J.-J. Rousseau
  8532 40-1720-8 M9
- Chatelet F.
  De Kant à Husserl
  MU313 40-1759-6 M9
- Chatelet F.
  Au XXe siècle
  8534 40-1760-4 M9
- Grigorieff V.
  Philo de base
  8004 40-2222-4 M7
- Huisman D. et Vergez A.
  Manuel de philosophie
  T 1 - L'action
  8025 40-1213-4 M12
- Huisman D. et Vergez A.
  Manuel de philosophie
  T 2 - La connaissance
  8026 40-1214-2 M12
- Hess R.
  25 livres clés de la philosophie
  8521 40-1079-9 N
- Boillot H.
  50 mots clés de la philosophie
  8548 40-1389-2 N
- Amiel A.
  50 grandes citations philosophiques expliquées
  8508 40-0327-3 M9
- Boillot H.
  50 modèles de dissertations philosohiques
  8022 40-1077-3 M12
- Play Bac
  Réussir la philosophie au bac
  8609 40-1210-0 M9

■ *HISTOIRE - GÉOGRAPHIE*

- Malet et Isaac
L'Histoire
Rome et le Moyen Age
9805 40-1906-3 M6
L'âge classique
9806 40-1915-4 M6
Les révolutions
9807 40-1914-7 M6
La naissance du monde moderne
9808 40-1913-9 M6
- Baradeau P.
Panorama de l'histoire de France
9811 40-1398-3 M6
- Bordonove G.
Les rois qui ont fait la France
Hugues Capet
MU475 40-5475-5 M12
Philippe Auguste
MU476 40-5476-3 M12
Saint Louis
MU477 40-5477-1 M12
Philippe le Bel
MU478 40-5478-9 M12
Louis XIII
MU486 40-5486-2 M12
Louis XV
MU488 40-5488-8 M12
- Miquel P.
Histoire de la France
9809 40-5449-0 M14
- Mathieu-Rosay J.
Ils ont gouverné la France
9802 40-5465-6 N
- Miquel P.
La grande Révolution
MU490 40-5490-4 M13
- Nelli R.
Les cathares
9804 40-1905-5 M6
- Cauvin A.
Découvrir la France cathare
9810 40-1020-3 M9
- Bordonove G.
Les templiers
9801 40-1472-6 M7
- Pernoud R.
Les hommes de la croisade
MU324 40-2175-4 M7
- Miquel P.
Les hommes de la Grande Guerre
MU472 40-5472-2 M12
- Delarue J.
Histoire de la Gestapo
MU459 40-5459-9 M12
- Kalisky R.
L'islam
9800 40-0047-7 M7
- Schuler J.
50 grandes dates de l'histoire mondiale
8529 40-1172-2 M9
- Suret- Canale J.
Tester et enrichir ses connaissances en histoire
8020 40-1070-8 M9
- Désalmand P. - Forest P.
100 grandes citations historiques expliquées
MS98 40-0326-5 M12

■ MYTHOLOGIE - RELIGION

• Hamilton E.
La mythologie
8530 40-0056-8 M9

• Grigorieff V.
Les mythologies du monde entier
8535 40-5470-6 M9

• Grant M. - Hazel J.
Le dictionnaire de la mythologie
7001 40-3366-8 M7

• Julien N.
Le dictionnaire des mythes
2303 40-0676-3 M12

• Santoni E.
Panorama des religions
8538 40-1150-8 M6

• Grigorieff V.
Les religions du monde entier
8537 40-5491-2 M13

Dictionnaire culturel de la bible
8549 40-1427-0 M9

■ LITTÉRATURE

Romans et poésie

• Maupassant
Contes fantastiques
9001 40-0045-1 M6

• Rosny Ainé J.-H.
La guerre du feu
MB531 40-0364-6 M4

• Shelley M.-W.
Frankenstein
9010 40-1486-6 M2

• Stoker B.
Dracula
9000 40-0041-0 M7

• Seghers P.
Le livre d'or de la poésie française
6604 40-0059-2 M9

• Flaubert
Madame Bovary
9502 40-1443-7 M3

• Maupassant
Bel ami
9504 40-1445-2 M3

• Proust
Du côté de chez Swann
9506 40-1516-0 M3

• Stendhal
Le Rouge et le Noir
9503 40-1444-5 M3

• Zola
La fortune des Rougon
9501 40-1442-9 M3

Lecture fléchée

• Balzac
Le père Goriot
9500 40-1441-1 M3

Divers

• Arnould M. - Coremans J.-F.
100 livres en un seul
8504 40-0106-1 M9

- Conio G.
  25 grands romans français résumés et commentés
  8509 40-0328-1 M12
- Anglard V.
  25 prix Goncourt résumés - analyses - commentaires
  8516 40-0913-0 M12
- Conio J. et Dautun J.-P.
  25 chefs-d'œuvre du théâtre français
  8503 40-0667-2 M12
- Masson N.
  Panorama de la littérature française
  8510 40-0374-5 M12
- Romain Ch.
  100 personnages célèbres de la littérature
  8515 40-0904-9 M13
- Mennig J.-M.
  Dictionnaire des aphorismes
  7003 40-1093-0 M7
- Désalmand P.
  Guide de l'écrivain
  8525 40-1147-4 M13

■ *FRANÇAIS*

Les outils

- Hongre B.
  Dictionnaire portatif du futur bachelier
  8041 40-1299-3 M12
- Younes G.
  Dictionnaire des synonymes
  7002 40-2040-0 M9

L'orthographe et le vocabulaire

- Bled - Bénac
  Guide d'orthographe
  8008 40-3084-7 M6
- Jacquenod R.
  La ponctuation maîtrisée
  8017 40-0993-2 M9
- Jacquenod R.
  Tester et enrichir son orthographe
  8016 40-0874-4 M9
- Marson P.
  50 tests d'orthographe
  8541 40-1272-0 N
- Weil M.
  Comment acquérir une super-orthographe
  4138 40-0873-6 M9
- Franlain
  100 dictées pièges
  8010 40-0279-6 M7
- Désalmand P.
  Tester et enrichir son vocabulaire
  8012 40-0589-8 M9
- Désalmand P.
  50 tests de vocabulaire
  8542 40-1273-8 N

Les modèles

- Désalmand P. - Forest Ph.
  100 sujets de dissertation française - analysés et commentés
  8036 40-1354-6 M9
- Amancy N. - Ventura T.
  50 modèles de dissertations
  8002 40-0631-8 M9

- Boillot H.
  50 modèles de dissertations philosophiques
  8022 40-1077-3 M12
- Hongre B.
  25 modèles d'explication de texte et de lecture méthodique
  8021 40-1069-0 M12
- Clerc G.
  50 modèles de résumés de textes
  8001 40-0626-8 M9
- Anglard V.
  50 modèles de commentaires composés
  8000 40-0625-0 M12
- Dautun J.-P.
  10 modèles d'analyse d'image
  8032 40-1283-7 N

Œuvres littéraires résumées et analysées

- Pougeoise M.
  Balzac - Etude de la Peau de chagrin
  8056 40-1075-7 M6
- Forest P.
  Camus - Etude de l'Etranger
  8039 40-1409-8 N
- Ferraro T.
  Flaubert - Etude de Madame Bovary
  8037 40-1355-3 M7
- Conio G.
  Molière - Etude de Don Juan
  8038 40-1397-5 M7
- Ferraro T.
  Sartre - Etude de Huis-Clos
  8055 40-1071-6 M6
- Brunet J.-J.
  Zola - Etude de Germinal
  8057 40-1162-3 M6
- Désalmand P.
  12 poèmes de Baudelaire analysés et commentés
  8070 40-0901-5 M9
- Romain Ch.
  12 poèmes de Victor Hugo analysés et commentés
  8073 40-1171-4 M7
- Berranger M.-P.
  12 poèmes de Rimbaud analysés et commentés
  8071 40-0908-0 M9
- Dansel M.
  12 poèmes de Verlaine analysés et commentés
  8072 40-0909-8 M9
- Conio G.
  Oeuvres majeures: Baudelaire
  8052 40-0674-8 M12
- Forest P.
  Oeuvres majeures: Camus
  8083 40-0677-1 M9
- Conio G.
  Oeuvres majeures: Molière
  8051 40-0673-0 M9

IMPRIMÉ EN FRANCE PAR BRODARD ET TAUPIN
6191 L-5 - Usine de La Flèche (Sarthe), le 05-04-1995.

pour le compte des
Nouvelles Editions Marabout
D.L. avril 1995/0099/135
ISBN 2-501-02182-7